MINERVA
はじめて学ぶ
子どもの福祉
5

倉石哲也/伊藤嘉余子
[監修]

社会的養護

伊藤嘉余子/福田公教
[編著]

ミネルヴァ書房

監修者のことば

　本シリーズは、保育者を志す人たちが子どもの福祉を学ぶときにはじめて手に取ることを想定したテキストです。保育やその関連領域に関わる新進気鋭の研究者や実践者の参画を得て、このテキストはつくられました。

　保育をめぐる現在の情勢はまさに激動期です。2015年4月に「子ども・子育て支援新制度」がスタートし、保育所と幼稚園の両方の機能をもつ幼保連携型認定こども園が創設されました。養成校では、それに対応した保育士資格と幼稚園教諭免許の取得が必須となる「保育教諭」の養成が本格化しています。今後ますます、幼保連携が進められると、すべての保育者に子どもの福祉に関する知識が必要となるでしょう。

　また、近年では児童虐待をはじめとした、養育環境に課題を抱える子どもと保護者への対応が複雑かつ多様化しています。今春告示された「保育所保育指針」には、新たに「子育て支援」という章が設けられました。これからの保育者は、保護者の子育てを支援するために、子どもを育てる保護者や家族が直面しやすいニーズについて理解するとともに、相談援助に必要な姿勢や視点、知識やスキル等を身につけていくことがさらに求められます。

　このテキストにおいては、上記で述べたようなこれからの保育に対応するために必要な知識や制度についてやさしく、わかりやすく解説しています。また、テキストを読んだあとで、さらに学習を進めたい人のための参考図書も掲載しています。

　みなさんが卒業し、実際に保育者になってからも、迷いがあったときや学びの振り返りとして、このテキストを手元において読まれることを期待しています。

　2018年11月　　　　　　　　　　　　　　　　　　　倉石　哲也

　　　　　　　　　　　　　　　　　　　　　　　　　伊藤嘉余子

はじめに

　すべての子どもは、生まれてきた家庭で愛情を受け、幸福を実感しながら健やかに成長・発達する権利があります。しかし、さまざまな事情により、家庭で育てられることがかなわない子どもが今、日本には約4万5,000人います。

　家庭で育つことのできない子どものために、国が整えた保護・養育・支援体制が社会的養護です。社会的養護の担い手となる保育者・養育者は、子どもが心身ともに健やかに成長・発達できるよう日々の生活を支えるとともに、一人ひとりのニーズに応じたケアを提供することによって、すべての子どもが一人の大人として、社会で自立した生活を営むことができる人に成長できるよう、養育する役割を果たさなければなりません。

　社会的養護の現場には、0～22歳までの幅広い年齢層の子どもが生活しています。そのため、社会的養護を担う保育者・養育者には幅広い知識やスキル等の専門性が求められます。たとえば、それぞれの年齢や発達段階に応じた関わり方について知る必要があり、就学前の子どもに関する知識だけでなく、思春期の子どもに関する理解も大切になります。

　また、生活をともに営むことになりますので、一定の生活スキルが必要になりますし、自立を目指す子どもへの支援では、社会人として知っておくべき一般常識や公的な手続きに関する知識も必要になるでしょう。本書を通して、子どもの自立支援に必要な社会的養護の社会資源や制度等について学ぶとともに、社会福祉や保育以外のあらゆる立場の人たちとの連携・協働のあり方について、理解を深めていただきたいと思います。

　第1章では、子ども虐待をはじめとする子どもの養護問題について理解を深めたうえで、社会的養護の必要性や意義について学びます。

　第2章では、日本における社会的養護の歴史的変遷と、近年の課題について学びます。

　第3章では、社会的養護の制度と実施体系について学びます。

　第4章では、「子どもの権利擁護」という視点から社会的養護について考えます。

　第5章では、社会的養護を支える理念や理論、原理・原則について学びます。

　第6章では、施設養護の現場で実際に行われている養護実践やケアについて学びます。

　第7章では、里親制度や養子縁組制度など家庭養護の実践について学びます。

　第8章では、社会的養護の実践者に求められる専門性と援助技術の研修等の養成内容について学びます。

　第9章では、社会的養護の今後の課題や展望について考えます。

　なお、本書の内容をより深く学び理解するために、ぜひ本シリーズ第6巻「社会的養護内容」もあわせて学んでいただきたいと思います。本書が、社会的養護のもとで生活する子どもたちの養育を担う、保育者を目指す人たちの専門性向上に役立つものとなれば幸せです。

2018年11月

編著者を代表して　伊藤嘉余子

目次

はじめに

第1章　現代社会における社会的養護の意義

レッスン1　子どもの養護問題の現状と子ども虐待 ・・・・・・・・・・・・・・・・・・・・・・・・・・・・ 2
　　　　①社会的養護とは…2　②社会的養護で暮らす子どもたち…3　③児童養護施設
　　　　の現状…6
レッスン2　社会的養護の再編：子どもの権利擁護から考える ・・・・・・・・・・・・・・・ 8
　　　　①社会的養護の再編の方向性…8　②国際社会からの圧力…8　③新しい社会的
　　　　養護…11
レッスン3　社会的養護の必要性 ・・ 14
　　　　①児童福祉法の制定…14　②持続可能な社会…14　③社会的養護の基本理念…
　　　　16

●コラム　施設の形態（大舎制・中舎制・小舎制）…19

第2章　社会的養護の歴史的変遷と今日的課題

レッスン4　社会的養護の歴史（1）古代から大正期まで ・・・・・・・・・・・・・・・・・・・・ 22
　　　　①古代における子どもの救済…22　②中世における子どもの救済…23　③近世
　　　　における子どもの救済…23　④明治期における子どもと家庭に対する社会事業
　　　　…24　⑤大正期における子どもと家庭に対する社会事業…26
レッスン5　社会的養護の歴史（2）昭和期から現代まで ・・・・・・・・・・・・・・・・・・・・ 28
　　　　①戦前・戦後の児童保護…28　②1950~1970年代の社会的養護の変遷…31
　　　　③1997年から現在までの社会的養護の変遷…32
レッスン6　近年の社会的養護の課題 ・・・・・・・・・・・・・・・・・・・・・・・・・・・・・・・・・・・・・ 35
　　　　①「新しい社会的養育ビジョン」…35　②社会的養護の現状…36　③代替養育（社
　　　　会的養護）の質の向上…38　④新ビジョンをめぐる今後の課題…40

●コラム　家庭的な養育環境と「当たり前の生活」とは…42

第3章　社会的養護の制度と実施体系

レッスン7　社会的養護の体系 ・・・ 44
　　　　①社会的養護とは…44　②社会的養護の実施体制…46　③社会的養護の枠組み
　　　　…48
レッスン8　施設養護 ・・・ 52
　　　　①施設養護とは…52　②施設養護の専門職…55　③施設養護の実際…56
レッスン9　家庭的養護 ・・・ 60
　　　　①子どもの成長発達の場としての家庭環境の保障…60　②里親制度…62
　　　　③小規模住居型児童養育事業（ファミリーホーム）…63　④養子縁組制度…64
　　　　⑤家庭的養護の推進に向けての課題…65

●コラム　子どもが地域から切り離されることなく育つには…68

第4章　子どもの権利擁護と社会的養護

レッスン10　国連ガイドラインが示す社会的養護のあり方 ・・・・・・・・・・・・・・・・・・ 70
　　　　①国連ガイドライン採択のプロセス…70　②国連ガイドラインの内容…71
　　　　③国連ガイドラインと日本の社会的養護のあり方…73
レッスン11　施設等における子どもの虐待 ・・・・・・・・・・・・・・・・・・・・・・・・・・・・・・・・ 76
　　　　①被措置児童等虐待の現状…76　②被措置児童等虐待の防止…80

レッスン12　社会的養護における子どもの権利・人権擁護 ････････････････････ 83
　　　　①社会的養護の指針における権利擁護…83　②施設等で生活する子どもへの権利擁護の取り組み…83　③子ども間の暴力等の防止…86　④苦情解決のしくみ…86　⑤第三者評価…87

●コラム　子どもへのまなざし…90

第5章　社会的養護の理念と原理

レッスン13　社会的養護を支える理念 ･･････････････････････････････････ 92
　　　　①社会的養護の基本理念…92　②施設養護の理念としてのノーマライゼーション…94　③社会的養護の役割と基本的方向…96
レッスン14　社会的養護を支える理論 ･･････････････････････････････････ 98
　　　　①養護理論検討の契機となったホスピタリズム論争…98　②集団主義養護理論…99　③積極的養護理論…100　④家庭的養護理論…102
レッスン15　社会的養護を支える原理・原則 ･･････････････････････････ 105
　　　　①運営指針と第三者評価…105　②運営指針で定める「社会的養護の原理」…105　③社会的養護の原理と子どもの自立支援…110

●コラム　里親家庭や養子縁組家庭での「真実告知」と絵本…112

第6章　施設養護の実践と方法

レッスン16　乳児院 ･･･ 114
　　　　①乳児院の位置づけ…114　②施設の現状…115　③養育の特徴…117　④今後大切になってくること…119
レッスン17　児童養護施設 ･･･ 122
　　　　①児童養護施設の位置づけ…122　②児童養護施設の概況…123　③養育の特徴…124　④今後の課題…127
レッスン18　児童心理治療施設 ･････････････････････････････････････ 130
　　　　①児童心理治療施設の位置づけ…130　②施設の状況…131　③養育の内容…132　④今後の課題…135
レッスン19　児童自立支援施設 ･････････････････････････････････････ 137
　　　　①児童自立支援施設の位置づけ…137　②施設の状況…137　③養育と教育の内容…140　④今後の課題…142
レッスン20　母子生活支援施設…144
　　　　①母子生活支援施設の位置づけ…144　②施設の現状…145　③養育の内容…147　④今後の課題…150
レッスン21　自立援助ホーム ･･･････････････････････････････････････ 152
　　　　①児童自立生活援助事業の位置づけ…152　②事業の概況…154　③自立支援の内容…156　④今後の課題…158

●コラム　広まる「子ども食堂」の取り組み…160

第7章　家庭養護の実践

レッスン22　里親制度 ･･･ 162
　　　　①家庭養護の充実を目指して…162　②里親制度…163　③小規模住居型児童養育事業（ファミリーホーム）…167　④今後の課題…170

レッスン23	養子縁組制度 ·· 172

①家庭養護の充実を目指して…172　②特別養子縁組の概況…173　③養子の発達段階別の課題…177　④今後の課題…177

レッスン24	里親・養親への支援 ·· 180

①里親支援・養親支援の経緯…180　②児童相談所の役割と里親支援機関事業…182　③里親支援専門相談員（里親支援ソーシャルワーカー）…186　④今後の課題…187

●コラム　「支援につながる」ということ…190

第8章　社会的養護に求められる専門性と援助技術

レッスン25	社会的養護における保育士等の倫理と責任 ·················· 192

①専門職として子どもや家族に向き合うということ…192　②ソーシャルワーク実践における倫理…193　③保育士の倫理…196

レッスン26	職員研修・里親研修の現状と課題 ···························· 200

①社会的養護にたずさわる専門職の資質向上の必要性…200　②児童福祉施設における職員研修…200　③里親研修…204

レッスン27	施設運営（アドミニストレーション）の課題 ·················· 207

①施設運営の基本理念…207　②法人組織…208　③施設の運営管理…210　④施設運営の最低基準…210

●章末事例　里親支援専門相談員による専門性を生かした支援…214

第9章　社会的養護の課題と展望

レッスン28	パーマネンシープランニング ································ 218

①パーマネンシープランニングとは…218　②パーマネンシープランニングからみた日本の養子縁組…219

レッスン29	子どもの親・家族への支援 ···································· 222

①日本における家族支援の実際…222　②具体的なプログラム…224　③子どもの実の親とともに子育てを…225

レッスン30	地域支援機能の拡充と社会的養護 ···························· 227

①地域支援機能拡充の一環としての児童家庭支援センター…227　②新しい社会的養護を支える役割…228

●コラム　子どもの養育者であり続けるためのコツ…231

さくいん…232

●この科目の学習目標●

「指定保育士養成施設の指定及び運営の基準について」（子発 0427 第 3 号）において 5 つの目標が明示されている。①現代社会における社会的養護の意義と歴史的変遷について理解する。②子どもの人権擁護を踏まえた社会的養護の基本について理解する。③社会的養護の制度や実施体系等について理解する。④社会的養護の対象や形態、関係する専門職等について理解する。⑤社会的養護の現状と課題について理解する。これらの目標を達成するように、内容を考えている。

第 1 章

現代社会における
社会的養護の意義

本章では、社会的養護とは何か、ということを学んでいきます。社会的養護とはどのような制度でどのような子どもたちを対象としているのでしょうか。社会的養護を理解するには、子どもの権利や社会的養護の制度の再編についても学ぶ必要があります。

レッスン1　子どもの養護問題の現状と子ども虐待

レッスン2　社会的養護の再編：子どもの権利擁護から考える

レッスン3　社会的養護の必要性

レッスン**1**

子どもの養護問題の現状と子ども虐待

このレッスンでは、社会的養護とは何かということを学びます。社会的養護を担う里親、施設といった制度を理解するとともに、そこで暮らす子どもたちの現状、そして社会的養護を担う施設の課題を学びましょう。

1. 社会的養護とは

社会的養護とは「保護者のない児童、被虐待児など家庭環境上養護を必要とする児童などに対し、公的な責任として、社会的に養護を行う」制度です。実の父母などが家庭で子どもを養育するのを「私的養育」とよぶとしたら、社会的養護とは「社会が責任をもって子どもたちを養育すること」です。

その担い手としては、図表1-1のように、児童養護施設などの施設や里親があり、日本ではこれまで児童養護施設が中心になって児童を養

図表1-1 社会的養護の現状　里親数、施設数、児童数等

	家庭における養育を里親に委託		登録里親数	委託里親数	委託児童数		養育者の住居において家庭養護を行う（定員5〜6名）	
里親			11,405世帯	4,038世帯	5,190人	ファミリーホーム	ホーム数	313か所
	区分（里親は重複登録有り）	養育里親	9,073世帯	3,180世帯	3,943人			
		専門里親	689世帯	167世帯	202人		委託児童数	1,356人
		養子縁組里親	3,798世帯	309世帯	301人			
		親族里親	526世帯	513世帯	744人			

施設	乳児院	児童養護施設	児童心理治療施設	児童自立支援施設	母子生活支援施設	自立援助ホーム
対象児童	乳児（特に必要な場合は、幼児を含む）	保護者のない児童、虐待されている児童その他環境上養護を要する児童（特に必要な場合は、乳児を含む）	家庭環境、学校における交友関係その他の環境上の理由により社会生活への適応が困難となった児童	不良行為をなし、又はなすおそれのある児童及び家庭環境その他の環境上の理由により生活指導等を要する児童	配偶者のない女子又はこれに準ずる事情にある女子及びその者の監護すべき児童	義務教育を終了した児童であって、児童養護施設等を退所した児童等
施設数	138か所	615か所	46か所	58か所	232か所	143か所
定員	3,895人	32,605人	2,049人	3,686人	4,779世帯	934人
現員	2,801人	26,449人	1,399人	1,395人	3,330世帯児童5,479人	516人
職員総数	4,793人	17,137人	1,165人	1,743人	2,080人	604人

注：里親数、ファミリーホーム数、委託児童数、乳児院・児童養護施設の施設数・定員・現員は福祉行政報告例（平成29年3月末現在）。施設数、ホーム数、定員、現員のか所数は家庭福祉課調べ（平成28年10月1日現在）（乳児院・児童養護施設を除く）。職員数（自立援助ホームを除く）は、社会福祉施設等調査報告（平成28年10月1日現在）。自立援助ホームの職員数は家庭福祉課調べ（平成28年3月1日現在）。児童自立支援施設は、国立2施設を含む。
出典：厚生労働省「社会的養護の現状について（平成29年12月）」2017年をもとに作成

育してきました。しかし現在、国主導で「里親」をその中心にすえる施策へと再編が進んでいます。

2. 社会的養護で暮らす子どもたち

1 「家族を維持する力」の低下

現在、社会的養護で保護されている子どもたちは約4万5,000人で、その数は30年前とほとんど変わりません。ところが、子どもの出生数は1980（昭和55）年には約158万人だったのに対し、2016（平成28）年には約101万人と、大幅に減少しています[†1]。このことが意味するのは、この30年間に保護される子どもの割合が増えたということです。

一方、児童養護施設の在籍児童数は、1980年の3万787人（68％）が、2017年には2万6,449人（58％）となっています（図表1-2）。また、里親への委託人数の割合は、1980年に5％程度だったのが、2016年には18.3％に上昇しているのを勘案すると、数的な変動はほとんどないものの、その割合には変化があることがわかります。このことは、家庭が本来もっているべき「家族を維持する力」が落ち、保護される子どもの割合が増えたということを意味しています。

▶出典
†1 内閣府ホームページ「出生数・出生率の推移」

2 虐待を受ける子どもの増加

現在の家庭のなかで起こる問題として、無視できないのが児童虐待です。その数は減る気配はなく、全国の児童相談所における児童虐待に関する相談件数は毎年増加の一途をたどっています（図表1-3）。

図表1-2 児童養護施設の入所定員と在籍児童数の推移

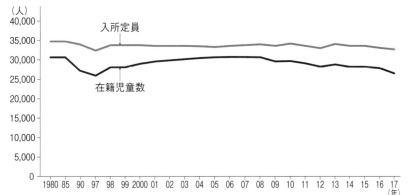

出典：全国児童養護施設協議会ホームページ「児童養護施設の在籍児童数等の推移」、厚生労働省「社会的養護の現状について」各年度版をもとに作成

「児童虐待の防止等に関する法律（児童虐待防止法）」が制定された2000（平成12）年度に、全国の児童相談所で児童虐待相談として対応された件数が1万7,725件だったのに対して、2016（平成28）年度には12万2,575件に急増しました。

児童虐待が問題となるのは、児童虐待に苦しむ子どもが多くいるということだけではなく、その影響が大人になっても続くということです。この児童虐待の増加は、社会的養護にも大きな影響を与えています。

図表1-2が示すように、1990（平成2）年からしばらくは少子化を反映するかのように、児童養護施設の在籍児童数は減少しました。しかし、「児童虐待防止法」が施行された2000年前後に再び児童養護施設の在籍児童数は増加し、厚生労働省「児童養護施設入所児童等調査結果」（平成25年2月1日現在）によると、そのうち59.5％が虐待を受けた経験があるということが示されるようになりました。

3 被虐待児童の特徴

虐待を受けた子どもについては、その養育が難しいとされています。なぜなら、児童虐待が行われる環境は、子どもの発達にダメージを与えるからです。虐待を受けた子どものケアを長年続けてきた児童精神科医の杉山によれば、虐待を受けた子どもは、知的には**境界線知能**[*]を示す者が多く、学習に困難を抱えることがあること、また、**多動性行動障害**[*]を示す者もみられ、衝動のコントロールが不良で、ささいなことか

用語解説

境界線知能
健常と精神遅滞との間に位置する知能水準のことをいう。個別知能検査の測定で、知能指数（IQ）が71～84の範囲にあたる者を指す。

多動性行動障害
じっとしていなければならない状況で、過度に落ち着きがない状態でいることをいう。状況によっては動き回ったり、離席が激しく、座っていても常に体の一部が動いていたりする。

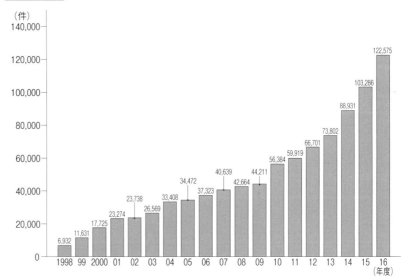

図表1-3 全国の児童相談所における児童虐待に関する相談件数

出典：厚生労働省「福祉行政報告例」各年度版をもとに作成

らパニック行動を起こしやすいことをあげ、虐待を受けた子どもの特徴が、発達障害児によくみられる特徴と共通することが多いことを指摘しています[†2]。

図表1-4に示したように、2013年現在実際に児童養護施設に入所している子どものうち、28.5％に何らかの障害があります。また、この図表から児童養護施設に在籍する子どもの障害のうち、発達障害の割合が年々増加していることがわかります。

発達障害のある子どもの親の多くが子育てに困難感をもつことから、発達障害は児童虐待を引き起こすリスクファクターとして、しばしば取り上げられています。ここで強調したいのは、虐待を受けた子どもの多くが発達障害と共通する行動上の特徴をもっていることから、その数の増加が児童養護施設等の社会的養護を担う施設や里親による養育を難しくしているということです。

▶出典
†2 杉山登志郎『子ども虐待という第四の発達障害』学習研究社、2007年

図表1-4 児童養護施設における障害等のある児童数と種別

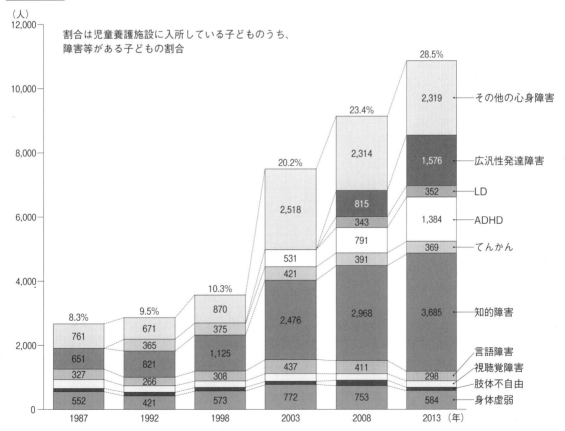

注：ADHD（注意欠陥多動性障害）については、2003（平成15）年より、広汎性発達障害およびLD（学習障害）については、2008（平成20）年より調査。それまではその他の心身障害に含まれていた可能性がある。
出典：厚生労働省家庭福祉課「社会的養護の課題と将来像の実現に向けて」2016年をもとに作成

第1章　現代社会における社会的養護の意義

4　健康な人とのきずなを形成するために

先ほど紹介した杉山（2007）は、虐待を受けた子どもへの必要な対処のしかたとして、「安心して生活できる場の確保、愛着の形成とその援助、子どもの生活・学習支援、被虐待体験からもたらされる**フラッシュバック***や**解離***への対応を中心とした心理治療」をあげています。

ここでの大切なポイントは、虐待を受けた子どもであっても健康な人とのきずなを形成することができるということです。児童養護施設の施設長である太田は、このきずなを形成するために施設が取り組むべきこととして、「特定の養育者と個別・継続的な支援の関係を築けるような体制の実現と、子どもが主体的に行動し、積極的に地域との関係づけを感じることで、社会への適応力を身につけさせていく取り組み」であると指摘しています[3]。

では、社会的養護の担い手である施設は、これらのニーズにこたえてきたのでしょうか。次に、社会的養護の一番の担い手である児童養護施設の現状を紹介し、この問題を考えていきます。

3.　児童養護施設の現状

1　施設の小規模化と職員定着率の低さ

現在、児童養護施設では、次のレッスンでくわしく述べる「子どもの権利」の擁護を重視し、家庭で暮らすことのできない子どもにできるだけ家庭に近い環境を提供できるように、生活単位を小さくし、子どもそれぞれの個別のニーズに対応できるように小規模化を進めています。

けれども、施設での生活を子どもたちとともにつくり上げることは、一筋縄ではいきません。その要因の一つが、職員の定着率の低さです。

厚生労働省によると、2001（平成13）年10月現在の児童養護施設の職員の勤続年数は、児童指導員の52.2％が5年未満（平均8.7年）、保育士の52.3％が5年未満（平均7.7年）で、都道府県によっては職員の半数が平均3年以下でした。短期間で職員が入れ替わり、少数のベテランと大多数の新人で、子どもの養育を行っているのが現状です。

このような現状のなかで小規模化が図られていることもあり、子どもたちの問題に対応しきれていない現実があります。児童養護施設の施設長を務める福田[4]は、家庭的な環境で施設処遇を行うには、大人との安定した関係が継続していくことが必須であるのにもかかわらず、毎年たくさんの退職者が出てしまい、大人との安定した関係を形づくること

✴用語解説

フラッシュバック
過去の体験が、いま目の前で起こっているかのように不安、恐怖や怒りなどの感情をともなって思い出されること。過去のつらい出来事がありありと思い出されるので、非常に苦痛感をともない、それによって日常生活に支障が起こることがある。

解離
あまりにも大きいショッキングな出来事に直面するとき、人はその出来事に圧倒され、それを認めることができなくなることがあるが、その体験に関する意識の統合を失わせることによって、自分を防衛することを解離という。知覚や記憶、自分が誰であり、どこにいるのかという認識が意識から切り離されることが起こる。

▶出典
[3]　太田一平「児童福祉施設に与えられた役割――これまでの取り組み」STARS（資生堂児童福祉海外研修同窓会）編集委員会編『ファミリーソーシャルワークと児童福祉の未来』中央法規出版、2008年、15-20頁

▶出典
[4]　福田雅章「特集座談会・家庭的養護推進の課題」『季刊児童養護』45（4）、2015年、8頁

レッスン1　子どもの養護問題の現状と子ども虐待

ができないまま小規模化が先行した結果、子どものさまざまな問題が出やすくなっており、いろいろな課題が噴出していると指摘しています。児童虐待や発達障害に起因する問題行動、職員の離職率の高さ、さらに小規模化に対応する新しい体制を支えるノウハウと人的配置の不十分さがあいまって、児童養護施設の混乱が深まっているといえるでしょう。

2　環境整備と制度改革が急務

　「児童虐待防止法」が施行された直後は施設内虐待が話題となりましたが、現在では職員からの暴力より、子ども間、そして子どもから職員への暴力が問題となっています。

　児童養護施設の職員を対象に、子どもからの暴力について調査を行った岡田によれば、在職中に子どもからの暴力で負傷したり、精神的にダメージを受けたりした職員が、全回答者878人のうち200人（22.8％）に上りました[5]。打撲やあざ、ひっかき傷などの軽傷が多いのですが、肋骨や鼻骨の骨折も報告されています。また、不眠、うつ、過食、拒食などの症状を訴えた職員が45人（約5％）いたという結果でした。

　これらの結果から類推できるのは、職員のストレスの高さです。このようなストレスが離職率の高さを招き、そのために子どもを育てる環境が安定しないものになってしまいます。さらに、不安定な環境が子どもの問題行動を誘発し、結果、問題行動が職員にとってストレスになり、さらにストレスが職員の離職を招くという負のスパイラルに陥っていると考えられます。

　以上のように社会的養護を代表する児童養護施設の現状は厳しいものとなっています。そのため、人員の拡充を含む環境整備をはじめ、社会的養護の制度全体の改革や体制の再編が緊急の課題といえます。

▶ 出典

[5]　岡田強志「児童養護施設を対象とした施設内暴力の実態把握とその抑止策への展開」独立行政法人学術振興会平成26年度科学研究費（奨励研究）、2015年

演 習 課 題

①児童虐待相談対応件数は毎年増加していますが、なぜ児童虐待は増加しているのでしょうか。児童虐待を身近な問題ととらえ、なぜ増加しているのかを話し合ってみましょう。

②児童養護施設をはじめ社会的養護を担う施設は6種類ありますが、みなさんの学校や居住しているところに、社会的養護を担う施設はありますか。調べてみましょう。

③児童養護施設における子どもから職員への暴力の問題についてみなさんで話し合ってみましょう。

レッスン**2**

社会的養護の再編：子どもの権利擁護から考える

このレッスンでは、新しい社会的養護の再編の方向性を学ぶとともに、なぜいま
社会的養護の再編が行われなければならないのかを、子どもの権利擁護から考え
ていきます。

1. 社会的養護の再編の方向性

レッスン1で紹介した状況を受けて、国（厚生労働省）は「児童養護施設等の社会的養護の課題に関する検討委員会」を組織し、2011（平成23）年に「社会的養護の課題と将来像」をまとめました。

ここでは**社会的養護の基本的方向**として、①家庭的養護の推進、②専門的ケアの充実、③自立支援の充実、④家族支援、地域支援の充実を示し、今後十数年かけて、社会的養護で保護される子どものうち、おおむね3分の1を里親およびファミリーホーム、おおむね3分の1を本体施設（児童養護施設）から離れた地域の分園としてのグループホーム、おおむね3分の1を本体施設（児童養護施設はすべて小規模グループホーム化）で養護する、という目標を設定しました。

里親を3分の1まで伸ばし、本体施設もすべて小規模グループホームにして家庭的養護を推進するという方針は、社会的養護関係者に驚きを与えましたが、これには国際社会からの圧力が関係していました。

2. 国際社会からの圧力

1 「子どもの権利条約」の委員会からの要請

これまで、日本の社会的養護施策は施設中心で行われてきており、里親への委託率は諸外国と比べると低いことが際立っていました（図表2-1）。このことは「児童の権利に関する条約（子どもの権利条約）」を日本が1994（平成6）年に批准したあと、国際社会から問題視されてきました。「子どもの権利条約」では、「国際人権規約（1976年発効、日本の批准は1979年）」において定められている権利を子どもについて

参照
社会的養護の基本的方
向
→レッスン9

✦補足
「児童の権利に関する
条約（子どもの権利条
約）」
1989年の第44回国連総会
において採択され、1990
年に発効。日本は1994年
に批准した。この条約は
前文と本文54条からなり、
「子どもの最善の利益の
尊重」という理念を柱に、
子どもに生存・保護・発
達・参加という包括的権
利を保障している。子ど
もに対する愛護や保護と
いった受動的な権利だけ
でなく、意見を表明する
権利や社会に参加する権
利など、子どもの能動的
な権利を保障しているの
が特徴である。

も保障し、子どもの人権の尊重および確保の観点から必要となる詳細かつ具体的な子どもの権利を規定しています。

この「子どもの権利条約」では、施設の利用をできるだけ低くするように設定していて、「子どもの権利条約」に基づく**子どもの権利委員会は、日本に施設中心の施策のあり方の見直しを求めてきました**。2010年には勧告が出されており、日本に社会的養護改革を強く迫ることになりました。現在、日本が進めている社会的養護再編の方向性は、この「子どもの権利条約」に基づいています。

参照
子どもの権利委員会による社会的養護に関する勧告
→レッスン10図表10-1

2　過去のホスピタリズム論争との関連

このように日本が国際社会のグローバルスタンダードを重視するのは、時代の流れとしては当然かもしれませんが、この再編の方向性について児童養護施設関係団体から大きな反発がみられないことは意外に感じられます。それは、1950年代に世界に起こった「ホスピタリズム論争」のあと、欧米諸国が社会的養護の施策を施設中心から里親中心へと方向転換したのに対し、日本は方向転換せずに集団施設養護をその中心に置き続けたからです。

ホスピタリズムとは、施設で暮らす子どもたちの発達の調査をした結

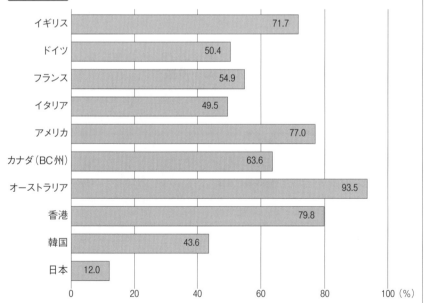

図表2-1　各国における里親等委託率の状況（2010年前後）

国	%
イギリス	71.7
ドイツ	50.4
フランス	54.9
イタリア	49.5
アメリカ	77.0
カナダ（BC州）	63.6
オーストラリア	93.5
香港	79.8
韓国	43.6
日本	12.0

注：日本の里親等委託率12.0％は2011年3月末。里親の概念は諸外国によって異なる。
出典：「家庭外ケア児童数及び里親委託率等の国際比較研究」主任研究者・開原久代（平成23年度厚生労働科学研究「社会的養護における児童の特性別標準的ケアパッケージ（被虐待児を養育する里親家庭の民間の治療支援機関の研究）」2012年をもとに作成

第1章　現代社会における社会的養護の意義

※ 用語解説
母性的養育の剥奪
母性的養育の剥奪とは何らかの理由で、乳幼児が母親等の養育者から情緒的で愛情のこもった世話をしてもらえず、養育者と子どもとの相互作用が欠如した状態のことである。また、そのような状態に置かれた乳幼児に特徴的にみられる諸症状を含んで使用されることがある（ジョン・ボウルビイ／作田勉訳『ボウルビイ母子関係入門』星和書店、1981年）

▶ 出典
†1　瓜巣憲三「ホスピタリズムの発生とその対策について」『社会事業』(37) 7、1954年、99-106頁

参照
集団主義養護理論
→レッスン14

果、子どもたちが衛生的にも栄養学的にも問題がないのにもかかわらず、知的および情緒的な発達が遅れていて、**母性的養育の剥奪**[*]が子どもにとって深刻かつ恒久的な発達上の課題をもたらしているとして、集団施設養護が子どもの発達遅滞やハンディキャップにつながるという考え方です。

日本においてもこの考え方は1950年代に注目され、施設における集団養護が子どもの発達や人格形成にもたらす弊害が指摘されました。当時、児童養護施設の施設長をしていた瓜巣はその解決策として、「①里親制度の確立、②施設における小舎制の導入、③両者の家庭環境化」を提唱しましたが[†1]、これらの考えが広く受け入れられることはなく、むしろ対抗理論として生まれた「**集団主義養護理論**」が指導的理論となりました。

施設における集団養護のメリットを見直し、理論立てたことの意義はありましたが、欧米を中心とする先進諸国がこの「ホスピタリズム論争」により里親制度へと移行したことを考えると、児童養護施設関係者に集団児童養護論が広く受け入れられたのは、日本の社会的養護の特殊性を際立たせることとなりました。

3　現場の混乱を反映して

そのため長い間、日本の社会的養護施策は里親が中心になることも、小規模化が広まることもなかったという経緯があります。それにもかか

図表 2-2 施設を小規模化しても増収（68名の施設を44名へと小規模化した場合の試算：月額）

施設種別	定員	事務費
児童養護施設	68人	132,180円×68人＝8,988千円

小規模化

施設種別	定員	事務費
児童養護施設（地域小規模児童養護施設を除く）	38人	171,310円×38人＝6,510千円
本体施設（小規模グループホーム3か所の加算分）・職員7人×2か所、職員6人×1か所	20人	13,500円×38人×3か所 ＝1,539千円
本体施設から離れた地域の分園としてのグループホーム（小規模グループホーム3か所の加算分）・職員6人×3か所	18人	13,500円×38人×3か所 ＝1,539千円
地域小規模児童養護施設（1か所）	6人	201,530円×6人＝1,209千円
合　計	44人	10,797千円

注：職員数は、児童の年齢別加算等を含んでいない。事務費は平成26年度単価（その他地域）を使用。児童養護施設には児童を養育するのに使う一般生活費である「事業費」と、職員の人件費など、施設を維持するために使う「事務費」が支払われる。
出典：厚生労働省「社会的養護の課題と将来像の実現に向けて（平成28年1月）」2016年をもとに作成

10

わらず、新しい方向性は、まさに瓜巣が1950年代に提案したものであり、これまで児童養護施設関係者が受け入れるのを拒否してきたものでした。

児童養護施設関係団体からの大きな反発がないことの要因の一つは、小規模化すれば財源的にうるおうしくみを国が用意したことです（図表2-2）。しかしそれ以上に、レッスン1の「児童養護施設の現状」の項で述べたように、児童の問題や職員の定着率の低さから生まれる混乱が、施設の運営を難しくしているからだと考えられます。

現行のままだと立ち行かない現状が、変化を受け入れる土壌をつくり出したのです。

3. 新しい社会的養護

■1 「家庭養護」と「家庭的養護」の概念の見直し

2011（平成23）年、国（厚生労働省）の「児童養護施設等の社会的養護の課題に関する検討委員会」がまとめた「社会的養護の課題と将来像」では、社会的養護で保護される子どものうち、おおむね3分の1が里親に委託されるべきだと、方針の中身を具体的な数値で示したことに大きな意義がありました。

そして、これらの方針が出される際に、国は社会的養護の概念の変更を行いました。家庭養護と家庭的養護の概念の見直しを行ったのです。従来は、里親を「民法」上の親子関係がないという意味で、家庭的養護と表現するのが一般的でした。しかしながら、養育が里親家庭といった家庭のなかで行われるのに注目し、これを「家庭養護」として整理し、施設で行う家庭的な養護を「家庭的養護」としたのです（図表2-3）。

この再編の方向性は、子どもの権利擁護を考えるうえですぐれたものであり、その方向性をより確実なものとするため、「児童福祉法」の改正がなされました。

■2 子どもの代替的養育の考え方が法律に

2016（平成28）年に改正「児童福祉法」が国会で承認され、6月3日に公布となりました。この改正法には子どもの権利について、より深い配慮が盛り込まれたのが特徴で、社会的養護の再編についても明記されました。

まず第1条に、「全て児童は、児童の権利に関する条約の精神にのっ

第1章　現代社会における社会的養護の意義

参照
里親
→レッスン22

ファミリーホーム
→レッスン22

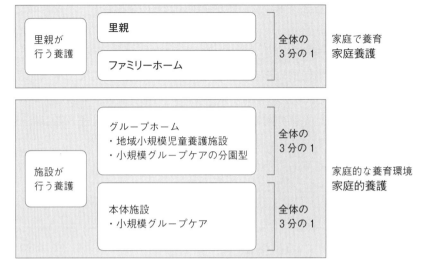

図表2-3　社会的養護における「家庭養護」と「家庭的養護」の概念の整理

出典：厚生労働省「第13回社会保障審議会児童部会 社会的養護専門委員会資料」2012年をもとに作成

とり、適切に養育されること」と記載されました。この第1条が述べることは、今回の改正法は国連の「子どもの権利条約」を前提として法律がつくられたことを示すものです。「子どもの権利条約」を批准してから20年以上がたち、ようやくこの条約が国内法に反映されることになったのです。

　この第1条の理念を受け、社会的養護については、第3条の2に「児童を家庭において養育することが困難であり又は適当でない場合にあつては児童が家庭における養育環境と同様の養育環境において継続的に養育されるよう、児童を家庭及び当該養育環境において養育することが適当でない場合にあつては児童ができる限り良好な家庭的環境において養育されるよう、必要な措置を講じなければならない」と、子どもの代替的養育の考え方が明記されました。

　わかりやすくいうと、子どもの代替的養育は、家庭養護（里親、養子縁組）が望ましく、それが難しい場合は家庭的環境に近い小規模の施設で養育する、ということです。

3　新しい社会的養育ビジョン

　この新しい「児童福祉法」が2017（平成29）年4月1日に施行されて4か月がたった7月31日に、厚生労働省によって組織された「新たな社会的養育の在り方に関する検討会」から「新しい社会的養育ビジョン」が発表されました（8月2日に改定版発行）。「新しい社会的養育ビ

ジョン」はこのたび施行された改正「児童福祉法」を基本に、「社会的養護の課題と将来像」を全面的に見直したものです。

「新しい社会的養育ビジョン」では、あえて社会的養護という言葉を使わず、「社会的養育」という言葉を使うことにより、社会的養護（代替養護）にとどまらず、コミュニティや家族の変化に対して養育支援のあり方を整備していこうということが提案の趣旨になっています。

この新しいビジョンは「親子分離が必要な場合には、一時保護も含めた代替養育のすべての段階において、子どものニーズに合った養育を保障するために、代替養育はケアニーズに応じた措置費・委託費を定める。代替養育は家庭での養育を原則とし、高度に専門的な治療的ケアが一時的に必要な場合には、子どもへの個別対応を基盤とした『できる限り良好な家庭的な養育環境』を提供し、短期の入所を原則とする」としています。

さらに、新しい数値目標として、「愛着形成に最も重要な時期である3歳未満については概ね5年以内に、それ以外の就学前の子どもについては概ね7年以内に里親委託率75％以上を実現し、学童期以降は概ね10年以内を目途に里親委託率50％以上を実現する」ことがあげられました。この数値目標については、各方面からさまざまな意見が出されていますが、「家庭」をキーワードに一層の社会的養護の再編を進める方向性がより明確になりました。

演 習 課 題

①子どもの権利擁護、そして「子どもの最善の利益」という考え方から、里親への委託を増やそうという社会的養護の再編の方向性が示されましたが、なぜ今までは日本では里親が少なかったのでしょうか。その理由を考え、みなさんで話し合ってみましょう。

②ここでは、ホスピタリズムについて紹介しました。みなさんはこのホスピタリズムについてどのような意見をもっていますか。一度話し合ってみましょう。

③「新しい社会的養育ビジョン」によって、里親委託率の目標数値が大幅に上げられました。現在、各方面からさまざまな意見が出されています。どのような意見が出されているのか、インターネットなどを使って調べてみましょう。

レッスン**3**

社会的養護の必要性

このレッスンでは、前レッスンの社会的養護の再編がなぜ必要になるのかについて、社会的養護の意義や必要性から学んでいきます。

1. 児童福祉法の制定

そもそも、なぜ社会的養護が必要なのでしょうか。それは、いつの時代においても、保護者のいない児童が存在するからです。井垣は、「かつて世間の人たちは社会福祉といえば『孤児院』とか、『養老院』のことで考えたものである。このように寄るべなき孤児の救出に象徴される児童への対策は、伝統的にも社会福祉の重要な部分をしめていた[1]」と述べ、孤児の救済や保護は歴史的な課題であり、ここから児童福祉が発展してきたことを示しました。

実際に、戦後日本の社会福祉は、新しい法律を制定しながら制度を充実させてきましたが、「児童福祉法」は比較的早い段階で制定されました。この法律の制定・施行を急がせたのは、巷（ちまた）にあふれる12万人の戦災孤児の収容・保護が、大きな課題となっていたからです。そしてこの法律のなかに、里親そして養護施設（現：児童養護施設）が制度として位置づけられ、孤児たちの収容・保護が始まりました。

2. 持続可能な社会

では、なぜ制度をつくり、孤児を収容・保護していったのでしょうか。一つには、戦後間もない当時、孤児たちは自分で稼ぐことが難しく、生きるためには盗みなどの犯罪に手を染めなければならない場合もありました。そこで、そのような孤児たちから社会を守るための収容・保護が行われたのです。

確かに、そのような治安的な面からの必要性があったことは否定できませんが、国が孤児対策に真っ先に取り組んだことは評価できます。子

▶**出典**
†1 井垣章二『児童福祉──現代社会と児童問題（第3版）』ミネルヴァ書房、2002年、1頁

どもを育むことは、社会が持続していくうえで不可欠だからです。

　社会が持続していくために必要な要件を考えてみると、最低一つのことは、はっきりとしています。それは、社会として子どもを生み育てなければならないということです。

　先ほど紹介した井垣は、「子を生み育てることは、それによってのみ社会は存続し発展する人類永遠の課題である。いかなる困難があろうと、子どもがすこやかに育つ社会の未来は明るい」と述べています。そのように考えると、保護者のいない子どもには、保護者に代わって社会がその子どもたちを健やかに育てることをしなければ、明るい未来は来ないのです。

　しかし、現代社会の現状はどうでしょうか。子どもの問題としてまず思い浮かぶのは少子化（図表3-1）、そして児童虐待です。生まれる子どもの数が減少しているだけでなく、生まれてきても適切に育てられないとなると事態は深刻です。

　すべての子どもたちが健やかに育てられる環境の整備が急がれますが、そのなかには社会的養護の充実が含まれなければなりません。歴史を振り返ってみても、保護者のいない子どもがいない時代はなかったのです。社会的養護は、人類が背負う永遠のテーマといえます。

図表3-1 出生数と合計特殊出生率の推移

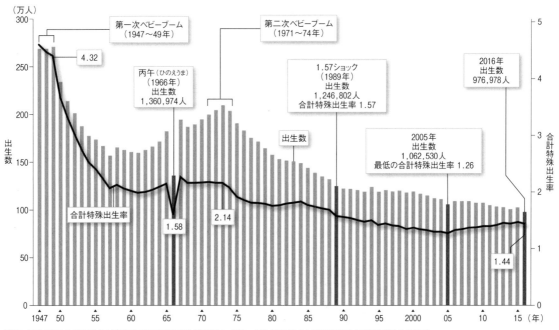

出典：内閣府編『少子化社会対策白書（平成29年版）』2017年、3頁、厚生労働省「人口動態統計」2017年をもとに作成

3. 社会的養護の基本理念

1 社会全体で「子どもの最善の利益」を育む

厚生労働省は2012（平成24）年3月に「社会的養護施設運営指針及び里親及びファミリーホーム養育指針」を発表し、社会的養護の基本理念として「子どもの最善の利益のために」と「すべての子どもを社会全体で育む」をあげています。

この基本理念は、社会的養護が子どもたちのための制度であり、社会全体で責任をもって、子どもたちの健やかな成長を担うことを宣言したものです。現在、これらの理念を実現するために、社会的養護は6つの施設と里親、ファミリーホームで子どもたちを養育しており、それぞれに期待される役割があります。

現代の社会福祉施策、特に施設福祉を考えると、そのいずれもが施設を利用する対象者が地域で排除されることなく生活することができ、より家庭的なサービスが受けられるように、地域化と小規模化がはかられています。

2 地域化・小規模化による社会的養護

この考え方を社会的養護に当てはめると、図表3-2のような配置となります。最も地域化・小規模化に適合し家庭的であるのは、**養子縁組**であり、それに里親、ファミリーホームが続きます。さらに、児童養護施設の**地域の分園**、そして本体施設となりますが、本体施設は小舎制、

◆補足

養子縁組
養子縁組をすると、社会的養護から私的養育に移行し、社会的養護からは抜けることになる。

地域の分園
この制度として、地域小規模児童養護施設や小規模グループケアが考えられる。

図表3-2 地域化・小規模化からみた社会的養護の配置

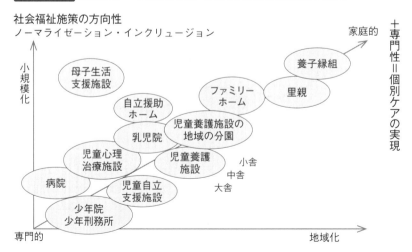

中舎制、大舎制と規模が大きくなります。

その次には、より専門性の高い**児童心理治療施設**と児童自立支援施設が位置づけられますが、どちらの施設に措置されるのかは、子どもの状況によります。

社会的養護ではありませんが、児童自立支援施設よりさらに高い専門性が求められる機関として、少年院と少年刑務所があり、児童心理治療施設に対応するより専門性の高い機関として、病院（精神科）が位置づけられます。そして、それぞれの子どもの状況にこたえるべく乳児院と自立援助ホーム、母子生活支援施設が配置されます。母子生活支援施設の地域化が低いのは、入所者の多くがＤＶ被害者であり、地域社会に開くというより加害者から守るという役割に変化してきているからです。

3 子どもの人権を守る社会的養護

社会的養護は、それぞれの子どものおかれた状況にこたえられるように、図表3-2のような施設種別に分かれています。

福祉の方向性としては、地域化・小規模化そして家庭的であることがすぐれているとされ、図表3-2の右上に位置するものが優先されますが、子どもたちの生活を支援するのは容易ではなく、単に家庭的というだけでは十分ではありません。つまり「何のために家庭的なのか」が大切なのです。

子どもの人権擁護という観点から社会的養護を考えると、地域化・小規模化するのは、子どもたちがおかれている個別の状況にこたえるために、養育者との安全で安心な関係を継続的に維持するところにあるという原理に立って、それぞれの施設や里親が子どものケアを行う必要性があります。

参照

児童心理治療施設
→レッスン18

演 習 課 題

①このレッスンでは「子どもを生み育てることによってのみ社会は存続する」という考え方から社会的養護の意義を考えてみましたが、子どもを生み育てることは現在では難しくなっているのでしょうか。いろいろな意見をだして、話し合ってみましょう。

②「子どもの最善の利益」という言葉をさまざまなところで見聞きするようになりました。この「子どもの最善の利益」とはどういうことをいっているのでしょうか。一度話し合ってみましょう。

③地域化・小規模化は児童福祉施設だけでなく、高齢者や障害者の施設でも重要なキーワードとなっています。児童福祉以外の施設ではどのようにこれらのことがなされているのか、調べてみましょう。

参考文献……………………………………………………………………………………

レッスン1

太田一平 「児童福祉施設に与えられた役割——これまでの取り組み」 STARS（資生堂児童福祉 海外研修同窓会）編集委員会編 『ファミリーソーシャルワークと児童福祉の未来』 中央法規出版 2008年

岡田強志 「児童養護施設を対象とした施設内暴力の実態把握とその抑止策への展開」 独立行政法人学術振興会平成26年度科学研究費（奨励研究） 2015年

杉山登志郎 『子ども虐待という第四の発達障害』 学習研究社 2007年

レッスン2

瓜巣憲三 「ホスピタリズムの発生とその対策について」『社会事業』（37）7 1954年 99-106頁

レッスン3

井垣章二 『児童福祉——現代社会と児童問題（第3版）』 ミネルヴァ書房 2002年

おすすめの1冊

有川浩 『明日の子供たち』 幻冬舎 2014年

児童養護施設を描いた長編小説。施設に入所している子どもたちがどんなことに悩み、苦しんでいるのかをさまざまなエピソードを通して垣間見ることができる。児童養護施設への理解を深めてくれる傑作である。

> コラム

施設の形態（大舎制・中舎制・小舎制）

　児童福祉施設の特徴は、そこが子どもたちの生活の場であるということです。そのため、どのような形態で子どもたちを養育するのかという建物のハードはとても重要になります。児童福祉施設は1養育単位（児童の居室、キッチン、トイレ、お風呂等を完備した生活を送ることのできる単位）あたりの定員数により大舎制、中舎制、小舎制と分けています。大舎制は1生活単位が20人以上、中舎制は13〜19人、小舎制は12人以下となっています。2014（平成26）年10月では、大舎制が50.7%、中舎制が26.6%、小舎制が40.9%となっています。2008（平成20）年3月末では、大舎制が75.8%、中舎制が19.5%、小舎制が23.4%であったことを考えますと、小規模化が進んでいることがわかります（厚生労働省「社会的養護の現状について（平成28年1月）」2016年）。

　また、小規模化に関しては施設の定員の小規模化も課題となっています。2014年10月現在でも、定員が100人以上の施設は44か所あります。これらの施設の小規模化をどのように進めるのかが大きな課題です。厚生労働省の指導では、45名以下の定員に移行することを求めており、大規模な施設の場合、2つや3つに分散するということをすすめています。実際、そのような小規模化を行った事例が見られるようになっています。施設から里親中心の社会的養護を進める方針の中、児童養護施設の数が増えているのはどうしてかと思われる人もいると思いますが、実は、大きな施設が小さな規模の施設に分かれたために数が増えているのです。実際に小規模化を実行した施設長に話を聞くと、多くの施設長が大変だったが、小規模化することにより子どもの処遇によい影響がみられると言います。緊急の保護収容ではない、家庭的養護を進めるための適正な定員の規模をどのように定めるのかもこれからの課題です。

第2章

社会的養護の
歴史的変遷と今日的課題

本章では、社会的養護の歴史的変遷について学んでいきます。社会的養護の歴史は古く、古代からその歴史を振り返る必要があります。また、これまでの変遷を学んだうえで、現代の課題についても理解していきましょう。

レッスン4　社会的養護の歴史（1）古代から大正期まで

レッスン5　社会的養護の歴史（2）昭和期から現代まで

レッスン6　近年の社会的養護の課題

レッスン**4**

社会的養護の歴史（1）古代から大正期まで

このレッスンでは、古代から大正期にかけての子どもの社会的養護の歴史について学びます。その時代ごとに、養護を必要とする子どもの福祉のために尽力した先覚者たちの実践や思想について学び、これからの社会的養護の発展に必要なことは何か、について一緒に考えていきましょう。

✳ 用語解説

ちいさこべのすがる
少子部蜾蠃、小子部栖軽とも記す。『日本書紀』に出てくる豪族で、雄略天皇に近侍したと伝えられる人物。雄略天皇が養蚕振興のため、蚕を集めるよう命じたところ、意味を取り違えて子を集めてしまい、その養育を命ぜられ、少子部連の姓を賜ったという説話が『日本書紀』や『新撰姓氏録』に記されている。

四箇院
聖徳太子が四天王寺を建てるにあたって、「四箇院の制」をとったことが『四天王寺縁起』に示されている。四箇院とは、敬田院、施薬院、療病院、悲田院の4つのことで、敬田院は寺院そのものであり、施薬院と療病院は薬局・病院にあたり、悲田院は病者や孤児、身寄りのない高齢者などのための社会福祉施設にあたる。

1. 古代における子どもの救済

古代において、身寄りのない子どもの保護・養育については、『日本書紀』に、雄略天皇による「**ちいさこべのすがる***」（478年ごろ）の話が記されています。

593年に、厩戸皇子（聖徳太子）は**四箇院***（敬田院、療病院、施薬院、悲田院）を設立しました。このうち「悲田院」では、身寄りのない棄児（捨て子）や孤児などの子どもを含めた生活困窮者を収容・保護していたとされており、日本最古の児童救済事業といわれています。

702年に「大宝律令」が制定され、このなかで、援助を必要とする者について「**不能自存**（自分自身で独立した自立生活が困難な者）」と定義され、さらに図表4-1のように分類されました。このなかの「孤」が子ども（孤児）にあたります。これらの不能自存の者については、まずは近親者が扶助することとされ、それが不可能な者については制度で救済するとされました。

仏教伝来後は、困窮する子どもについては「仏の子」として慈悲・慈善の対象となり、仏教寺院や皇族、貴族の**篤志家**による私的な救済がなされていたといわれています。

しかし、困窮する民衆の生活のなかでは、口減らしのために子どもが遺棄されたり間引きされたりするといったことが頻繁にありました。

図表4-1 不能自存の分類

鰥（かん）	61歳以上で妻のない者
寡（か）	50歳以上で夫のない者
孤（こ）	16歳以下で父のない者
独（どく）	61歳以上で子どものない者
貧窮・老疾	貧窮な高齢者や傷病者、障害者

レッスン4　社会的養護の歴史(1)古代から大正期まで

　756年には、和気清麻呂の姉の和気広虫が、戦乱や疾病のために苦しむ棄児や孤児83名を、夫の葛木連戸主の戸籍に入れて養育したといわれています。悲田院が成人との混合収容だったこともあり、こちらの養育のほうが、わが国における最初の「子どもの保護収容事業（施設）」という説もあります。

2.　中世における子どもの救済

　中世においても、悲田院での救済事業は細々とではありますが、継続していたといわれています。鎌倉時代になると、**南都六宗***による慈善活動が活発化しました。

　律宗の叡尊は、被差別部落の人やハンセン病患者、孤児の救済活動を展開しました。同じ律宗の忍性は、叡尊に師事し、その事業を引き継いで、貧民、病人、孤児などの救済活動を行うとともに、ハンセン病患者救済施設である「**北山十八間戸***」を奈良で開きました。

　また、この時代には、こうした仏教関係者に感化された北条氏による救済事業が活発化したことが特徴的です。

　室町時代になると、1549年にイエズス会のフランシスコ・ザビエルが鹿児島に上陸し、わが国で初めてキリスト教の伝道を行いました。その後、キリスト教の布教とともに、キリシタンによる慈善事業が行われました。キリスト教への弾圧が厳しいなか、キリシタンによる慈善事業の範囲は、公益質屋などの救貧事業、孤児や寡婦の保護活動、病児病者への施薬など多岐にわたりました。

　戦乱によって仏教による慈善事業が衰退していくなかで、キリシタンによる慈善事業は拡大していきました。代表的なものとして、イエズス会の**ルイス・デ・アルメイダ***が大分県に設立した育児院（1555年）があげられます。

3.　近世における子どもの救済

　江戸時代になり、1613年に「禁教令（キリシタン禁止令）」が出されて以降、キリスト教による子どもの救済事業は衰退しました。この時代の救済対象は主に、自然災害から生じる飢饉などによる被害者でした。飢饉や天災害、さらには幕府や藩からの搾取によって、農民の生活は困

✙ **用語解説**

南都六宗
奈良時代の日本仏教の6つの宗派。三論宗、成実宗、法相宗、倶舎宗、華厳宗、律宗である。

北山十八間戸
ハンセン病等の病者を収容し治療する病棟として使用されていたことがわかっている。誰が創建したかについては2つの説がある。1つは、光明皇后が行った貧窮者の病人救済事業の一環として建立したというもの。もう1つは、僧・行基に深く帰依していた西大寺の僧・忍性が大乗仏教の菩薩道である利他行の実践を目的に創建したという説である。

👤**人物**

ルイス・デ・アルメイダ
(Almeida, Luis de)
1525年ごろ〜1583年
ポルトガル出身の商人で、日本最初の南蛮外科医。イエズス会宣教師とも交わりを結び、南蛮貿易で得た資金をもとに、大分に孤児院としての育児院のほか、一般病棟とハンセン病棟からなるホスピタルを設立した。外科医として病を治すと同時に、修道士として心も癒すなど、病人が理想とする医師であった。

23

第2章　社会的養護の歴史的変遷と今日的課題

窮を極めていました。こうした状況のなかで、子どもの身売りや間引き
が頻繁に行われていたのです。

　こうした事態を受けて、江戸幕府は1687年に「捨て子養育令」を、
1690年には「棄児禁止の布令」を、1767年には「間引き禁止令」を次々
に制定しました。しかし、民衆の生活は困窮していたため、棄児や間引
きが減ることはありませんでした。当時制度化された「五人組」のなか
では、相互扶助組織がつくられ、このなかで捨て子の養育を行うことも
推奨されましたが、間引きを含めた江戸時代の乳幼児死亡率は高く、人
口停滞は幕末まで継続しました。

4.　明治期における子どもと家庭に対する社会事業

1　明治政府による子どもの保護・救済

　明治政府は、1871（明治4）年、孤児や棄児に対する救済策として「棄
児養育米給与方」を制定しました。1873（明治6）年には、三つ子を出
産した貧困家庭を対象とした「三子出産の貧困者へ養育米給与方」を制
定しました。

　1874（明治7）年には、わが国最初の救貧法である「恤救規則*」が
制定されました。しかし、この「恤救規則」は「居宅救恤（在宅者の救
済）」を原則としていたり、対象を「無告の窮民（身寄りのない者）」の
みに限定していたりするなど、きわめて限定的な救貧制度でした。その
ため、この制度で救済される子どもは非常に少なかったといえます。ま
た、救済方法は給与米の給付（のちに現金給付に変更）という不十分な
ものでした。

2　子どもの保護施設の萌芽

　明治期にも貧困のために孤児や棄児となる子どもは多く、間引きや堕
胎も頻繁にありました。さらに、富国強兵策のなかで子どもは「安価な
労働力」として搾取されていました。こうした保護や救済を必要とする
子どもたちに対して、国の救済施策はほとんど整備されていなかったた
め、個人の宗教的な心情や動機による慈善事業が多く展開されました。

　まず、孤児などを保護・養育する事業が広がっていきました。代表的
なものとして、松方正義が設立した「日田養育館」（1869［明治2］年、
大分県）、フランス人修道女ラクロットが設立した養育施設「横浜慈仁
堂」（1872［明治5］年、神奈川県）、岩上マキ等による日本人最初の育

✱ 用語解説

恤救規則（1874年）
1929年の救護法制定まで、日本における救貧対策の中心的な法律であった。恤救規則による救済対象は「無告の窮民」のうち、①障害者、②70歳以上の高齢者、③病者で極貧の者、④13歳以下の孤児、に該当する者に限定されていた。

24

レッスン4　社会的養護の歴史（1）古代から大正期まで

図表4-2 岡山孤児院十二則

1）家族主義	子ども10人ほどの小舎制 家族ごとの個性ある生活を尊重する	
2）委託主義	養育の困難な6歳以下の年少の虚弱児・乳幼児は農家に里子に出す 10歳以上の子どもは職業見習いを含め、商店主等に委託する	
3）満腹主義	十分な食事は情緒の安定につながる 満腹感を味わうことができるようにする	
4）実行主義	職員の積極的な養育姿勢を促す	
5）非体罰主義	子どもに体罰を与えない 子どもに自分の行動・行為について考えさせる	
6）宗教主義	子どもに祈りを強制はしないが、宗教心の涵養を強調する	
7）密室教育	悪行への指導は人前で行わず、子どもと密室で静かに話し合う	
8）米洗教育	子どもの養育は米を洗うのと同じで、幾度も洗うと澄んだ水になる	
9）旅行教育	さまざまな生活体験を重ねるために、小グループで旅行する	
10）小学校教育	幼年期は遊ばせ、10歳から尋常小学校で普通教育を受けさせる	
11）実業主義	子どもに適した、また本人の希望に応じた職業技術を習得させる	
12）托鉢主義	施設経営は、民間の寄付により賄う	

出典：石井十次資料館所蔵「岡山孤児院新報」（第135号）をもとに作成

児施設「浦上養育院」（1874［明治7］年、長崎県）、仏教各宗徒によって設立された「福田会」（1876［明治9］年、東京都）などがあげられます。

　なかでも、**石井十次***が1887（明治20）年に設立した「**岡山孤児院***」は、のちの児童養護施設のモデルとなったともいわれる最も有名な施設の一つです（図表4-2）。

③　非行少年の感化事業

　明治時代には、非行少年に対する**感化事業***も発展しました。

　当初の感化院は、良風美俗を乱す者に対して「保護と教化」を行うという社会防衛的な考え方が強くありました。しかし、しだいに、非行少年に対しては、大人の犯罪者を懲罰するのと同様に扱うのではなく、非行を行うまでの子どもの家庭環境や家族関係、教育の有無などの背景について考慮する必要があるのではないかと考えられるようになりました。つまり、非行を行った罰としての保護・教化ではなく、子どもの育ち直しを助けるような援助、保護、教育を行うことで、子どもの非行性をなくし「感化」しようと考えられるようになったのです。

　こうした非行少年のための施設として、池上雪枝が大阪に設立した「池上感化院」（1883［明治16］年）、高瀬真卿による「東京私立感化院」（1885［明治18］年）などがあげられます。**留岡幸助***が1899（明治32）

●人物

石井十次
1865～1914年
旧高鍋藩（現：宮崎県）出身。岡山医専（現：岡山大学医学部）の医学生としての実習中に、巡礼者の子どもを引き取り「孤児教育会」を設立。医師の道を断念し、その後に設立した岡山孤児院で孤児の教育に専念するに至った。孤児の養育においては、イギリスのバーナード博士の影響を受けていた。また、ペスタロッチやルソーの思想や、イギリスのバーナードホームの実践からの学びを踏まえ「岡山孤児院十二則」をまとめた。明治時代にまとめられたものではあるが、その一つひとつの内容は現代の児童養護実践にも通ずるものがあり、あるいは今後の日本の児童養護が目標とすべき内容も含まれており、時代を超えて普遍的に「社会的養護（養育）の指針」となるものだといえる。

✳ 用語解説

岡山孤児院
1887年に石井十次が岡山市に創設し、自ら院長として運営していた施設。コテージ・システム（小舎制）という教育方針を採用し、保母一人につき十数人の子どもたちが一つのコッテージ（小舎）で、家族のように生活していた。1889年には51名の孤児が生活。1903年の最盛期には1,200名の孤児を養育していた。

25

第2章　社会的養護の歴史的変遷と今日的課題

✳用語解説

感化事業
非行の性癖のある少年少女を保護・教育してその矯正を図る事業。教護事業ともいわれた。非行少年の諸問題に対する具体的な対処法や施設の管理運営方法を紹介するだけでなく、体罰の否定や福祉施設職員の地位向上といった提言も行った留岡幸助は、「感化事業の父」と呼ばれた。

👤人物

留岡幸助
1864〜1934年
旧備中藩（現：岡山県）出身。同志社神学校（現：同志社大学）を卒業後、教会牧師を経て、北海道空知監獄の教誨師となる。アメリカで感化事業を学び、日本における未成年犯罪者の処遇に疑問を抱く。1898年に巣鴨監獄の教誨師となり、翌年アメリカでの学びを具現化する形で「巣鴨家庭学校」を創設した。

👤人物

石井亮一
1867〜1937年
旧鍋島藩（現：佐賀県）出身。築地立教学校（現：立教大学）卒業後、立教女学校の教諭となる。1891年に設立した「孤女学院」のなかに知的障害児がいたことをきっかけに、その後、知的障害児の福祉・教育に専念した。

年に東京の巣鴨に設立した「巣鴨家庭学校」は、のちの感化院さらには教護院（現：児童自立支援施設）のモデルになりました。

1900（明治33）年には国が「**感化法**」を制定し、各道府県に感化院の設置が義務づけられました。当時、街には浮浪児が激増し、浮浪児たちによる放火などが頻発し、人々の生活を脅かすものとなっていたため、治安をよくするための法的整備が必要でした。こうした背景のもと、制定された「感化法」は、現在でいう「児童福祉法」と「少年法」との間に位置する内容となっており、公的責任によって子どもの保護（施設入所）を行うことが明記された日本で初めての法律です。

法律も制度もないなかで、篤志家によって設立された数々の施設に対して、国があとを追う形で、法律や制度を整えていった時代といえます。

4　その他の子どもに関する社会事業

母子生活支援施設の萌芽として、1880（明治13）年にパリ外国宣教会マルマン神父によって、長崎に「**大泊子部屋**」（現：児童養護施設奥浦慈恵院）が設立されました。

保育事業として、1890（明治23）年に**赤沢鍾美**が、日本で最初の託児施設「私立静修学校」を新潟に設立しました。また、1900（明治33）年には、**野口幽香**らが東京に、貧困家庭の子どもを対象とした「**二葉幼稚園**」（のちの二葉保育園）を設立しました。

盲ろうあ児を対象としたものとして、1878（明治11）年に「京都盲唖院」、1880（明治13）年に「東京楽善会東京訓盲院」が設立されました。**石井亮一**[*]が1891（明治24）年の濃尾大地震による孤児を保護するために設立した「孤女学院」は、その後、知的障害児施設「滝乃川学園」になりました。また、1909（明治42）年には、脇田良吉が京都に知的障害のある子どものための施設として「白川学園」を設立しました。

同じ1909（明治42）年には、虚弱児のための施設として「東京市養育院」が開設されました。

5. 大正期における子どもと家庭に対する社会事業

1　子ども家庭相談体制の萌芽

大正期に入った1914（大正3）年、第一次世界大戦の勃発が日本にも影響を及ぼし、庶民の生活はますます厳しいものになっていきました。

1915（大正4）年には東京の本郷に、子どもの発育や保護の相談を受

ける相談所が日本で初めて開設されました。その4年後の1919（大正8）年には、現在の児童相談所の前身といえる「大阪市立児童相談所」が設立され、妊産婦の健康や育児知識の普及、子どもや家庭に関する幅広い相談事業が行われました。

1920（大正9）年には「東京府児童保護委員制度」が開始され、不良児や浮浪児、未就学児、貧困児童、障害児童などを対象とした個別支援や保護が行われました。さらに翌年は「東京府児童研究所」が開設され、研究相談事業がスタートしました。

2 乳児院の萌芽

1921（大正10）年には、乳児を専門とする「東京賛育会乳児院」が東京に、「堀川乳児院」が大阪に設立されました。

3 感化事業の発展

非行少年に関する施設としては、1919（大正8）年に「国立感化院（武蔵野学院）」が開設され、重度の非行児童の感化に加えて、感化事業の調査研究や職員養成が開始されました。

4 肢体不自由児施設の萌芽

この時代には、肢体不自由児に対する保護や援助活動が行われるようになりました。1916（大正5）年から、医師であった高木憲次*が、肢体不自由児の巡回療育相談事業を開始しました。また、柏倉松蔵は、1921（大正10）年に、肢体不自由児の施設「クリュッペルハイム柏学園」を設立しました。

人物

高木憲次
1889〜1963年
肢体不自由児施設の生みの親ともいわれる。当時の東京大学整形外科名誉教授。ドイツの身体障害児施設クリュッペルハイム訪問後、同様の施設を日本に設立する必要性を主張。1942年、東京に整肢療護園を開設した。また、1947年制定の「児童福祉法」の中に「肢体不自由児施設」が児童福祉施設として位置づけられるよう尽力した。

演習課題

①社会的養護の先覚者の中から1〜2名を選び、その業績についてくわしく調べてみましょう。

②古代、明治期、大正期とそれぞれの時代において「子どもがおかれていた状況」「子どもの生活状況」には、どのような特徴があるでしょうか。違いと共通点について考えてみましょう。

③現在の児童福祉施設の中から1つ選び、その歴史的変遷を調べて発表してみましょう。

レッスン**5**

社会的養護の歴史（2）昭和期から現代まで

このレッスンでは、昭和期から現代にかけての子どもの社会的養護の変遷について学びます。その時代ごとに、子どもの立場や生活、子育て家庭を取り巻く状況がどのようなものだったのかについて理解するとともに、社会的養護がどのように変化してきて現在につながっているのか、一緒に考えていきましょう。

1. 戦前・戦後の児童保護

1 昭和前期の児童保護

　昭和期に入ると、1929（昭和4）年に、恤救規則に替わる新たな救貧法として「救護法」が制定されました。しかし、厳しい財政事情により施行は1932（昭和7）年になりました。この法律では、保護の対象として、13歳以下の幼者および妊産婦が規定されましたが、これまでの「恤救規則」と同様、扶助の対象者や内容は厳しく制限されたものでした。しかしながら、育児施設等がこの法律によって「救護施設」として指定され、国からの補助を受けることができるようになり、制度としては一歩前進しました。

　1933（昭和8）年には「**児童虐待防止法**」が制定され、子どもの酷使や虐待、人身売買など、子どもに対する不当で不適切な扱いを禁止することが法律として明文化されました。これらの禁止行為は、現在の「児童福祉法」にも継承されています。また、この法律では、入所施設としての「児童虐待防止施設」が規定されました。

　同じく1933（昭和8）年、「感化法」が「**少年教護法**」と改められ、感化院は「少年教護院」に改称されました。

　1938（昭和13）年には、社会事業における人的確保や育成のための課題を担う機関として、「**厚生省**（現：厚生労働省）」が国に設置されました。

　このように大正期から昭和前期にかけて、子どもや子育て家庭に対する保護・救済制度は少しずつ前進していきました。しかし、日中戦争から太平洋戦争へと戦時体制が進むなかで、子どもへの福祉というよりは、戦争遂行のための小国民育成、労働力としての子ども育成といったことに焦点が当てられるようになっていきました。

2 第二次世界大戦後の混乱と子どもの福祉

　1945（昭和20）年8月15日、日本は第二次世界大戦の敗戦国となりました。この戦争によって親や保護者を失った「**戦災孤児**」が急増し、こうした子どもたちの保護・救済事業が、当時の日本にとっての喫緊の課題となりました。戦災孤児たちは、自分たちの命を守るために、物乞いをしたり、ときには盗みをはたらいたりするなどして、その日その日を生き抜いていました。彼らは「浮浪児」とよばれ、治安を悪くする存在として疎まれたりもしていました。

　こうした戦災孤児・浮浪児たちには、社会的養護による保護・養育が必要でした。戦前から運営されていた育児施設や感化施設などが、こうした戦災孤児たちの保護・収容を行いましたが、その資源は圧倒的に不足していました。

　政府は、戦災孤児等の緊急対策として、1945（昭和20）年9月に「戦災孤児等保護対策要綱」を決定し、翌年4月には厚生省が「浮浪児その他の児童保護等の応急措置実施に関する件」という通達を出しました。さらに同年9月には、大都市圏に「主要地方浮浪児保護要綱」の通知がなされました。

　しかし当時、日本を支配していたGHQ（連合国軍最高司令官総司令部）による「公私分離の原則」に基づき、孤児たちを収容していた施設に対する国からの公的な財政援助などはありませんでした。そのため、**ララ（LARA：Licensed Agencies for Relief in Asia＝アジア救援連盟）**[*]による救済援助によって急場をしのぐ状況でした。

3 「児童福祉法」の制定

　戦災孤児など、保護を必要とする子どもに対する応急的な対策だけではなく、すべての子どもたちの福祉を実現することを目的として、1947（昭和22）年に「**児童福祉法**」が制定されました。この法律は、戦後、日本が新たな民主主義国家に生まれ変わることを目指して制定された新憲法の理念に基づき、初めて「福祉」という言葉が用いられた法律です。

　この「児童福祉法」によって、戦前から運営されていた育児施設、「旧・児童虐待防止法」による母子施設、疎開学童寮から転身した施設、戦後に孤児収容を始めた施設などが、「養護施設」として認可されることになりました。

　「児童福祉法」制定以前には、児童福祉施設は「育児院」「教護院」「母子寮」の3種類しかありませんでした。しかし、この法律によって9種類の児童福祉施設（助産施設、乳児院、母子寮、保育所、児童厚生施

✳ 用語解説

ララ（LARA）
ララは、その活動を通して、1946年以降、施設で生活する子どものみならず、わが国の多くの子どもたちに食料や衣類、石けんなどの日用品をはじめ、当時入手困難だったものを救援物資として提供し、これらの物資は「ララ物資」とよばれた。また、現在の学校給食の前身は、ララによる施設や学校への給食支援であった。

第2章　社会的養護の歴史的変遷と今日的課題

設、養護施設、精神薄弱児施設、療育施設、教護院）が規定されること
になりました。

4 「児童憲章」の制定

当時の東京の児童相談所には、生活苦から子どもを施設や里親に預け
たいという親たちが、1日に20組も訪れる状況が続いていました。大
人は懸命に働かなくては生きていけない状況でした。そのため、保護者
の就労・共働きが優先され、子どもの養育や家庭で育つ権利は二の次に
されていたといえます。

こうした状況のなか、「子どもの権利と幸せを守るために」という目
的のもと、1951（昭和26）年5月5日（こどもの日）に「**児童憲章**[*]」
が制定されました。この憲章は戦後復興期につくられたということもあ
り、子どもについて「守られるべき」「保護されるべき」と、受動的権
利について強調して書かれていますが、子どもを大切な存在として守っ
ていこうという理念が明確に示された、画期的なものでした。

5 混血児対策

1951（昭和26）年には、対日講和条約および日米安全保障条約が成
立し、日本は独立を取り戻し、国として再出発しました。独立を契機に、
日本はそれまでのGHQの占領下では取り組むことの難しかった「混血
児対策」に1952（昭和27）年から乗り出しました。

戦後まもない1948（昭和23）年、神奈川県大磯町で、終戦後に駐留
軍兵士と日本女性との間に生まれた混血孤児たちの不遇な状況を目の当
たりにした澤田美喜が、混血児のための保護施設「エリザベス・サン
ダース・ホーム」を設立しました。戦後に誕生した混血児たちは、日本
が独立を取り戻したこの時期には、小学校に就学する年齢に達していま
した。

当時の厚生省は「混血児問題対策研究会」を設置し、澤田美喜など
20人に委員を委嘱し、混血児対策の方針を話し合いました。特に混血
児の多かった神奈川県では、混血児の一般の公立小学校への入学を認め
ることにしました。

6 当時の里親制度

「児童福祉法」によって成立した「里親制度」は、現在と同様、親の
いない子どもや親が育てられない子どもを、自分の家庭に預かって育て
ようという人が里親として行政に登録して、子どもの養育を受託するも

✳ **用語解説**
「児童憲章」
「日本国憲法」の精神に基
づき、児童に対する正しい
観念を確立し、すべての児
童の幸福を図るために定め
られた児童の権利宣言であ
る。1951年5月5日、広く
全国各都道府県にわたり、
各界を代表する協議員236
名が、児童憲章制定会議に
参集して、3つの基本綱領
と12条の本文からなる「児
童憲章」を制定した。

のでした。1949（昭和24）年10月の段階では、里親の人数は全国で4,153人、委託児童数は3,278人でした。

その後、1958（昭和33）年に里親制度はピークを迎え、全国で里親は1万8,696世帯、委託児童数は9,489人になりましたが、その後は社会経済状況の変化から徐々に減少していきました[1]。

2011（平成23）年に、国が「里親委託の推進」を社会的養護の方向性として明確に打ち出して以降、里親委託率や委託数は若干上昇していますが、里親登録数、委託児童数ともに当時のピークには及ばない現状です。

2. 1950〜1970年代の社会的養護の変遷

1 ホスピタリズム論争と児童養護

1950年代に入ると、**ボウルビィ**らによる「**母性的養育の剥奪**（マターナル・デプリベーション）による愛着関係不全がホスピタリズムにつながる」という研究が日本でも紹介されるようになりました。これを契機に、日本においても、それまでの大集団での施設養護のあり方が見直されるようになり、小舎制やグループホームなどを採用した「養育形態の小規模化」や家庭的養護の必要性が指摘されるようになっていきました。

2 障害児福祉の前進

1959（昭和34）年に草野熊吉が東京都東村山市に「秋津療育園」を、1961（昭和36）年には小林提樹が東京都多摩市に「島田療育園」を開設しました。さらに1963（昭和38）年には**糸賀一雄**[*]が滋賀県草津市に「びわこ学園」を開設し、重度の障害児の保護に加えて専門的な療育・養護を展開しようとしました。

こうした取り組みを受け、1967（昭和42）年には、「児童福祉法」のなかで、新たに「重症心身障害児施設」が児童福祉施設として位置づけられることになりました。

さらに1964（昭和39）年には「重度精神薄弱児扶養手当法」が制定されました。この法律は、その後、「**特別児童扶養手当等の支給に関する法律**」と改められ、重度の心身障害のある子どもなどに支給される各種手当について定めています。また、1975（昭和50）年には障害児保育事業が開始されるなど、障害児のための福祉が大きく前進しました。

▷ 出典

[1] 厚生労働省「社会福祉行政業務報告」各年度版

参照

ボウルビィ
→レッスン14

母性的養育の剥奪
→レッスン2

人物

糸賀一雄
1914〜1968年
1946年に知的障害児施設「近江学園」を、1963年に重症心身障害児施設「びわこ学園」を設立。先駆的療育の実践と研究に尽力し、「障害児福祉の父」とよばれた。著書『福祉の思想』のなかで、重症心身障害児の権利保障の必要性を主張し「この子らを世の光に」と訴え続けた。

31

第2章　社会的養護の歴史的変遷と今日的課題

3　情緒障害児短期治療施設の変遷

　1962（昭和37）年、「戦後の第二の非行の波」とよばれる現象が起きました。これを受けて、岡山県立津島児童学院、静岡県立吉原林間学園、大阪市立児童院の3つの情緒障害児短期治療施設が設立されました。それらはその後、1971（昭和46）年に、新たな児童福祉施設として「児童福祉法」で規定されることになりました。

　当初、この**情緒障害児短期治療施設**は、子ども自身や家庭環境に問題を抱えた低年齢の子どもの非行防止を目的としており、おおむね12歳未満の軽度の情緒障害児を対象としていました。また、施設名に「短期」とあるように、入所期間も3〜6か月を目安に考えられていました。しかし、親子関係のゆがみや虐待の後遺症によって、情緒障害を抱えた子どもの治療や心のケアは「短期」で終了できるものではありませんでした。

◆ 補足

情緒障害児短期治療施設
情緒障害児短期治療施設は、2017年4月より児童心理治療施設（→レッスン18）に名称変更された。

3. 1997年から現在までの社会的養護の変遷

1　「児童福祉法」の大幅な改正

　1997（平成9）年、50年ぶりに「児童福祉法」の大幅な改正がなされ、1998（平成10）年に施行されました。この法改正における社会的養護に関連の深いポイントは、以下の2点です。

①児童福祉施設の名称変更と目的の変更

　各種児童福祉施設の名称変更（図表5-1）が行われるとともに、施設の目的として「子どもの自立支援」が明記されるなど、子どもの自立支援と権利擁護の視点が明確にされたことが特徴としてあげられます。

　また、虚弱児施設が廃止され、児童養護施設に統合されました。さらに、情緒障害児短期治療施設（現：児童心理治療施設）では満20歳まで入所が可能になりました。

②地域の相談支援体制の拡充

　児童養護施設等の入所施設に附設されるものとして「児童家庭支援センター」が創設され、比較的軽微な子どもの家庭に関する課題について、

図表5-1 1997年「児童福祉法」改正による各施設の名称変更

改正前	改正後
養護施設	児童養護施設
教護院	児童自立支援施設
母子寮	母子生活支援施設

専門スタッフが相談・助言を行うことになりました。児童相談所よりも
地域に密着した支援ができることが期待されました。

2 社会的養護の目的としての「自立支援」

　1997（平成9）年の「児童福祉法」改正によって、「子どもの自立支援」
が社会的養護の目的であり課題であることが明確になりました。この法
改正をふまえて、翌年には厚生省児童家庭局家庭福祉課監修の『児童自
立支援ハンドブック』（1998年）が刊行されました。

　また、社会福祉法人東京都社会福祉協議会児童部会では、1999（平
成11）年、それまでの高齢児問題委員会と自立援助ホーム制度委員会
を合併し、新たに「リービングケア委員会」を立ち上げました。

　さらに、2003（平成15）年には、社会保障審議会児童部会に設置さ
れた「社会的養護のあり方に関する専門委員会」の報告書が提出されま
した。これは、初めて国レベルで社会的養護のあり方を議論したもので
す。この報告書のなかにはいくつか重要な論点がありますが、その一つ
が「年長の子どもや青年に対する自立支援の体制整備」でした。

3 社会的養護の高機能化とパーマネンシーの保障

　2004（平成16）年の「児童福祉法」改正では、児童養護施設や乳児
院などに**家庭支援専門相談員**（ファミリーソーシャルワーカー）が配置
されました。施設に入所している子どものケアだけでなく、親子関係の
調整や家庭の再統合の支援などを行うことが求められています。また、
社会的養護のあらゆる施設において、退所した者の支援（アフターケア）
が施設の業務として位置づけられました。

　さらに、乳児院と児童養護施設の入所年齢が緩和され、必要に応じて
乳児院では就学前まで、児童養護施設では乳児（0歳児）の入所が可能
になりました。これは、措置変更による分離不安や見捨てられ不安のリ
スクをなるべく回避しようという方向性と、**パーマネンシー**（永続性）
の保障のための一つの改善策であったといえます。

> **参照**
> 家庭支援専門相談員
> →レッスン8

> **参照**
> パーマネンシー
> →レッスン6

4 家庭的養護の推進

　2000（平成12）年度には「地域小規模児童養護施設」が新たに制度
化されました。さらに2004（平成16）年度には「小規模グループケア」
が事業化され、児童養護施設における養育形態の小規模化が進められて
います。

　2008（平成20）年の「児童福祉法」改正では、「小規模住居型児童養

育事業」（ファミリーホーム）が制度化されました。こうした施設における養育形態の小規模化や地域分散化とあわせて、里親委託率の上昇が国の目標として設定されました。

演習課題

①子どものニーズや子育て家庭のニーズは、時代とともにどのように変化してきたのでしょうか。年表をつくって確かめてみましょう。

②「児童の権利に関する条約（子どもの権利条約）」について調べてみましょう。条約にうたわれている一つひとつの「子どもの権利」について、具体的にどのような内容なのか話し合ってみましょう。

③あなたの住んでいる地域には、どのような児童福祉施設やサービス・資源があるのでしょう。調べて発表してみましょう。

レッスン**6**

近年の社会的養護の課題

このレッスンでは、近年の社会的養護の課題について学びます。2017（平成29）年8月に発表された「新しい社会的養育ビジョン」の内容を中心に、日本が目指している社会的養護の内容や方向性について理解するとともに、その実現に向けての課題について、一緒に考えていきましょう。

1. 「新しい社会的養育ビジョン」

1 ビジョンが発表された経緯や背景

　これまで、日本の社会的養護は、2011（平成23）年7月に出された「社会的養護の課題と将来像」に示された目標や方向性をもとにさまざまな改革や見直しが推進されてきました。しかし、2017（平成29）年8月には、その課題と将来像を抜本的に見直す形で「新しい社会的養育ビジョン」が発表されました。

　このビジョンでは、虐待を受けた子どもや、何らかの事情によって生みの親が育てられない子どもも含め、すべての子どもの育ちを保障する観点から、子どもと家庭の在宅支援、施設や里親家庭における代替養育、養子縁組など、社会的養育分野の課題と改革の具体的な方向性が網羅されています。また「社会的養護」という言葉に代わって「社会的養育」という言葉が用いられるようになった点も変化・特徴の一つです。養護ではなく養育という言葉が用いられる背景には、在宅支援と代替養育とを区別してとらえるのではなく、連続性のなかでとらえ、すべての子どもの育ちを保障するために必要なしくみづくりを進めようとする意図があると考えられます。

2 新ビジョンのポイント

　2016（平成28）年の「児童福祉法」改正によって、子どもが権利の主体であること、実親による養育が困難な場合は、施設ではなくまずは里親や**特別養子縁組**など家庭に近い環境で養育される代替養育を優先して検討すること等が規定されました。こうした改正「児童福祉法」の理念を具体化するために、厚生労働大臣が招集した「新たな社会的養育の在り方に関する検討会」（座長：奥山眞紀子氏［国立成育医療研究セン

参照
特別養子縁組
→レッスン23

35

第2章　社会的養護の歴史的変遷と今日的課題

ターこころの診療部長〕により2017（平成29）年8月に「新しい社会的養育ビジョン」（以下、新ビジョン）が取りまとめられました。新ビジョンのポイントは以下の6点に集約できます。

> （1）市区町村を中心とした子ども家庭支援体制の構築
> （2）児童相談所の機能強化と一時保護改革
> （3）代替養育における「家庭と同様の養育環境」原則の徹底
> （4）家庭養育が困難な子どものための施設養育の小規模化・地域分散化・高機能化
> （5）永続的解決（**パーマネンシー保障**[*]）の徹底
> （6）代替養育等を受けた子どもの自立支援の徹底

　上記6点のうち、特に代替養育については、具体的な目標年限や数値が示されたものもありました。

> ・就学前の子どもは原則として施設への新規措置入所を停止する。
> ・3歳未満児についてはおおむね5年以内に、それ以外の就学前の子どもについてはおおむね7年以内に、里親委託率を75％以上にする。
> ・学童期以降の子どもはおおむね10年以内をめどに里親委託率を50％以上にする。
> ・施設での滞在期間は原則として乳幼児は数か月以内、学童期以降は1年以内。特別なケアが必要な学童期以降の子どもも原則は3年以内とする。
> ・おおむね5年以内に、年間1,000人以上の特別養子縁組の成立を目指す。

2.　社会的養護の現状

▍1　少子化のなかでの要保護児童数の増加傾向

　日本は、1989（平成元）年以降、少子化の一途をたどっています。日本全体の子どもの人数は減っているにもかかわらず、社会的養護を必要とする子ども（要保護児童）は増加傾向にあります。特に、乳児院の利

✳ 用語解説

パーマネンシー保障

パーマネンシー（permanency）は、永続性と訳される。欧米では保護を必要とする子どもに対する措置や支援等を決定する際にその根拠として「パーマネンシー・プランニング（permanency planning）」を掲げている。これは、「永続的計画」とよばれ、子どもが複数の里親や施設をたらい回しにされることなく子どものニーズに合った一貫した養育を受けられるよう計画することをいう。

用児童数はこの20年間で2割増になっています。

こうした実態から、子どもの社会的養護を担う施設の整備や里親の確保の必要性が要請されています。また同時に、社会的養護を必要とする家族に対する子育て支援や、子ども虐待防止のための取り組みが必要とされているともいえます。新ビジョンが、施設や里親など代替養育の受け皿の拡大だけではなく、市町村や児童相談所における家庭支援機能強化を強く打ち出した背景の一つには、こうした状況もあります。

2 虐待を受けた子どもの増加

児童相談所における児童虐待に関する相談件数は年々増加しており、2016（平成28）年度には12万2,575件に上りました[1]。同時に、施設入所児童に占める被虐待児童の割合も年々増加傾向にあります。

こうした実態から、各施設における被虐待児への支援強化とともに、虐待防止のための子育て家庭支援の拡充が求められています。特に乳児院では近年、ショートステイの利用や短期の入所利用が増えており、施設機能の転換が必要だといわれています。

3 障害等のある子どもの増加

本来、児童養護施設の対象ではない障害児が児童養護施設に入所するというケースが年々増加しています。また、児童心理治療施設における知的障害児の入所の増加も顕著になっています。こうした事態を「施設のボーダーレス化」とよんでいます。

こうした事態の背景には、障害児施設の定員が満杯であることや、児童心理治療施設が不足しているなどの問題があります。しかし、そうした障害児のための施設をすぐに増設することは困難なことから、当面は児童養護施設等において、障害児のケア・養育が十分に可能となるような機能整備や専門性の向上が必要となっています。

4 低い里親委託率と都道府県間の里親委託率の格差

2016（平成28）年度末現在、日本の里親委託率は18.3%です[2]。新ビジョンでは、学童期以降の子どもの里親委託率50%以上が目標として示されました。

日本で里親や里親委託が増えない背景としては、家族観や子ども観の違い、児童相談所の方針、実親の同意が得られにくいなどのさまざまな問題が指摘されています。

また、都道府県間での里親委託率の格差も指摘されています。日本で

▶出典

[1] 厚生労働省「平成28年度 福祉行政報告例の概況」2017年

▶出典

[2] 厚生労働省子ども家庭局家庭福祉課「社会的養育の推進に向けて」2017年

里親委託率が最低の自治体は秋田県（8.5％）で、最高は新潟県（42.4％）になっています（2017［平成29］年3月末現在）。この背景には、里親委託率の計算のしかたや施設数なども影響していることが指摘されていますが、里親登録数や委託数が少ない自治体においては、里親支援の拡充を含めた具体的な取り組みによる改善が求められています。また、新ビジョンでは、各児童相談所におけるフォスタリング機能（里親支援機能）の強化も目標として盛り込まれました。児童相談所の機能強化と人員配置を含めた体制強化は深刻かつ重要な課題の一つといえます。

3. 代替養育（社会的養護）の質の向上

　社会的養護施設間における運営・実践の格差をなくすために、（1）実践を標準化するためのガイドラインの作成、（2）第三者評価の受審の義務づけ、が進められています。

1 施設運営ハンドブックの作成

　2012（平成24）年に施設種別ごとの運営指針が策定されました。この運営指針をもとに、施設運営の考え方、必要な知識、実践的な技術や知恵などを加えて、わかりやすく説明するための手引書（ハンドブック）がつくられました。

2 第三者評価受審の義務化

　社会的養護施設は、利用者である子どもが施設を選ぶことのできない措置制度になっています。また、施設長による親権代行等の規定があるほか、被虐待児の入所が増加していることも受けて、施設運営の質的向上の必要性が指摘されています。

　こうした背景から、すべての施設において第三者評価を3年に1回以上受審することが義務づけられました。評価基準は全国共通の第三者評価基準となっていますが、都道府県推進組織が独自に策定することも可能とされています。なお、自己評価についても毎年実施することが義務づけられました。

〈第三者評価受審施設の声〉
　確実に施設の課題・問題点が明確化されました。また、それが細分化も同時になされたため、何をすべきかが大変よく理解

レッスン6　近年の社会的養護の課題

できました。もっと早く受けておけばよかったというのが正直な感想です。

　また、施設のプラス面もきちんと評価いただけるため、職員全員の自信にもつながりました。

（大阪府ホームページ「福祉サービス第三者評価受審事業者の声」）

3　親子関係の再構築支援の充実

　現在、社会的養護のもとで生活する子どものほとんどに実親がいます。親子が再び一緒に生活することができるように、児童相談所と施設が連携しながら、親子関係の再構築支援を展開することが必要です。

　具体的には、施設に配置された家庭支援専門相談員による計画的・段階的な親子関係構築のための支援のプランニングと実施、**CSP（コモンセンス・ペアレンティング）**[*]などの導入による保護者指導などが求められています。

　新ビジョンでは、施設入所期間についても、乳幼児は数か月以内、学童期以降は1年以内と目標設定されており、施設入所初期の段階から家庭復帰を含めた親子関係調整を計画的かつ積極的に進めていくことが求められているといえます。

4　自立支援の充実

　代替養育の目的の一つは、子どもが社会に出て健全な自立生活を営むことができるような力を形成することと、社会的養護を巣立った若者が暮らしやすい地域社会を形成・整備することにあるといえます。

　新ビジョンでは、2018（平成30）年度までに、社会的養護を巣立った人たちの実態把握を行うとしています。さらにその結果に基づいて自立支援ガイドラインを作成し、おおむね5年以内に里親等の代替養育機関やアフターケア機関の自立支援機能を強化するとともに、自治体の責任を明確化し、包括的な制度的枠組みを構築することを目標として掲げています。

　各施設や里親家庭での取り組みとしては、安心・安全が守られた生活のなかで、自己肯定感を育みながら、自立に必要な力を獲得できるような養育を行うことが求められています。また、それにともない、施設職員や里親の専門性の向上も大きな課題です。

　さらに、施設や里親養育での18歳以降の**措置延長制度**や自立援助ホームの活用の推進も今後の課題の一つです。

✳ 用語解説

CSP（コモンセンス・ペアレンティング）

アメリカ・ネブラスカ州の児童施設（日本では児童心理治療施設に近い）が開発した子どもへの援助技術。CSPの大きな特徴の一つは、子どもの問題行動を予防すること（予防的教育法）にある。大人が子どもに行ってほしいことを具体的に話して練習し、その行動がみられたら具体的にほめるといった行為を繰り返すことで大人と子どもの信頼関係ができ、子ども自身が適切な社会スキルを多く身につけることで社会で成功する可能性を高めようとするものである。

✚ 補足

措置延長制度

2011年より措置延長制度があるが、実際の運用は減少傾向にあり、積極的な活用が求められている。
※児童養護施設の高校卒業児童に係る措置延長児童数及び高校卒業児童に占める割合
2010年：153人（9.6％）
→2011年：182人（11.8％）
→2012年：263人（16.2％）
→2013年：231人（13.4％）
出典：厚生労働省「社会的養育の推進に向けて」2017年

39

法律上、社会的養護の対象は18歳までとされていますが、必要に応じて**20歳まで延長できる制度**を活用すること、高校中退者の措置延長を積極的に行うこと（18歳未満で退所させることのないようにすること）などが求められています。

4. 新ビジョンをめぐる今後の課題

新ビジョンの内容は、具体的な数値目標や年限などが盛り込まれ、また報道のされ方もセンセーショナルだったため、児童養護施設をはじめとする社会的養護の現場からの反発や困惑は少なくありませんでした。しかし、その一方で「ビジョンの内容や方向性についてはおおむね賛成」との意見が多いともいえます。ただ、数値目標ありきの早急な改革よりも、子どもや家庭の抱える課題をしっかりと見据え、慎重に改革を進めていくこと、里親、施設、児童相談所など関係機関の体制強化をしっかり図ったうえで担う役割や機能を増やしていくことなどに配慮しなければ、せっかくのビジョンが絵に描いたもちになってしまいます。

今後は、予算や財源、法的根拠、人材確保（質と量の両面から）などのあり方を具体的に考慮しつつ、すべての子どもの最善の利益に配慮した社会的養育の実現に向けて前進していくことが大切になります。

演習課題

①自分が生活する自治体の社会的養護の現状（施設数、里親数、里親委託率など）について調べてみましょう。

②「社会的養護の課題と将来像」について、一つの施設種別を選び、要点をまとめて発表してみましょう。

③家庭養護（里親や養子縁組）のメリットと課題について、自分なりに調べてまとめてみましょう。

参考文献…………………………………………………………………………………

レッスン4

網野武博編著 『児童福祉の新展開』 同文書院 2004年

池田敬正・池本美和子 『日本福祉史講義』 高菅出版 2002年

鈴木力編著 『新しい社会的養護とその内容』 青踏社 2012年

服藤早苗 『平安朝の母と子──貴族と庶民の家族史』 中央公論社 1991年

室田保夫 『キリスト教社会福祉思想史の研究──「一国の良心」に生きた人々』 不
　二出版 1994年

吉田久一・長谷川匡俊 『日本仏教福祉思想史』 法蔵館 2001年

レッスン5

網野武博編著 『児童福祉の新展開』 同文書院 2004年

京極高宣 『この子らを世の光に──糸賀一雄の思想と生涯』 日本放送出版協会
　2001年

才村純・芝野松次郎・松原康雄編著 『児童や家庭に対する支援と子ども家庭福祉制
　度（第3版）』 ミネルヴァ書房 2015年

レッスン6

厚生労働省子ども家庭局家庭福祉課 「社会的養育の推進に向けて」 2017年

才村純・芝野松次郎・松原康雄編著 『児童や家庭に対する支援と子ども家庭福祉制
　度（第3版）』 ミネルヴァ書房 2015年

おすすめの1冊

**全国児童養護問題研究会・日本の児童養護と養問研半世紀の歩み編纂委員会編　『日本
の児童養護と養問研半世紀の歩み』　福村出版　2017年**

　本書は、全国児童養護問題研究会の半世紀の歩みを振り返りながら、日本の社会的
養護の変遷について理解を深めることができる1冊である。里親か施設かという二
者択一ではなく、社会的養護を必要とする子どもにとって必要な支援・生活を保障
できる社会的養護のあり方について考えるとき、重要なヒントを与えてくれる。

> コラム

家庭的な養育環境と「当たり前の生活」とは

　いま、日本の社会的養護は「なるべく家庭に近い養育環境」が子どもにとって望ましいという価値のもと、里親など家庭養護の推進や、施設における養育形態の小規模化が進められています。なぜ「家庭的な養育環境」が望ましいのでしょうか。そして、なぜ施設養護中心だったこれまでの社会的養護から、里親や養子縁組を中心とした社会的養護へと転換を図ろうとしているのでしょうか。

　もともと、日本の社会的養護における先駆的な実践では、「家庭的な機能」を大切にしてきたといえます。まだ社会的養護に関する法律や制度が存在しない時代に、石井十次や石井亮一といった先駆者たちは、自身の家庭において私財や人生をかけて、親に育てられない子どもの保護・養育を行っていました。

　しかし現在は、施設職員として、仕事として社会的養護を行う「施設養護」と、里親という生き方を選択し、生活や人生を社会的養護に用いる「家庭養護」とに分かれています。こうしたなか、社会的養護を必要とする子どもには「なるべく家庭に近い養育環境」で「当たり前の生活」を保障すべきだといわれているのです。「家庭的」という言葉をきいて、あなたはどのような生活を思い浮かべるでしょうか。たとえば筆者の家庭では、男性が専業主夫として家事や育児において中心的な役割を果たしていますが、みなさんのなかには「自分のお父さんが洗濯をしている場面なんて見たことない」という人もいるかもしれません。自分がどのような家庭で育ったかによって、思い浮かべる「家庭的な生活」は異なるところもあるでしょう。それでは「当たり前の生活」と聞いて、どのような生活を思い浮かべるでしょうか。また逆に「当たり前ではない生活」とは、どのような生活でしょうか。これもまた、自分が育った家庭環境によってイメージする生活は異なるでしょう。

　社会的養護では「子どもにとっての安心・安全な生活」を「当たり前の生活」ととらえ、その実現に向けた工夫や取り組みが進められています。施設の規模を小さくしたり、個室にしたりすること＝「家庭的」で「当たり前の生活」とはいえません。物理的にも精神的にも安心・安全・清潔が保たれた生活が子どもには必要です。虐待や育児放棄、貧困などによって「当たり前ではない生活」のなかで育ち、社会的養護のもとにやってきた子どもたちに、もう「当たり前ではない生活」をさせてはいけないのです。

第3章

社会的養護の制度と実施体系

本章では、社会的養護の体系を学んだのちに、施設養護と家庭的養護に分類して、その内容についてくわしくみていきます。それぞれの特色や制度について理解しましょう。

レッスン7　社会的養護の体系

レッスン8　施設養護

レッスン9　家庭的養護

レッスン7

社会的養護の体系

このレッスンでは、社会的養護の体系を学びます。まず、社会的養護の概念を理解したうえで、子どもや家族を支援する社会的養護にたずさわる機関や施設の体系について理解していきましょう。

1. 社会的養護とは

1　社会的養護の定義

社会的養護の概念については、狭義の「社会的養護」と広義の「社会的養護」に整理することができます。

社会的養護を狭義でとらえる場合、「児童福祉法」第41条に規定される児童養護施設の対象となる、保護者のない児童や被虐待児など、その他環境上養護を必要とする児童などに対し、公的な責任として、社会的に養護を行う制度のことをいいます。

一方、広義には児童健全育成や子育て支援の必要な家庭も含めた範囲に及ぶものととらえることもできます。それは、「子育ての補完機能」と「子育ての代替的機能」に分類できます。

図表7-1　社会的養護の関係図

出典：山縣文治「社会的養護の体系」山縣文治・林浩康編『よくわかる社会的養護（第2版）』ミネルヴァ書房、2013年、11頁をもとに作成

子育ての補完機能としては、児童館などの児童厚生施設、保育所、放課後児童健全育成事業（放課後児童クラブ）、**子育て短期支援事業**[*]、通所型児童福祉施設などがあげられます。そして、代替的機能として、里親や児童福祉施設などがあります。

山縣は、広義の社会的養護を「生活拠点」と「支援の専門性」という2つの軸で整理し、図表7-1のように示しています[†1]。

第1象限は、自宅で家族が子どもの育ちを支援するもので、基本は家庭養育ということになります。ほとんどの子どもはこの領域にあてはまります。山縣は、ここにあてはまる親子に対しては、相談や情報提供などの予防的視点でのサービスが給付されているとしています。

第2象限は、外部拠点で、家庭的な関わりを基調としつつ子どもの育ちを支援するものになります。里親、小規模住居型児童養育事業（ファミリーホーム）、養子縁組などがこれにあたります。

第3象限は、外部拠点で専門家が子どもの育ちを支援するというもので、入所型の施設がこれにあたります。入所型の児童福祉施設には、乳児院、児童養護施設、児童自立支援施設、児童心理治療施設、障害児入所施設などがあてはまります。

第4象限は、自宅で生活しながら、おもに日中に外部から専門的支援を受けるものになります。児童発達支援センターや障害児通所施設、児童自立支援施設や児童心理治療施設の通所機能、児童福祉施設での子育て短期支援事業（ショートステイやトワイライトステイ）などがここにあたります。

そして、これらそれぞれの象限は、独立して存在するものではなく、常に重なり合って存在するものであるとされています。

2 「社会的養護」から「社会的養育」へ

2016（平成28）年の「児童福祉法」改正では、権利の主体として子どもを明確に位置づけました。また、社会的養護については、第3条の2で、児童が家庭における養育環境と同様の養育環境において継続的に養育されるべきであること、またそれが適当でない場合もできる限り良好な家庭的環境において養育されるよう、必要な措置を講じなければならないと方向性が示されました。

この改正法の理念を具体化するために2017（平成29）年8月に提示されたのが、「新しい社会的養育ビジョン」です。このなかに「家庭への養育支援から代替養育までの社会的養育」とあるように、すべての子どもの育ちを自立にいたるまで支援し、ライフサイクルを見据えた支援

✳ 用語解説

子育て短期支援事業
短期入所生活援助事業（ショートステイ）や夜間養護等事業(トワイライトステイ)のことをいう。

▶ 出典
†1 山縣文治・林浩康編『よくわかる社会的養護（第2版）』ミネルヴァ書房、2013年

を展開しようとするものであるといえます。

　国および地方公共団体には、まずは、児童が家庭において健やかに養育されるよう、保護者を支援することが求められます。しかし、家庭における養育が適当でない場合、「代替養育」として社会的養護が実施されます。原則として家庭養護が優先され、高度なケアを必要とする場合などに施設でのケアが提供されるという方向が示されています。

2. 社会的養護の実施体制

1 社会的養護に関わる機関や専門職

　社会的養護において、各種の法律にのっとって具体的に施策を展開しているのは、児童相談所、福祉事務所、家庭児童相談室などの専門行政機関です。そこで、これらの機関がどのような事業を実践しているのか理解しておく必要があります。

　さらに広い意味で社会的養護をとらえれば、親の育児不安、家庭でのしつけの方針の不一致、育児に対する父親の不協力などといった子どもの養育や家庭環境に関する悩みごとも含まれます。

　このような幅広い社会的養護問題に対応していくためには、行政機関や広義の社会的養護に関わる児童福祉施設等以外に、保育所、保健所、市町村保健センター、児童館、民生委員・児童委員、主任児童委員などが実施している、地域の子育て支援をはじめ社会的養護問題発生の予防のための相談援助について知っておく必要があります。

　社会的養護においては、当事者自身が主体的に福祉サービスを求めないことも少なくありません。そのため、相談援助機関が福祉ニーズを掘り起こし、介入的な支援につなげなければならない場合もあります。

　家族あるいは親族などのインフォーマルな関係者だけでの養育が困難な状況になれば、里親や児童養護施設などの入所施設による社会的養護が行われます。

2 都道府県・市町村の支援体制

　従来、児童虐待等の相談には、児童相談所が第一線となって対応してきました。2004（平成16）年の「児童福祉法」改正により、市町村による相談対応を明確化し、虐待通告先に追加するなど、児童虐待対応における市町村の役割が明確になり、児童相談の第一義的窓口として位置づけられました。

レッスン7　社会的養護の体系

図表7-2　市町村・児童相談所における相談援助活動系統図

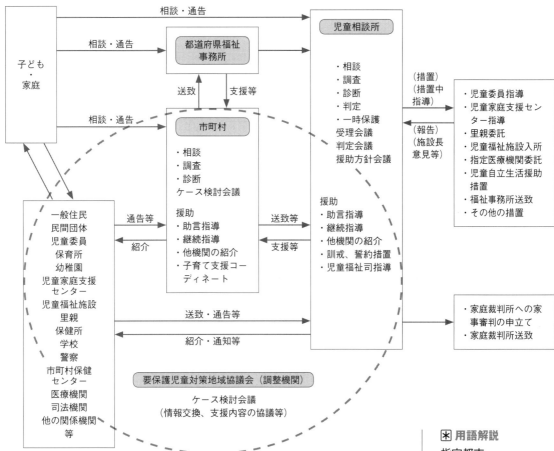

出典：厚生労働省子ども家庭局「児童相談所運営指針」より

　児童相談所は、「児童相談所運営指針」に「市町村と適切な役割分担・連携を図りつつ、子どもに関する家庭その他からの相談に応じ、子どもが有する問題又は子どもの真のニーズ、子どもの置かれた環境の状況等を的確に捉え、個々の子どもや家庭に最も効果的な援助を行い、もって子どもの福祉を図るとともに、その権利を擁護すること」が主たる目的であると規定されています。

　児童相談所は、都道府県、**指定都市**＊及び**児童相談所設置市**＊に設置することができます。「児童相談所運営指針」では、市町村、児童相談所における相談援助活動を図表7-2のように示しています。

3　施設における実施体制

①サービス利用の仕組み

　社会福祉基礎構造改革の流れのなかで、それまで措置制度を中心に提

※用語解説

指定都市
「地方自治法」第252条の19第1項では、指定都市として以下の都市が規定されている。大阪市、名古屋市、京都市、横浜市、神戸市、北九州市、札幌市、川崎市、福岡市、広島市、仙台市、千葉市、さいたま市、静岡市、堺市、新潟市、浜松市、岡山市、相模原市、熊本市。

児童相談所設置市
2004年の「児童福祉法」改正において、「児童福祉法」第59条の4第1項には、中核市程度の人口規模（20万人以上）を有する市などを念頭に、「児童相談所設置市」として児童相談所を設置することができるとされた。

47

供されてきた福祉サービスのなかに利用契約制度が導入されました。利用契約制度とは、行政との契約により利用する制度です。サービスの希望者が行政に利用申請を申し込みます。母子生活支援施設、自立援助ホーム、また、子育て短期支援事業などがこれにあたります。

　乳児院、児童養護施設、児童心理治療施設、児童自立支援施設の利用については、措置制度にもとづいてサービスの利用が行われます。措置制度とは、都道府県や市町村などの行政機関が利用施設やサービス内容を決定する制度です。措置制度では、保護者が利用を希望してもその意思が必ずしもそのまま反映されるわけではなく、特に虐待ケースの場合は、保護者の意向にかかわらず施設措置がされる場合もあります。子どもの最善の利益のために、措置制度は必要な仕組みです。そして、子どもがどの施設に措置されても最善のサービスが利用できるよう、施設は質の向上に努め続けなくてはなりません。

②児童福祉施設におけるサービスの質的向上に向けた取り組み

1）運営指針の作成

　児童福祉施設においては、施設ごとの運営の質の差が大きいことが指摘されてきました。そこで、2012（平成24）年には、施設種別ごとの「施設運営指針」および「里親等養育指針」が取りまとめられるとともに、具体的な「手引書」として運営ハンドブックが作成されました。運営指針は「総論」と「各論」の二部構成になっています。総論には社会的養護の基本理念と原理、施設の役割、対象児童、養育等のあり方の基本、将来像などがまとめられており、各論では施設種別ごとに支援のあり方がとりまとめられています。

2）第三者評価の義務づけ

　指針のとりまとめを受け、2012（平成24）年度より、各施設には第三者評価により質を高めていくことが求められるようになりました。運営指針の各論部分が第三者評価項目に反映されています。施設の全職員が参加して、施設の課題を発見し、運営の質を高めるための「自己評価」と、社会的養護の専門性を踏まえた外部の調査者による「第三者評価」が義務づけられ、3年ごとの受審と結果の公表が課されています。

3. 社会的養護の枠組み

1 社会的養護の支援の枠組み

　社会的養護に関わる専門職には、子どもたちの毎日の生活を支えなが

ら、子どもとの信頼関係を築き、子どもの成長・発達を促す役割があります。また、社会的養護を必要とする子どもたちの多くに保護者がいることから、子どもと家族との関係調整も重要な役割です。

社会的養護における支援の全体をまとめると、図表7-3のようになります。社会的養護における支援は、子どもの入所前から始まります（アドミッションケア）。子どもや家族のニーズを把握し、支援目標を設定することとともに、子どもをあたたかく受け入れ、安心安全な居場所を提供するところから始まります。入所中（インケア）から、子どもの自立や家庭復帰を見据えた支援（リービングケア）、退所後の生活を見守る支援（アフターケア）までを見据えた支援が展開されることが求められます。

退所に向けた支援は退所の直前に行われるものではなく、入所中から「自立」を意識して行うことが必要です。特に、保護者のもとに帰らず一人の社会人として自立していく子どもには、自活のための生活力や職業適性など、社会のなかで生活していくために必要な力を身につけることが必要です。余暇をいかに過ごすかといったことも含め、社会のなかで生活していくための準備に入所中から取り組むことが必要です。

これらは専門職としての経験や勘に頼るのではなく、計画的に行われることが求められています。社会的養護においては、一人ひとりの子どもに対して**自立支援計画***を立てることが義務づけられています。専門職には、「今ここ」の課題やニーズを把握し、支援の方向性を検討する力量はもちろんですが、「子どものこれから」について現状と課題を把握し、適切な支援の方向性を探る力量が求められるのです。

2 「パーマネンシー（永続性）」を意識した支援の展開

図表7-3で示したとおり、社会的養護の支援において、常に念頭に

図表7-3 社会的養護における支援の枠組み

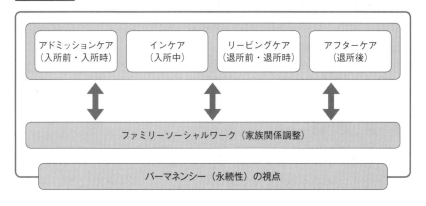

✱ 用語解説

自立支援計画
1998年より、厚生省児童家庭局家庭福祉課長通知「児童養護施設等における入所者の自立支援計画」に基づき、すべての施設入所者と家族に関して、自立支援計画を策定することが義務づけられた。施設入所者に関しては施設が策定する。里親に関しては児童相談所が策定し、里親に提示することとされている。

置かなければならないのが「パーマネンシー（永続性）」という視点です。社会的養護を必要とする子どもや家族への支援は、担当職員や里親が抱えこむことではなく、施設内の専門職同士の連携、児童相談所等専門機関との連携に基づいて進めていく必要があります。

　子どもが家庭から分離されてケアを受け、家族関係の調整のうえで家庭復帰が行われたにもかかわらず、その後、深刻な虐待が発生するケースは少なくありません。2016（平成28）年の改正「児童福祉法」では、親子関係再構築支援は関係機関等が連携して行わなければならないと明記されました。同年10月に、「児童虐待の防止等に関する法律」についてもあわせて改正が施行され、施設入所や里親委託等の措置を解除された児童について、関係機関等が連携して、児童の継続的な安全確認を行うこととされています。

　施設においても、地域での子どもの育ち、親による子育てを支援するための支援は、退所後も継続的に行っていくことが求められます。退所後の継続的な助言指導はもちろん、ショートステイ、トワイライトステイといった子育て短期支援事業を活用しながら、家族が家族として地域のなかで生活していくことを支援することも必要でしょう。

　「パーマネンシー」について考えるとき、措置変更についても理解しておく必要があります。措置変更とは、乳児院から児童養護施設へ、児童養護施設から里親へといったように、児童相談所の判断に基づいて、社会的養護の枠組みのなかで子どもの生活の居場所を変更することです。本来、「よりよい養育環境を提供するために」と行われる制度ですが、子どもにとっては精神的な負担が大きいことも指摘されています。どんな理由であっても、本来永続的な存在であるはずの養育者が替わってしまうことは子どもにとっては「見捨てられた」という感覚につながりがちです。社会的養護にたずさわる専門職には、退所や措置変更によって支援を終結したと考えるのではなく、子どもが大人との「つながり」を確かなものと感じながら生活していけるよう配慮すること、また、「つながり」が感じられるような専門職同士の連携のしくみを構築していくことが求められます。

演 習 課 題

①市町村は、子育てに関する第一義的な相談窓口として、市民に向けてどのように情報を発信しているのでしょうか。自分の住んでいる市町

村について資料を持ち寄り、それを比較しながら議論してみましょう。

②あなたの実習施設、あるいは就職を希望する施設の運営指針や運営ハンドブックを読んでみましょう。職員として働いていくには、どのような知識が求められるのでしょうか。それぞれが考えたことを、グループで話し合ってみましょう。

③子どもが家庭から分離され、社会的養護の施設に入ることになったとき、どのようなことが子どもにとって「温かく受け入れられた」と感じることにつながるのでしょうか。グループで、アドミッションケアにおける子どもへの配慮事項について話し合ってみましょう。

レッスン**8**

施設養護

このレッスンでは、社会的養護における施設養護について学びます。施設養護の全体像をとらえたうえで、狭義の社会的養護を担う施設の体系および課題について理解しましょう。

1. 施設養護とは

1 施設養護の定義

　子どもたちを施設で養育する形態の歴史は古く、死別などにより保護者のもとで生活できない子どもを対象に、保護者の代わりとして養育するという形から出発しています。

　「児童福祉法」に基づく児童福祉施設の数および定員、在所者数、従事者数は図表8-1のとおりです。施設を拠点として支援を展開する養護は、図表8-1の各施設で実施されています。ここでは、広義の施設養護と狭義の施設養護に分類して整理しておきましょう。

---

①広義の施設養護

　児童福祉施設を、生活形態によって分類すると、入所施設（24時間そこで生活する施設）、通所施設（1日のうちの一定時間利用する施設。措置制度に基づくもの）、利用施設（1日のうちの一定時間利用する施設。行政との契約に基づくもの、施設との契約に基づくもの、児童館などのように直接出向いて利用するもの）に分類することができますが、ここではそのすべてを含みます。

②狭義の施設養護

　狭義の社会的養護は、「児童福祉法」第41条において、児童養護施設入所の対象となる保護者のない児童や被虐待児など、家庭的環境上養護を必要とする児童などに対し、公的な責任として、社会的に養護を行うことといえます。狭義の施設養護にも、この定義を当てはめることができるでしょう。

レッスン 8　施設養護

図表 8-1　児童福祉施設の数・定員・在所者数・職員数（2017年10月１日現在）

施設の種類	施設数	定員（人）	在所者数（人）	常勤換算従事者数（人）
助産施設	387	3,813	―	―
乳児院	138	3,934	2,851	4,921
母子生活支援施設	227	4,938	8,100	1,994
保育所等（認定こども園を含む）	27,137	2,645,050	2,397,504	577,577
小規模保育事業所	3,401	55,731	47,402	23,999
児童養護施設	608	32,387	25,636	17,883
障害児入所施設（福祉型）	263	9,801	6,774	5,736
障害児入所施設（医療型）	212	20,139	7,432	19,384
児童発達支援センター（福祉型）	528	16,759	27,460	8,286
児童発達支援センター（医療型）	99	3,277	2,468	1,382
児童心理治療施設	44	1,964	1,374	1,309
児童自立支援施設	58	3,719	1,264	1,838
児童家庭支援センター	114			390
児童館	4,541			18,142
児童遊園	2,380			―

出典：厚生労働省「平成29年社会福祉施設等調査結果の概況」2017年より作成

　児童福祉施設によって提供される**施設養護の機能**について、千葉は、①補完的養護、②支援的養護、③再構築的養護、④代替的養護、⑤治療的養護の５つに分類しています（図表8-2）[1]。このレッスンでは、狭義の施設養護についてよりくわしく学んでいきましょう。

2　施設養護の役割の変化

　厚生労働省の調査によると、委託（入所）時に「両親又は一人親あり」の子どもの割合をみると、児童養護施設に入所している子どもの81.7％、乳児院に入所している子どもの96.6％、里親委託されている子どもの52.2％、ファミリーホームで生活している子どもの67.3％には、両親または父母いずれかの親がいる状況で、社会的養護のサービスを利用しています。

　保護者がいる子どもの利用が増えたこともあり、児童福祉施設におけ

参照
施設養護の機能
→レッスン7

出典
†1　千葉茂明「家庭養育を支える社会的養護」『社会的養護（改訂２版）』全国社会福祉協議会、2015年

補足
厚生労働省の調査
厚生労働省雇用均等・児童家庭局「児童養護施設入所児童等調査の結果（平成25年２月１日現在）」2015年

53

第3章　社会的養護の制度と実施体系

図表8-2 施設養護の機能

①補完的養護	親に養育されている子どもに対して、その家庭養育の機能が欠けた状態を補完したり強化したりするための制度や施設。保育所、児童館、短期入所生活支援事業（ショートステイ）など。
②支援的養護	親子をともに施設に受け入れ、社会的自立に受けて支援する施設。母子生活支援施設や助産施設など。
③再構築的養護	乳児院、児童養護施設など児童福祉施設を利用している子どもや家族の自立支援として、家庭支援、子どもの心のケアなどを含め、家族再統合を進めるための支援。児童養護施設、乳児院のほか、地域小規模児童養護施設などの家庭的養護も含まれる。
④代替的養護	保護者がない、または長期にわたって家庭復帰が見込まれない子どもなどのために、児童養護施設等の児童福祉施設によって行われる支援。児童養護施設や乳児院で行われる。
⑤治療的養護	非社会的または反社会的行動、あるいは障害のある子どもの治療を目的とした施設。児童自立支援施設、児童心理治療施設、児童発達支援センターなどで行われる。

出典：千葉茂明「家庭養育を支える社会的養護」『社会的養護（改訂2版）』全国社会福祉協議会、2015年、38-39頁をもとに作成

る支援は、子どもの育ちや自立に向けた支援のみならず、家族への支援や家族と子どもとの関係調整を目指した支援の重要性がますます高まっています。

3　施設養護から家庭養護へ

　2012（平成24）年3月現在において、児童養護施設の5割が大舎制でした。2008（平成20）年3月には児童養護施設の7割が大舎制だったことからみると、小規模化が強く推進されていることが伺えます。2016（平成28）年の改正**「児童福祉法」第3条の2**に基づけば、施設もすべてが「できる限り良好な家庭的環境」でなければならないとされました。

　厚生労働省は、小規模化の意義は、「家庭的養護と個別化」を行い、「あたりまえの生活」を保障することにあるとしています。小規模化は子どもの育ちに必要不可欠である反面、職員に高い専門性が求められます。今後、家庭養護が推進されるなかで、施設養護は家庭と同様の養育環境で養育困難な子どもが対象になっていきます。つまり、高度な専門性をもってケアにあたる必要がある子どもたちが対象となる面があります。よって、それが実現できる人的配置、および人材育成が大きな課題です。

☑ **法令チェック**
「児童福祉法」第3条の2
国及び地方公共団体は、児童が家庭において心身ともに健やかに養育されるよう、児童の保護者を支援しなければならない。ただし、児童及びその保護者の心身の状況、これらの者の置かれている環境その他の状況を勘案し、児童を家庭において養育することが困難であり又は適当でない場合にあっては児童が家庭における養育環境と同様の養育環境において継続的に養育されるよう、児童を家庭及び当該養育環境において養育することが適当でない場合にあっては児童ができる限り良好な家庭的環境において養育されるよう、必要な措置を講じなければならない。

レッスン8　施設養護

2. 施設養護の専門職

1　施設養護で働く職員

　児童福祉施設で働く職員の配置は、「児童福祉施設の設備及び運営に関する基準」によって定められています。

　これらの職員について、石田は大きく4つに分類して、下記の①から③のように子どもたちの日常生活に直接的に関わる職員を「直接処遇職員」、④のように子どもたちの日常生活に間接的に関わる職員を「間接処遇職員」としています[2]。

---

　①子どもや保護者の相談や指導にあたる職員
　　（児童指導員、母子支援員、児童自立支援専門員など）
　②子どもの日常的ケアにあたる職員
　　（保育士、児童生活支援員など）
　③専門的な技術や職能をもって子どもや保護者のケアにあたる職員（心理療法担当職員、看護師、医師、栄養士など）
　④施設の管理や事務を行う職員（施設長、事務員など）

2　専門的な支援の強化

　2011（平成23）年に、それまでの「児童福祉施設最低基準」が「児童福祉施設の設備及び運営に関する基準」に改定されました。前者では、加配職員であった家庭支援専門相談員（ファミリーソーシャルワーカー）、個別対応職員、心理療法担当職員は、後者の新たな基準のなかに位置づけられ、その資格要件も規定されました。

①家庭支援専門相談員

　家庭支援専門相談員は、乳児院では1999（平成11）年、児童養護施設などでは2004（平成16）年から配置が進められてきた専門職です。施設の入所前から退所に至る総合的な家庭調整を担う専門職として位置づけられました。

②個別対応職員

　個別対応職員は、2001（平成13）年から配置が進められた専門職員です。被虐待児の個別面接や生活場面での個別援助、保護者への支援を行っています。

▶ **出典**
†2　石田慎二「社会的養護にかかわる人々と資格」山縣文治・林浩康編『よくわかる社会的養護（第2版）』ミネルヴァ書房、2013年、90-91頁

55

③心理療法担当職員

心理療法担当職員は、児童虐待を受けて入所してくる子どもたちのケアが喫緊の課題として認識されるようになっていた1999（平成11）年から配置が進められてきました。心理療法を行う必要があると考えられる子ども（または保護者）が10人以上入所している施設に心理療法担当職員を配置することが求められています。

④里親支援専門相談員

社会的養護を必要とする子どもたちに、家庭的な養育環境を保障するために、児童養護施設および乳児院は、地域の里親およびファミリーホームを支援する拠点として、児童相談所や里親会等と連携して、里親委託の推進や里親支援の機能を発揮することが期待されています。

2012（平成24）年からは、里親支援専門相談員の配置が可能になり、里親委託の推進、里親支援の充実に向けた専門的支援が展開されています。

3. 施設養護の実際

1 レジデンシャルワークの特性

住む場、暮らす場所のことを、英語で「レジデンス」といいます。また、レジデンスは施設という意味でも使われることがあります。そこで行われる業務を「レジデンシャルワーク」とよびます。

レジデンシャルワークとは、狭義には前述の直接処遇職員による子どもへの支援を指します。しかし、子どもたちへの支援は、インケア（in care＝施設における生活援助支援）にとどまりません。すべての子どもは、自立に向けて成長発達する存在だといえます。

児童福祉施設の場合、保護者ではない第三者である大人が、保護者と子どもがどのような関係にあるのかを意識しつつ、保護者との協働に基づいて子どもの自立を支援します。また、子どもの自立支援については、児童相談所や学校など、子どもを取り巻くさまざまな機関や専門職とも連携しながら行っています。

広義のレジデンシャルワークとしては、施設に暮らす子どもの背景にある課題に対応しながら、一人の人間としての発達を保障するといった多様な支援内容のすべてを指しているということもできます。

2 施設養護の体系

施設内における施設養護の体系をまとめると図表8-3のように整理することができます。

①個別援助

まず、子ども一人ひとりの生活の維持・向上のための支援があげられます。これは、日常生活に関わる直接的な援助ととらえることができます。毎日の生活の支援や学習支援に加えて、それぞれの子ども自身が抱える課題への支援も含まれます。その意味では、必ずしもソーシャルワークと分離することができない内容も多く含まれています。

個別援助は、子どもの基本的ニーズとしての健全育成、基本的生活習慣の獲得、学校教育の保障などを通して、子どもの自己実現、社会的自立の実現に資するものであり、「安心で安全な環境」のなかで行われなければなりません。また、支援を行うにあたっては、「日本国憲法」や「児

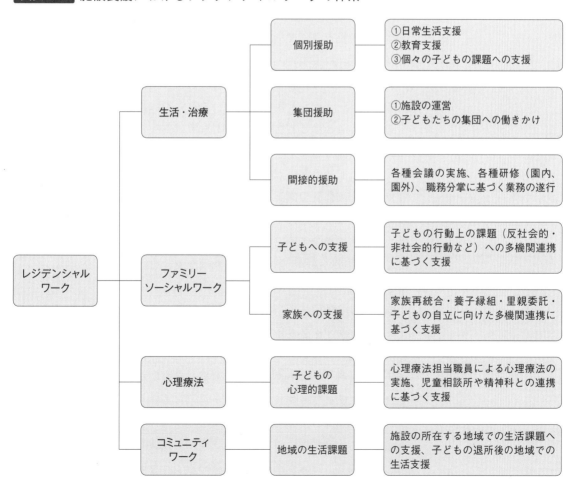

図表8-3 施設養護におけるレジデンシャルワークの体系

童福祉法」「児童の権利に関する条約（子どもの権利条約）」における理念を基盤とすること、よりよい支援を実現するために職員に自己研鑽の機会が保障されることが必要です。

②**集団援助**

　グループワークはソーシャルワークの一つの技術であり、集団を構成するメンバー間の関係を活用し、個人の生活能力を強化することを目的としています。ともに生活する子どもたちの間に生まれる相互関係を、目的をもって意図的に活用し、集団援助として昇華していく視点が必要です。子どもの集団がもつ力を活用した支援でありますが、一方でバイステック（Biestek, F. P.）の原則（Principles of Social Casework）にもうたわれている「個別化」の視点も重要です。

③**間接的援助**

　子どもたちの生活に直接的に関係するものではありませんが、支援に関わる職員の業務として、情報の共有や意思決定に欠かせない各種会議、資質向上のための研修は必要不可欠です。これらも間接的援助としてレジデンシャルワークのなかに位置づけることができます。このような業務は、施設長をリーダーとした組織において、職員間のチームワークに基づいて行われます。

④**ファミリーソーシャルワーク**

　ファミリーソーシャルワークは、子どもの課題を解決し、自立へ向けて支援することにとどまらず、子どもを取り巻く家族全体を視野に入れて展開されるものです。

　子どもと家族の関係調整や、地域の社会資源との連携に基づく家庭復帰後の見守り体制の構築、社会制度とのつなぎなど、家庭支援専門相談員が中心となって進めていくことが期待されます。家庭支援専門相談員は、子どもの保護者等に対し、児童相談所との連携を密に行いつつ、子どもの早期家庭復帰、里親委託に向けた支援を行います。

⑤**心理療法**

　施設には心理療法担当職員が配置されています。被虐待体験があるなど、心理的ケアを必要とする子どもに対して、施設内で心理療法担当職員によって行われるものが中心です。子どもの状況によっては、児童相談所や精神科クリニックなどとの連携が必要になります。

⑥**コミュニティワーク**

　コミュニティワークは地域を基盤としたソーシャルワークの技術で、地域にある生活課題に対して、地域住民や地域組織の主体的な力を引き出して解決し、地域生活が円滑に営めるような環境づくりを目指すもの

です。施設が所在する地域のコミュニティワークに加えて、子どもが退所したあと、地域での生活が円滑に行えるようにするための環境整備もここに含まれます。

演 習 課 題

①家庭支援専門相談員はどのような役割を担っているでしょうか。厚生労働省の通知などをもとに調べてみましょう。

②心理療法とはどのようなことを行うのでしょうか。調べてみましょう。

③専門性が異なる専門職が連携するためには、どのようなことに気をつけていく必要があるでしょうか。実習先で聞いたり、本を読んだりして調べてみましょう。

レッスン**9**

家庭的養護

このレッスンでは、社会的養護における家庭的養護とは何かということを学びます。具体的には、社会的養護を必要とする子どもたちに提供される「家庭と同様の養育環境」としての里親制度、子どもに恒久的な親子関係を提供するための養子縁組制度について学びましょう。

1. 子どもの成長発達の場としての家庭環境の保障

1 国連「児童の権利に関する条約」における社会的養護

　社会的養護を必要とする子どもの生活の場として、従来わが国では乳児院や児童養護施設等の施設養護が中心的役割を担ってきました。しかし、子どもの権利保障の視点から、育ちの場としての家庭的環境が重要であるという認識が広がり、社会的養護サービスの提供のあり方に大きな変化を与えています。

　1989（平成元）年に国連総会で採択され、わが国も1994（平成6）年に批准国となった「児童の権利に関する条約（子どもの権利条約）」では第20条において、子どもが家庭で育つ権利を保障することを規定しています（図表9-1）。このうち、第20条第2項に規定されている「代替的な監護」とは、施設ではなく家庭的環境を指しています。

　「子どもの権利条約」の締約国は同条約の第44条に基づき、「国連・子どもの権利委員会」に対し、自国での取り組みに関する報告書を提出することが義務づけられています。わが国は、1998（平成10）年、2004（平成16）年、2010（平成22）年のいずれの報告書審査においても、社会的養護のあり方について、施設養護から家庭養護を中心とするよう、

図表9-1 「児童の権利に関する条約」第20条

1. 一時的若しくは恒久的にその家庭環境を奪われた児童又は児童自身の最善の利益にかんがみその家庭環境にとどまることが認められない児童は、国が与える特別の保護及び援助を受ける権利を有する。

2. 締約国は、自国の国内法に従い、1の児童のための代替的な監護を確保する。

3. 2の監護には、特に、里親委託、イスラム法のカファーラ、養子縁組又は必要な場合には児童の監護のための適当な施設への収容を含むことができる。解決策の検討に当たっては、児童の養育において継続性が望ましいこと並びに児童の種族的、宗教的、文化的及び言語的な背景について、十分な考慮を払うものとする。

その転換を勧告されてきたという経緯があります。

2 国連「児童の代替的養護に関する指針」

さらに、2009（平成21）年に出された国連「**児童の代替的養護に関する指針**（国連ガイドライン）」では、施設養育は「子どもの最善の利益」に沿う、特別な場合に限るべきであるとしています。

この指針の第22項では、「専門家の有力な意見によれば、幼い児童、特に3歳未満の児童の代替的養護は家庭を基本とした環境で提供されるべきである」としており、兄弟姉妹の分離の防止を目的とする場合、養護先への委託が緊急を要する場合、あらかじめ定められた非常に限られた期間の場合を例外とするほかは、原則として家庭的な環境で養護されなければならないとしています。

すべての子どもは家庭で育つ権利があり、実親による家庭での養育が困難な場合は、国および社会によって、それに代わる家庭で育つことを保障される権利があるのです。

こうした流れは、わが国の社会的養護のあり方に大きな影響を与えました。2011（平成23）年、社会保障審議会児童部会社会的養護専門委員会は、「社会的養護の課題と将来像」をとりまとめました。ここでは、社会的養護の基本的方向としては、原則として家庭的養護（里親、ファミリーホーム）を優先すること、施設養護についても、小規模グループケア、グループホームなど、できるだけ家庭的な養育環境の形態に変えていくことを提言しています。このとき、社会的養護における「家庭」概念の整理が行われ、里親による養育やファミリーホームでの養育が「家庭養護」、施設が提供する小規模グループケアが「家庭的養護」とされました。

参照
「児童の代替的養護に関する指針」
→レッスン10

3 「児童福祉法」の改正

こうした流れを受け、2016（平成28）年改正の「児童福祉法」では、その**理念を明確化**するとともに大きく条文が改められました。

同法第3条の2では、国および地方公共団体は、子どもたちが家庭で適切に養育されるように保護者を支援することが義務づけられ、さらに社会的養護を必要とする子どもたちについては「家庭における養育環境と同様の養育環境」で継続的に養育されるように、またそれが適当でない場合は「良好な家庭的環境」で養育されるよう、必要な措置を行うことが義務づけられました。また、里親の開拓・研修・支援を含めた一貫した過程が都道府県の責任として規定され、育ちの場としての「家庭

参照
改正「児童福祉法」における社会的養護の理念の明確化
→レッスン10図表10-2

養護」の量的・質的な充実を目指すことが求められています。

2. 里親制度

1 里親とは

里親は保護者のいない児童、または保護者に監護させることが不適当であると認められる児童を養育することを希望する者であって、都道府県知事が適当と認める者をいいます。

「児童福祉法」第6条の4に規定されていて、その種類は**養育里親、専門里親、養子縁組里親、親族里親の4種類**です。このうち、親族里親と専門里親は、2002（平成14）年に創設されました。その後、2008（平成20）年の「児童福祉法」改正において、養育里親と養子縁組里親は、法律上区分されました。

参照
里親の種類
→レッスン22

2 里親になるには

里親になるには、里親認定を受ける前に「認定前研修」を受講しなければなりません。研修受講から認定までの流れは図表9-2のとおりです。養育里親を希望する場合、希望者とその同居人が欠格事由に該当しないことや、経済的に困窮していないことが必要になります。里親登録の有効期間は5年（専門里親は2年）となっており、その後は更新が

図表9-2 里親研修の流れ

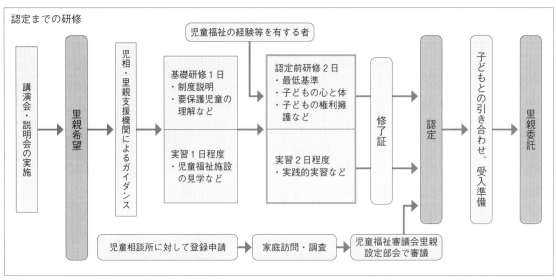

出典：厚生労働省「社会的養護の現状について（平成19年12月）」2007年をもとに作成

必要になります。

　里親になる家庭には、実子がいない場合も少なくありません。全国里親委託等推進委員会が2015（平成27）年９月に行った里親家庭の全国実態調査報告（『平成27年度調査報告書』全国里親委託等推進委員会所収）によると、実子のいる里親家庭は全体の40.7％となっており、里子を迎えて初めて子育てをするという里親も少なくないようです。

　児童養護施設や乳児院には、2012（平成24）年度から、里親支援専門相談員の配置が可能となりました。**里親支援専門相談員**には、児童相談所の里親担当職員、里親支援事業により配置される職員とともに、里親委託の推進と里親支援を行うことが期待されています。

　里親支援機関としては、里親会、児童家庭支援センター、児童養護施設、乳児院、NPOなどがあげられます。それぞれが、強みをいかして里親の養育を支援し、里親の孤立化を防ぐことが必要です。

参照
里親支援専門相談員
→レッスン24

3. 小規模住居型児童養育事業（ファミリーホーム）

1 小規模住居型児童養育事業とは

　小規模住居型児童養育事業（以下、ファミリーホーム）とは、養育者の家庭に社会的養護を必要とする児童を迎え入れて養育を行う家庭養護の一形態です。迎え入れる児童の定員は５人または６人で、子どもどうしの相互作用を生かしつつ、子ども自身の自主性を尊重し、基本的な生活習慣を確立するとともに、豊かな人間性および社会性を養い、児童の自立を支援するものです。

　「児童福祉法」では第６条の３第８項に定められており、実施主体は都道府県、政令指定都市、児童相談所設置市になります。

2 ファミリーホームの実際

　ファミリーホームを運営するには、都道府県知事等による認可が必要となります。ファミリーホームを運営する住居に生活の拠点をおく者が養育者として認められ、養育者２名（配偶者）と補助者１名、または養育者１名と補助者２名をおくことが求められます。

　子どもがファミリーホームに入居する際は、「児童福祉法」第27条第１項第３号の規定に基づき、都道府県が要保護児童の養育を委託します。2017（平成29）年３月末現在、全国に313か所あり、1,356人の子どもたちが生活しています（厚生労働省「社会的養護の現状について［参考

63

資料］［平成29年12月］」2017年より）。

4. 養子縁組制度

養子縁組は「民法」に規定されている制度です。実の親子ではない人どうしが、法律的に親子になるための手続きが規定されています。家庭裁判所に申し出て手続きをするものですが、要保護児童が養子縁組を行う場合は、児童相談所が関わることになります。養子縁組には「普通養子縁組」と「特別養子縁組」があります。

1 普通養子縁組とは

普通養子縁組は「民法」第792条から第817条までに規定されていて、養親子が養子縁組に合意し、市町村に届け出をすることによって成立します。未成年の者が養子となる場合は、家庭裁判所の許可を必要とします。

普通養子縁組の場合、養親は成年に達していること、養子となる者より年長であること、養子となる者は自分の尊属*でないことなどが条件となります。15歳未満の子どもは養子縁組の有効な合意ができないとされており、親権者など、法定代理人による承諾が必要となります。

養子縁組が成立すると、法律的に親子として認められたことになり、親子間の相互扶助義務が生じ、相続も認められます。一方、養子にとっては実親との親子関係も存続することになりますが、養子の親権は養親にあります。

養子縁組は解消することも可能です。解消の際は縁組の際と同様に、合意のうえ届け出を提出することで成立します。養子が15歳以下の場合は、法定代理人の承諾が必要になりますが、子どもにとって「安心で安全で恒久的に」養親との暮らしが保障できる制度とは言いがたいのが現状です。

2 特別養子縁組とは

特別養子縁組は、「民法」第817条の2から第817条の11までに規定されていて、1987（昭和62）年の「民法」改正により、「子の福祉のための養子縁組」制度として創設されたものです。普通養子縁組と異なり、縁組の成立によって実親との親子関係が終了することが大きな特徴です。実親による十分な監護が期待できない子どもについて、新たに親子関係

✱ 用語解説
尊属
自身の父母や祖父母などを指す。

レッスン9　家庭的養護

を結ぶ相手に出会い、これを唯一の親として安心で安全で恒久的な家族関係を保障しようとするものです。

特別養子縁組の成立には、要件を満たしたうえで、子どもの利益のため特に必要があると家庭裁判所に認められる必要があります。普通養子縁組と違い、養親からの申し出による縁組の解消はできません。ただし、縁組が子どもにとって福祉を害するなどの場合（虐待など）のみ、養子、実父母、検察官の申し立てにより、縁組の解消を行うことができます。

参照
特別養子縁組の成立要件
→レッスン23図表23-1

3　「児童福祉法」における養子縁組の位置づけ

養子縁組は、前述のように「民法」上の制度です。しかし、家庭養護がわが国の社会的養護のあり方として明確に法的に位置づけられたことにともない、養子縁組里親についても法律上記載されるようになりました。

「児童福祉法」第6条の4第1項第二号には、養子縁組里親が明確に位置づけられ、同第34条の19～21において、研修の受講や名簿登録、欠格要件などが規定されています。また、「児童福祉法」第11条第1項第二号には、児童相談所の役割として養子縁組家庭への支援も記載されています。

5. 家庭的養護の推進に向けての課題

1　里親制度の充実

厚生労働省は里親委託推進の意義を以下のとおりまとめ、これらを踏まえて、養育里親、専門里親、養子縁組里親、親族里親の4つの類型の特色を生かしながら推進していくとしています（厚生労働省子ども家庭局家庭福祉課「社会的養育の推進に向けて」2017年）。

里親委託推進の意義
①特定の大人との愛着関係の下で養育され、安心感の中で自己肯定感を育み、基本的信頼感を獲得できる。
②適切な家庭生活を体験する中で、家族のありようを学び、将来、家庭生活を築く上でのモデルにできる。
③家庭生活の中で人との適切な関係の取り方を学んだり、地域社会の中で社会性を養うとともに、豊かな生活経験を通じて生活技術を獲得できる。

65

④里親は、委託解除後も関係を持ち、いわば実家的な役割を持
　つことができる。

　特定の大人との間に心理的、情緒的な信頼関係を築くことは、子ども
の発達には非常に大切です。毎日の生活の積み重ねのなかで、子どもは
この世界は安心で安全であるべきことを学んでいきます。そして里親家
庭のなかでの生活を通して、成人してみずからが築いていく家庭のモデ
ルを獲得していくことができるとされています。
　一方で、里親家庭での生活に入るまでの養育環境のなかで、子どもた
ちはさまざまに傷ついています。そうした子どもたちが、里親家庭を安
心で安全な場所と認識するまでには、内面の苦悩を多様な問題行動に
よって表現する場合も少なくありません。この意味からも里親の養育を
支えるしくみを構築していくことが急務です。
　また、里親制度については、その認知度の低さから登録里親数がなか
なか増えないという課題を抱えています。里親制度を知らない、あるい
は「大変そう」というイメージをもっている一般の人々に対して、里親
自身や里親を支援するさまざまな機関が協力して、里親制度の理解を進
めるための啓発活動を展開することも大きな課題です。

２　子ども家庭総合支援拠点の新設

　2017（平成29）年８月、すべての子どもを対象として「児童福祉
法」の理念を推進するために、厚生労働省は「新しい社会的養育ビジョ
ン」を提示しました。このビジョンによって、2018（平成30）年度から、
全国の市区町村に「子ども家庭総合支援拠点」が設置されています。対
象は、管内に所在するすべての子どもとその家庭及び妊産婦等で、里親
家庭や養子縁組家庭も含まれます。子ども家庭支援員、心理担当支援員、
虐待対応専門員が配置され、地域における子どもの育ち、親の子育てが
支援されることになります。
　ビジョンのなかでは、里親のリクルート、登録から子どもの委託、措
置解除に至るまでの一連の過程及び委託後の里親養育に対する一連の包
括的な業務を「フォスタリング業務」と呼びます。子どもが地域から分
離されることなく育っていくためには、校区単位で里親家庭の確保が必
要であるとも提言されています。多様かつ多数の里親を確保するために
は、児童相談所をはじめとする支援機関が連携しあいながら、フォスタ
リング業務を推進していくことが求められるでしょう。そのためには、
このような市町村の資源とも連携を密にしながら、里親自身や里親をと

りまく支援体制を構築するためのソーシャルワークの方法論を探っていくことが大きな課題だといえるでしょう。

演 習 課 題

①専門書や雑誌等から、里親家庭で育った子どもの声を集めて読んだうえで、グループで感想を述べ合いましょう。

②里親家庭を支援する社会資源にはどのようなものがあるか、グループごとに各メンバーが暮らしている自治体で発行しているパンフレットを取り寄せ、調べてみましょう。

③多くの市民に里親制度を知ってもらうには、どのような啓発活動が効果的でしょうか。保育、福祉に関するさまざまな啓発活動の実践事例を調べたうえで、自分たちならどのようなイベントで里親制度の啓発を行うか、グループで話し合ってみましょう。

参考文献……………………………………………………………………………………

レッスン7
千葉茂明 「児童家庭福祉と社会的養護の関係性」『社会的養護（改訂2版）』 全国社会福祉協議会 2015年
山縣文治 「社会的養護の体系」 山縣文治・林浩康編 『よくわかる社会的養護（第2版）』 ミネルヴァ書房 2013年

レッスン8
石田慎二 「社会的養護にかかわる人々と資格」 山縣文治・林浩康編 『よくわかる社会的養護（第2版）』 ミネルヴァ書房 2013年

レッスン9
厚生労働省 「社会的養育の推進に向けて」 2017年
厚生労働省 「全国児童福祉主管課長等会議資料」資料2（1） 2016年
厚生労働省新たな社会的養育の在り方に関する検討会 「新しい社会的養育ビジョン」 2017年
厚生労働省社会保障審議会児童部会社会的養護専門委員会 「社会的養護の課題と将来像」 2011年
子どもの村福岡 「国連子どもの代替養育に関するガイドライン」 福村出版 2011年

おすすめの1冊

土井高徳 『神様からの贈り物──里親土井ホームの子どもたち』 福村出版 2008年
北九州で「治療的里親」として活躍する土井さんのもとには、虐待等さまざまな傷つき体験をもち、生きる力や希望を見失った子どもたちがやってくる。土井さんは、そんな子どもたちを、本書のタイトルどおり「神様からの贈り物」として受け止める。専門用語の解説も豊富で、児童福祉を学び始めた人にとっても読みやすい内容。虐待を受けた子どもたちの実際、里親による支援の実際を知るためにはおすすめの1冊。

コラム

子どもが地域から切り離されることなく育つには

　筆者は、児童養護施設で虐待を主訴に措置されてくる子どもたちへの支援をするなかで、虐待が発生した家庭への再統合のむずかしさを感じてきました。そのなかで、施設に措置されることを予防し、家庭から分離されず地域のなかで子どもが育ち続けることを目指した支援についてもっと学びたいと感じるようになりました。

　DV（ドメスティック・バイオレンス）の被害者への支援について調査していたころ、住み慣れた地域を離れて知らない町で生活を始めたある女性の「私は何も悪いことをしていないのに、仕事も、家族も、友だちも何もかも切り捨ててここで暮らすことになった」というつぶやきを聞き、ますます、「子どもを中心に置いたとき、家庭から引き離されない権利をどのように保障していくか、考えていかなくては」と実感しました。

　大阪市西成区にある児童館「こどもの里」の館長であり、里親でもある荘保共子さんは、「子どものいのちをど真ん中におく」という視点を大切にしています。西成区のあいりん地区で育つ子どもたちを取り巻く環境には、貧困、虐待の連鎖など、さまざまな生きづらさがあります。しかし、子どもが地域で育ち続けるために、「こどもの里」がそこにあり、児童館として、ときには里親として、親子が親子としてともに地域のなかで暮らし続けることを支援しています。

　「新しい社会的養育ビジョン」では、その骨組みのなかで「虐待の危険が高いなどで集中的な在宅支援が必要な家庭には、児童相談所の在宅指導措置下において、市区町村が委託を受けて集中的に支援を行うなど在宅での社会的養育としての支援を構築し、親子入所機能創設などのメニューも充実させて分離しないケアの充実を図る」と述べられています。

　困難な状況にある家族が、児童相談所の支援のみで家族としての生活を保持していくことには限界があるでしょう。地域を基盤とした、子どもを対象とするソーシャルワークに、保育士という専門職としてどのように関わっていけばいいでしょうか。また、保育所や児童養護施設など、自分が勤務する児童福祉施設はどのような役割を担うことができるでしょうか。目の前の子どもたちとの一日一日の実践を大切にしながら、5年先、10年先の実践のあり方も考えていけるよう、専門職としての技術を向上し続ける姿勢を大切にしていってください。

第4章

子どもの権利擁護と
社会的養護

本章では、子どもの人権を守るためにはどうすればよいのかについて学んでいきます。まず国連ガイドラインをみていくことで、子どもの権利を守るための国際的な動きについて理解しましょう。その後、施設における虐待や社会的養護の再編など近年の課題についてみていきましょう。

レッスン10　国連ガイドラインが示す社会的養護のあり方

レッスン11　施設等における子どもの虐待

レッスン12　社会的養護における子どもの権利・人権擁護

レッスン**10**

国連ガイドラインが示す社会的養護のあり方

このレッスンでは、国連の「児童の代替的養護に関する指針」（2009年）が示す
社会的養護のあり方を学びます。わが国の社会的養護の指針となっている国連の
ガイドラインの採択プロセスや、その目的・構成を学び、これからの社会的養護
の方向性を検討しましょう。

1. 国連ガイドライン採択のプロセス

　「児童の権利に関する条約（子どもの権利条約）」では、子どもはでき
る限り親によって養育される権利があること、親は子どもの養育および
発達について第一義的な責任を有することを定めています。しかしなが
ら、「子どもの権利条約」第20条第1項には「一時的若しくは恒久的に
その家庭環境を奪われた児童又は児童自身の最善の利益にかんがみその
家庭環境にとどまることが認められない児童は、国が与える特別の保護
及び援助を受ける権利を有する」ことが定められています。

　第2項では、締約国は子どものための代替的な監護を確保することが
定められていて、さらに第3項では代替的な監護には「特に、里親委託、
イスラム法のカファーラ、養子縁組又は必要な場合には児童の監護のた
めの適当な施設への収容を含むことができる」と定められています。

　このように、社会的養護が必要な子どもに対する代替的な監護として、
施設養護は「必要な場合」の対応として最後に位置づけられており、社
会的養護においては、里親や養子縁組のような家庭養護を優先すること
とされています。

　このことは、条約の国際的監視を担当する国連の子どもの権利委員会
においても、締約国から定期的に提出されることになっている報告書を
審査する過程で強調されてきました。しかしながら、「子どもの権利条約」
において定められている権利と現場の実態に大きなギャップがあるとの
認識から、定期的に開催される一般的討議のなかでも議論がなされ、さ
まざまな協議と交渉が行われてきました。

　このような議論の成果として、「子どもの権利条約」採択20周年にあ
たる2009（平成21）年11月20日、国連総会によって「児童の代替的養
護に関する指針」（以下、国連ガイドライン）が採択されました。この

➕ 補足

イスラム法のカファーラ
イスラム法における養子縁
組制度のようなもの。

国連ガイドラインは「子どもの権利条約」を補完する国連文書として位置づけられました。

2. 国連ガイドラインの内容

1 国連ガイドラインの目的と構成

　国連ガイドラインは「親による養護を奪われている、または奪われる危険にさらされている児童の保護及び福祉に関して、子どもの権利条約とそれ以外の国際文書の関連規定の実施を強化すること」を目的としています。

　国連ガイドラインは、①目的、②一般原則及び展望、③ガイドラインの範囲、④代替的養護の必要性の予防、⑤養護の提供の枠組、⑥最適な養護の形態の決定、⑦代替的養護の提供、⑧児童の通学居住する国以外での子どもへの養育提供、⑨緊急事態における養護、から構成されています。

2 国連ガイドラインと代替的養護

　国連ガイドラインでは、家族は、社会の基本的集団であり、子どもの発達、ウェルビーイングと保護のための本来の環境であるから、まず何よりも、子どもが実の両親の養育、あるいはそれが不適切な場合はその他の近親者の養育のもとに留まるか、戻ることができるように力を尽くすべきとして、国は家族が子どもを養育する役割を果たすためにさまざまな支援を確保しなければならないとしています（一般原則及び展望第3項）。

　そのうえで、実の家族が適切な支援を受けていても十分な養育ができない場合は、国は適切な代替的養護を確保しなければならないとされていますが、子どもを実家族の養育から離すことは、最終手段とみなされるべきであり、やむを得ない場合には、可能な限り一時的なものとし、できるだけ短期間に留められるべきであると定めています（同第14項）。

3 国連ガイドラインと施設養護

　施設養護については、その環境が子ども個人にとって、とりわけ適切で必要かつ建設的であり、その子どもの最善の利益に沿う場合に限られるべきであるとしています（一般原則及び展望 第21項）。また、専門家の有力な見解によれば、乳幼児、特に3歳未満の子どもの代替養育は、

家庭を基盤とした環境で提供されなければならないとし、家庭養育を基本とすべきとしています（同 第22項）。

施設養護を提供する場合は、小規模で、子どもの権利とニーズに合わせて組織され、できるだけ家族や小規模の状況に近い環境でなければならないとし、そうした施設の目的は、一般に一時的な養育を提供し、家族のもとに戻ることに積極的に貢献することであるとしています（代替養育の提供 第123項）。また、家族のもとに戻ることがかなわない場合には、養子縁組などによって代替の家庭環境を用意し、子どもに安定的な養育を確保することと定めています。

さらに、一般原則及び展望 第23項では大型の施設が残っている場合は、脱施設化という方針のもと、いずれは施設の廃止を可能にするような明確な目標や目的をもって、代替策を発展させなければならないと示されています。

また、この目的のために、各国は一人ひとりに適した少人数グループでの養育など、子どもの発達を促進するような質と条件を確保するために養育基準を設け、その基準に照らして既存の施設を評価すべきであると定めています。

■ 4 国連ガイドラインと里親

里親養育については、管轄当局または管轄機関は、子どものニーズと里親希望者の能力や資源をアセスメントして、その子どもに最適な里親を見い出して引き合わせたうえで、関係者すべてが委託に向けて準備するためのシステムを考案し、職員をそれに沿って訓練すべきであるとしています（代替養育の提供 第118項）。

また、子どもの家族、地域、文化集団とのつながりを維持しながら、子どもに養育と保護を提供できる里親が各地で認定されるべきであり（同 第119項）、里親のために、特別な準備、支援、カウンセリングのサービスを向上させ、委託前、委託中、委託後に定期的に里親が利用できるようにすべきだと、里親に対する効果的な支援体制の整備の必要性を定めています（同 第120項）。

さらに、里親は、里親支援機関や制度などについて意見を述べ、方針や政策に影響をおよぼす機会をもつべきであり（同 第121項）、里親同士が相互支援をし合い、実践と方針の発展に貢献し得る里親団体の設立は奨励されるべきだとしています（同 第122項）。

3. 国連ガイドラインと
日本の社会的養護のあり方

■1 国連の子どもの権利委員会による社会的養護に関する指摘

国連ガイドラインは、日本における社会的養護のあり方の大きな指針になっています。日本は1994（平成6）年に「児童の権利に関する条約（子どもの権利条約）」に批准しており、1998（平成10）年と2004（平成16）年の2回にわたって、国連の子どもの権利委員会から、施設養護中心の社会的養護のあり方を見直すように勧告されています。

さらに、2009年に採択された国連ガイドラインに基づいて、2010（平成22）年に3回目の勧告を受けています。勧告の内容は図表10-1のとおりです。

■2 「社会的養護の課題と将来像」の取り組み

子どもの権利委員会の勧告などを受けて、厚生労働省は社会的養護のあり方について基本方針から見直すことになりました。2011（平成23）年1月に社会保障審議会に「児童養護施設等の社会的養護の課題に関する検討委員会」が設置され、同年7月に「社会的養護の課題と将来像」がとりまとめられました。

「社会的養護の課題と将来像」では、社会的養護を今後十数年かけて、おおむね3分の1を里親およびファミリーホーム、おおむね3分の1をグループホーム、おおむね3分の1を本体施設（児童養護施設はすべて小規模グループケア）で行うという目標を設定しました。

また2011（平成23）年には、厚生労働省が「里親委託ガイドライン」

図表10-1 子どもの権利委員会による社会的養護に関する勧告

（a）里親または小規模なグループ施設のような家族型環境において児童を養護すること

（b）里親制度を含め、代替的監護環境の質を定期的に監視し、全ての養護環境が適切な最低基準を満たしていることを確保する手段を講じること

（c）代替的監護環境下における児童虐待について責任ある者を捜査、訴追し、適当な場合には虐待の被害者が通報手続、カウンセリング、医療ケア及びその他の回復支援にアクセスできるよう確保すること

（d）全ての里親に財政的支援がされるよう確保すること

（e）2009年11月20日に採択された国連総会決議に含まれる児童の代替的監護に関する国連ガイドラインを考慮すること

出典：外務省「同報告審査後の同委員会の最終見解（仮訳）」2010年6月をもとに作成
http://www.mofa.go.jp/mofaj/gaiko/jido/pdfs/1006_kj03_kenkai.pdf（2018年8月15日確認）

第4章　子どもの権利擁護と社会的養護

の通知を出し、児童相談所の措置において里親委託を優先するという原則を示しました。

3　2016年の「児童福祉法」改正と社会的養護

　2016（平成28）年の「児童福祉法」改正で、国および地方公共団体の責務として、家庭と同様の環境における養育の推進等が明記されました。

　具体的には、第3条の2に「国及び地方公共団体は、児童が家庭において心身ともに健やかに養育されるよう、児童の保護者を支援しなければならない。ただし、児童及びその保護者の心身の状況、これらの者の置かれている環境その他の状況を勘案し、児童を家庭において養育することが困難であり又は適当でない場合にあっては児童が家庭における養育環境と同様の養育環境において継続的に養育されるよう、児童を家庭及び当該養育環境において養育することが適当でない場合にあっては児童ができる限り良好な家庭的環境において養育されるよう、必要な措置を講じなければならない」と、家庭養育優先の理念が規定されました。

　つまり、①まずは、子どもが「家庭において」健やかに養育されるように保護者を支援すること、②家庭における養育が適当でない場合は、子どもが「家庭における養育環境と同様の養育環境」において継続的に養育されるように必要な措置をとること、③これらの措置が適当でない

図表10-2 家庭と同様の環境における養育の推進

良好な家庭的環境		家庭と同様の養育環境	家庭
施設	**施設（小規模型）**	**養子縁組**（特別養子縁組を含む） **小規模住居型 児童養育事業** → **里親**	**実親に よる養育**
児童養護施設 大舎（20人以上） 中舎（13〜19人） 小舎（12人以下） 1歳〜18歳未満 （必要な場合　0歳〜20歳未満）	**地域小規模児童養護施設 （グループホーム）** 本体施設の支援の下で地域の民間住宅などを活用して家庭的養護を行う **小規模グループケア （分園型）** ・地域において、小規模なグループで家庭的養護を行う ・1グループ6〜8人 　（乳児院は4〜6人）	**小規模住居型 児童養育事業 （ファミリーホーム）** ・養育者の住居で養育を行う家庭養護 ・定員5〜6人	**里親** ・家庭における養育を里親に委託する家庭養護 ・児童4人まで
乳児院 乳児（0歳） 必要な場合　幼児（小学校就学前）			

出典：厚生労働省「社会的養育の推進に向けて」2017年をもとに作成

場合は、子どもが「できる限り良好な家庭的環境」で養育されるように必要な措置をとることが示されました（図表10-2）。

4 「新しい社会的養育ビジョン」

「**新しい社会的養育ビジョン**」は、「社会的養護の課題と将来像」を全面的に見直したもので、今後のビジョンとそこに至る行程を示しました。具体的には「特に就学前の子どもは、家庭養育原則を実現するため、原則として施設への新規措置入所を停止すべき」との方向性が示されました。

このために「実親支援や養子縁組の利用促進を進めた上で、愛着形成等子どもの発達ニーズから考え、乳幼児期を最優先にしつつ、フォスタリング機関の整備と合わせ、全年齢層にわたって代替養育としての里親委託率の向上に向けた取組を今から開始する」ことが示されました。

これにより「愛着形成に最も重要な時期である3歳未満については概ね5年以内に、それ以外の就学前の子どもについては概ね7年以内に里親委託率75％以上を実現し、学童期以降は概ね10年以内を目途に里親委託率50％以上を実現」すべきと、年限を明確にした取り組み目標が示されました。

参照
新しい社会的養育ビジョン
→レッスン6

演 習 課 題

①国連ガイドラインを読んで、それぞれの項目が日本においてどのように実施されているのか、あるいは実施されていないのかについて考えてみましょう。

②国連ガイドラインを読んで、里親に対してどのような支援が必要となるのかを考えてみましょう。

③「新しい社会的養育ビジョン」で示された取り組み目標を実現していくための課題についてディスカッションしてみましょう。

レッスン**11**

施設等における子どもの虐待

このレッスンでは、社会的養護の施設内や里親家庭等における子ども虐待（被措置児童等虐待）について学びます。虐待的な環境から保護し、子どもに安心・安全な生活を提供することを目的とする社会的養護の施設や里親家庭で、再び虐待を受けることはあってはならないことです。一緒に考えていきましょう。

1. 被措置児童等虐待の現状

1 被措置児童等虐待の定義

　子ども虐待は、家庭のなかだけでなく、児童養護施設をはじめとする施設や里親家庭のなかでも起きています。

　「**被措置児童等**虐待」とは、さまざまな事情により家庭での養育が困難で社会的養護を必要とし、施設等へ措置された被措置児童等に対して、**施設職員等**が行う虐待を指します。

　なお、「被措置児童等虐待」とされる行為は、以下の4つになります。

> ①被措置児童等の身体に外傷が生じ、または生じるおそれのある暴行を加えること
> ②被措置児童等にわいせつな行為をすること、または被措置児童等をしてわいせつな行為をさせること
> ③被措置児童等の心身の正常な発達を妨げるような著しい減食、または長時間の放置、同居人もしくは生活を共にする他の児童による①②④に掲げる行為の放置、その他の施設職員等としての養育または業務を著しく怠ること
> ④被措置児童等に対する著しい暴言、または著しく拒絶的な対応その他の被措置児童等に著しい心理的外傷を与える言動を行うこと

　2009（平成21）年に改正された「児童福祉法」第33条の16、および「児童福祉法施行規則」第36条の30によって、被措置児童等虐待の状況について、都道府県知事は毎年度公表することが義務づけられています。

◆補足

被措置児童等
ここでいう「被措置児童等」とは、以下の子どもを指す。①里親等に委託されている児童、②児童養護施設や障害児入所施設等に入所している児童、③一時保護もしくは一時保護委託をされている児童。

施設職員等
ここでいう「施設職員等」とは、以下の立場の人を意味する。①小規模住居型児童養育事業に従事する者、②里親もしくはその同居人、③乳児院、児童養護施設、障害児入所施設、児童心理治療施設もしくは児童自立支援施設の長、その職員、その他の従業者、④指定発達支援医療機関の管理者、その他の従業者、⑤一時保護する施設を設けている児童相談所の所長、当該施設の職員、その他の従業者、⑥委託を受けて児童の一時保護を行う業務に従事する者。

2 被措置児童等虐待の現状

①届出・通告数と届出・通告者

2016（平成28）年度の全国の被措置児童等虐待の届出・通告が受理された件数は、255件（267人）でした。届出・通告者の内訳は「当該施設・事業所等職員、受託里親」が102人（38.2％）と最も多く、次いで「児童本人」71人（26.6％）でした（図表11-1）。家庭での子ども虐待と比べて、子ども本人からの通告が多い点は被措置児童等虐待の特徴の一つといえます。

②事実確認調査の状況

2016（平成28）年度中に届出・通告のあった事例と、前年度以前の繰り越し事例を含む226件について、事実確認調査が各都道府県・政令市等で行われています。その結果、**被措置児童等虐待の事実が認められた事例**は87件で、全体の32.1％でした（図表11-2）。

◆ 補足

被措置児童等虐待の事実が認められた事例
「虐待の事実が認められなかった」あるいは「虐待の事実の判断に至らなかった」事例については、主に以下のような理由があげられる。
・虐待加害者として通告された者が事実を否認した。
・客観的証拠が確認できなかった。
・他児など第三者からの証言等が得られなかった。

図表11-1 被措置児童等虐待の届出・通告者の内訳

（単位：人、％）

	児童本人	児童本人以外の被措置児童等	家族・親戚	当該施設・事業所等職員、受託里親	当該施設・事業所等元職員、元受託里親	学校	保育所・幼稚園	市町村	近隣・知人	医療機関・保健機関	その他	不明（匿名を含む）	合計
人　数	71	18	29	102	4	3	0	0	5	4	19	12	267
構成割合	26.6	6.7	10.9	38.2	1.5	1.1	0.0	0.0	1.9	1.5	7.1	4.5	100.0

注：一件に対しての複数の者から届出・通告があった事例があり、合計人数は届出・通告受理件数の総数255件とは一致しない。
出典：厚生労働省「平成28年度における被措置児童等虐待届出等制度の実施状況」2017年をもとに作成

図表11-2 被措置児童等虐待の事実が認められた事例

（単位：件、％）

	事実確認を行った事例				事実確認を行っていない事例		合計
	虐待の事実が認められた	虐待の事実が認められなかった	虐待の事実の判断に至らなかった	小計	虐待ではなく事実確認調査不要と判断	虐待の事実確認調査を後日、予定している等	
件　数	87	150	32	269	0	2	271
構成割合	32.1	55.4	11.8	99.3	0.0	0.7	100.0

出典：厚生労働省「平成28年度における被措置児童等虐待届出等制度の実施状況」2017年をもとに作成

第4章　子どもの権利擁護と社会的養護

　また、都道府県市別にみると、69都道府県市のうち、36都道県市で虐待の事実が認められました（図表11-3）。

③被措置児童等虐待の事実が確認された事例について

　都道県市が虐待の事実を認めた87事例について、発生場所別にみると、「児童養護施設」が最も多く53件（60.9％）、次いで「里親・ファミリーホーム」13件（14.9％）となっています。なお、養育形態別では、児童養護施設の事例53件のうち25件が20人以上の大舎利の施設で、また、19件がユニットケアでの虐待事案になっています（図表11-4）。

④虐待の種別

　被措置児童等虐待として認められた87事例の種別は、「身体的虐待」が最も多く52件（59.8％）、次いで「心理的虐待」16件（18.4％）、「性的虐待」15件（17.2％）となっています（図表11-5）。家庭での虐待と比べて、性的虐待の発生率が高いことがわかります。

⑤虐待を行った職員等

　虐待を行った職員の年齢は、「29歳以下」の若い職員が全体の37.1％を占めています。また、実務経験年数は「5年未満」が46.7％と最も多

図表 11-3 都道府県市別にみた被措置児童等虐待の状況

(単位：件)

都道府県	届出通告件数	虐待事例数	都道府県	届出通告件数	虐待事例数	都道府県	届出通告件数	虐待事例数
北海道	17	4	三重県	4	1	沖縄県	7	6
青森県	1	0	滋賀県	0	0	札幌市	1	1
岩手県	2	1	京都府	1	1	仙台市	2	1
宮城県	0	0	大阪府	34	2	さいたま市	0	0
秋田県	0	0	兵庫県	3	3	千葉市	0	0
山形県	0	0	奈良県	1	1	横浜市	2	2
福島県	1	0	和歌山県	4	4	川崎市	2	0
茨城県	4	0	鳥取県	0	0	相模原市	2	0
栃木県	7	1	島根県	2	1	新潟市	0	0
群馬県	4	1	岡山県	2	2	静岡市	3	0
埼玉県	5	0	広島県	1	0	浜松市	2	0
千葉県	8	1	山口県	10	3	名古屋市	3	1
東京都	32	14	徳島県	2	1	京都市	1	1
神奈川県	9	7	香川県	0	0	大阪市	16	3
新潟県	3	1	愛媛県	1	1	堺市	1	0
富山県	0	0	高知県	9	5	神戸市	2	1
石川県	0	0	福岡県	3	0	岡山市	0	0
福井県	0	0	佐賀県	4	2	広島市	0	0
山梨県	2	0	長崎県	3	0	北九州市	0	0
長野県	5	3	熊本県	1	0	福岡市	0	1
岐阜県	1	0	大分県	6	4	熊本市	3	2
静岡県	10	2	宮崎県	1	1	横須賀市	0	0
愛知県	5	1	鹿児島県	0	0	金沢市	0	0
						国立	0	0
						合　計	255	87

※届出通告件数は、平成26年度分であり、虐待事例数は、平成26年度に確認等を行った事例の件数（平成25年度以前の届出・通告事例を含む）である。

出典：厚生労働省「平成28年度における被措置児童等虐待届出等制度の実施状況」2017年をもとに作成

くなっています（図表11-6）。

さらに、パーソナリティなどをみると、「養育技術の低さ」や「怒りのコントロール不全」の多さが目立ちます。これらの結果から、若く経験の浅い施設職員・里親等の養成・研修など専門性向上という課題がみえてきます。

図表11-4 発生場所別にみた被措置児童等虐待の状況

〈施設等種別〉 （単位：件、%）

	社会的養護関係施設				里親・ファミリーホーム	障害児入所施設等	一時保護委託先	合計
	乳児院	児童養護施設	情緒障害児短期治療施設	児童自立支援施設				
件 数	0	53	2	5	13	6	8	87
構成割合	0.0	60.9	2.3	5.7	14.9	6.9	9.2	100.0

〈養育形態別〉

	児童養護施設	児童自立支援施設	情緒障害児短期治療施設	障害児入所施設
20人以上	25	2	1	4
13人〜19人	3	1	0	4
12人以下	6	2	0	1
本園内ユニットケア（8人以下）	14	0	1	1
地域分園型ユニットケア（8人以下）	5	0	0	0
合計	53	5	2	6

出典：厚生労働省「平成28年度における被措置児童等虐待届出等制度の実施状況」2017年をもとに作成

図表11-5 被措置児童等虐待の種別

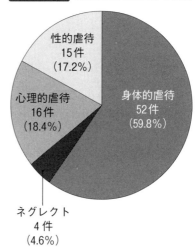

出典：厚生労働省「平成28年度における被措置児童等虐待届出等制度の実施状況」2017年をもとに作成

図表11-6 虐待を行った職員等

虐待を行った職員等の年齢 （単位：人、%）

	29歳以下	30〜39歳	40〜49歳	50〜59歳	60歳以上	合計
人　数	39	21	22	14	9	105
構成割合	37.1	20.0	21.0	13.3	8.6	100.0

虐待を行った職員等の実務経験年数 （単位：人、%）

	5年未満	5〜9年	10〜19年	20〜29年	30年以上	その他	合　計
人　数	49	18	7	3	5	5	105
構成割合	46.7	21.9	17.1	6.7	2.9	4.8	100.0

虐待を行った職員等のパーソナリティ（※） （単位：人）

	衝動性	攻撃性	怒りのコントロール不全	感情の起伏が激しい	養育技術の低さ
あり	18	8	19	12	50
なし	26	33	26	30	15
不明	61	64	60	63	40
合　計	105	105	105	105	105

※虐待を行った職員等のパーソナリティとして、表上段に掲げる項目が存在するか否かを各自治体に質問したもの。
出典：厚生労働省「平成28年度における被措置児童等虐待届出等制度の実施状況」2017年をもとに作成

第4章　子どもの権利擁護と社会的養護

2.　被措置児童等虐待の防止

1　被措置児童等虐待防止対策の制度化に至った経緯

　1999（平成11）年10月に「児童養護施設等に対する児童の権利擁護に関する指導の徹底について」が出されました。さらに、2006（平成18）年には「児童福祉施設における施設内虐待の防止について」（以下、「虐待防止通知」）が出されました。

　こうした通知が出された背景には、「恩寵園事件*」など、児童養護施設長や施設職員が、施設で生活する子どもたちに対して非人道的な体罰や虐待を繰り返してきた事件の発覚がありました。

　こうした事件が繰り返されないよう、「虐待防止通知」では以下の3つの柱が示されています。

（1）児童福祉施設の職員の資質向上のための体制整備

（2）子どもの意見表明の機会及び施設運営の透明性の確保

（3）各児童福祉施設との連携体制の確保及び強化

2　被措置児童等虐待の防止に向けた取り組み

　被措置児童等虐待はどうして発生するのでしょうか。

　施設で働く職員も、里親も、最初から「子どもを虐待しよう！」と思って、その仕事に従事したわけではないはずです。最初はきっと「社会的養護を必要とする子どもたちのために、自分にできることをしたい」という子どもへの愛情や優しい視点、社会的養護に対する熱意などをもっていたはずなのです。それがなぜ「虐待する大人」になってしまうのでしょうか。

①施設職員や里親等の価値と倫理

　「児童の権利に関する条約（子どもの権利条約）」第19条第1項には子どもがあらゆる虐待や放置、怠慢、搾取などから保護される権利がうたわれています。

　施設や里親家庭にやってくる子どもの多くはそれまでの家庭生活の中で、不適切な養育を受けてきています。そうした虐待的環境から保護することを目的とする社会的養護の現場で、その担い手が子どもを虐待するということはあってはならないことです。

　また、ほかの職員や子どもが虐待にあたる行為をしていることを見て見ぬふりをすることも、虐待（ネグレクト）にあたります。施設職員や里親など、社会的養護の担い手は、体罰や不適切な関わりに対する「専

◆ 補足

「児童養護施設等に対する児童の権利擁護に関する指導の徹底について」
厚生省児童家庭局家庭福祉課長通知。

「児童福祉施設における施設内虐待の防止について」
厚生労働省雇用均等・児童家庭局総務課長通知。

✳ 用語解説

恩寵園事件
1995～1996年にかけて、千葉県船橋市の児童養護施設「恩寵園」内で起きた虐待事件。施設長や職員などによって、子どもたちへの身体的・性的虐待などの非道な虐待が日常的に行われていたことがわかり、大きな社会問題となった。

◆ 補足

「児童の権利に関する条約（子どもの権利条約）」
その第19条第1項には「児童が父母、法定保護者又は児童を監護する他の者による監護を受けている間において、あらゆる形態の身体的若しくは精神的な暴力、傷害若しくは虐待、放置若しくは怠慢な取扱い、不当な取扱い又は搾取（性的虐待を含む）からその児童を保護する」とある。
→レッスン2

門職として適切な価値・倫理」をもつ必要があります。

②職員や里親などの人材育成と研修

児童養護施設をはじめとする社会的養護施設で職員として働くために必要な条件は、必ずしも厳格なものではありません。里親についても、特に専門的な資格をもっていなくても、数日間の研修と施設実習を受講することによって里親になることができます。

そのため、施設職員も里親も、社会的養護の担い手になったあとの「現任研修」が非常に重要になってきます。常に子どもと向き合う姿勢を**自己点検**したり、施設職員どうしや里親どうしで相互点検したりすることが大切になります。また、忙しいなかでも、スキルアップのための研修や勉強会には積極的に参加することが重要です。

③子どもの意見表明権を保障できる体制づくり

「子どもの権利条約」第12条には「**子どもの意見表明権**」がうたわれています。施設生活について、あるいは職員からの関わりについて、子どもが不満や意見、要望などを表明しやすいようなしくみづくりが大切になります。現在、苦情解決のしくみや第三者機関による施設サービス評価などの制度が取り入れられています。

また、2009（平成21）年には「被措置児童等虐待対応ガイドライン」が示されました。これらを被措置児童等虐待の防止や早期発見において実効性のあるものにしていくための社会的養護の現場の努力が必要です。

④職員や里親に対する支援体制の問題

被措置児童等虐待の背景には、施設職員や里親の心身の負担の大きさもあると考えられます。そのため、施設職員や里親に対する支援体制の整備の必要性が指摘されています。いわゆる「ケアする人のケア」という問題です。

施設にも里親にも、家庭で虐待を受けて育った子どもが多く措置されています。たとえば、虐待を受けて育った子どもたちは、親への不信感からくる人への不信感が強く、「今度の養育者は、本当に自分を大切にしてくれるのか？」を確かめるために、「試し行動」とよばれるような行動を繰り返し、職員や里親を悩ませることがあります。わざとものを壊したり、挑発的な態度をとったりするなどして、大人を怒らせるような言動をとることもあります。こうした子どもたちと向き合う施設職員や里親を支えるしくみが必要なのです。

具体的には、施設でのスーパービジョン体制の確立、里親の相談支援体制の拡充などの取り組みが急がれます。施設職員の労働条件の改善や里親に対する**レスパイトケア**の制度の整備も必要です。

◆ 補足

自己点検
自己点検など施設内研修の教材として、全国社会福祉協議会・全国児童養護施設協議会「児童養護施設における人権擁護と人権侵害の禁止・防止・対応のための要項およびチェックリスト」（2008年）も有効である。

「子どもの意見表明権」
第12条
締約国は、自己の意見を形成する能力のある児童がその児童に影響を及ぼすすべての事項について自由に自己の意見を表明する権利を確保する。この場合において、児童の意見は、その児童の年齢及び成熟度に従って相応に考慮されるものとする。
2　このため、児童は、特に、自己に影響を及ぼすあらゆる司法上及び行政上の手続において、国内法の手続規則に合致する方法により直接に又は代理人若しくは適当な団体を通じて聴取される機会を与えられる。

参照
レスパイトケア
→レッスン24

第4章　子どもの権利擁護と社会的養護

　演　習　課　題

①「恩寵園事件」について、どうしてこのような施設内虐待が長い間続けられていたのか、その原因や背景についてグループで話し合うとともに、どうしたら防ぐことができたかを考えてみましょう。

②被措置児童等虐待において「性的虐待」の発生率が高い理由について考えてみましょう。またその防止策についても考えてみましょう。

③里親家庭での虐待と施設での虐待の違いと共通点について考えてみましょう。また里親家庭での虐待を防ぐには、具体的にどのような対策が必要だと思いますか。グループで話し合ってみましょう。

レッスン**12**
······

社会的養護における子どもの権利・人権擁護

レッスン 11 では、被措置児童等虐待について考えましたが、このレッスンでは、被措置児童等虐待の防止の取り組み以外の社会的養護における子どもの権利・人権擁護の取り組みについて、理解を深めていきましょう。

1. 社会的養護の指針における権利擁護

社会的養護の指針として、厚生労働省において「児童養護施設運営指針」「乳児院運営指針」「情緒障害児短期治療施設（現：児童心理治療施設）運営指針」「児童自立支援施設運営指針」「母子生活支援施設運営指針」「里親及びファミリーホーム養育指針」「自立援助ホーム運営指針」が作成されており、それぞれの運営指針において「権利擁護」の項目が設けられています。

それぞれの運営指針において共通する内容もありますので、ここでは「児童養護施設運営指針」を取り上げます。「児童養護施設運営指針」では、権利擁護の取り組みとして、①子ども尊重と最善の利益の考慮、②子どもの意向への配慮、③入所時の説明等、④権利についての説明、⑤子どもが意見や苦情を述べやすい環境、⑥被措置児童等虐待対応、⑦他者の尊重の 7 項目があげられていて、それぞれの項目についてくわしく説明されています（図表12-1）。

2. 施設等で生活する子どもへの　権利擁護の取り組み

施設で生活する子どもへの権利擁護の取り組みは、①アドミッションケア（入所前後の支援）、②インケア（入所中の支援）、③リービングケア・アフターケア（退所前後の支援）の 3 つの段階に分けられます。

1 アドミッションケアでの取り組み

アドミッションケアの段階では、児童相談所において保護の措置を決定する際に、子どもや保護者の意見を聞くことが必要です。また、児童

83

第4章　子どもの権利擁護と社会的養護

図表12-1 「児童養護施設運営指針」における権利擁護の取り組み

（1）子ども尊重と最善の利益の考慮

　①子どもを尊重した養育・支援についての基本姿勢を明示し、施設内で共通の理解を持つための取組を行う。

　②社会的養護が子どもの最善の利益を目指して行われることを職員が共通して理解し、日々の養育・支援において実践する。

　③子どもの発達に応じて、子ども自身の出生や生い立ち、家族の状況について、子どもに適切に知らせる。

　④子どものプライバシー保護に関する規程・マニュアル等を整備し、職員に周知するための取組を行う。

　⑤子どもや保護者の思想や信教の自由を、保障する。

（2）子どもの意向への配慮

　①子どもの意向を把握する具体的な仕組みを整備し、その結果を踏まえて、養育・支援の内容の改善に向けた取組を行う。

　②職員と子どもが共生の意識を持ち、子どもの意向を尊重しながら生活全般について共に考え、生活改善に向けて積極的に取り組む。

（3）入所時の説明等

　①子どもや保護者等に対して、養育・支援の内容を正しく理解できるような工夫を行い、情報提供する。

　②入所時に、施設で定めた様式に基づき養育・支援の内容や施設での約束ごとについて、子どもや保護者等にわかりやすく説明する。

　③子どものそれまでの生活とのつながりを重視し、そこから分離されることに伴う不安を理解し受けとめ、不安の解消を図る。

（4）権利についての説明

　①子どもに対し、権利について正しく理解できるよう、わかりやすく説明する。

（5）子どもが意見や苦情を述べやすい環境

　①子どもが相談したり意見を述べたりしたい時に相談方法や相談相手を選択できる環境を整備し、子どもに伝えるための取組を行う。

　②苦情解決の仕組みを確立し、子どもや保護者等に周知する取組を行うとともに、苦情解決の仕組みを機能させる。

　③子ども等からの意見や苦情等に対する対応マニュアルを整備し、迅速に対応する。

（6）被措置児童等虐待対応

　①いかなる場合においても体罰や子どもの人格を辱めるような行為を行わないよう徹底する。

　②子どもに対する暴力、言葉による脅かし等の不適切なかかわりの防止と早期発見に取り組む。

　③被措置児童等虐待の届出・通告に対する対応を整備し、迅速かつ誠実に対応する。

（7）他者の尊重

　①様々な生活体験や多くの人たちとのふれあいを通して、他者への心づかいや他者の立場に配慮する心が育まれるよう支援する。

出典：厚生労働省雇用均等・児童家庭局長通知「児童養護施設運営指針」2012年3月29日をもとに作成

相談所の判断と子どもや保護者の意見が異なる場合は、都道府県児童福祉審議会の意見を聞かなければならないとされています。

入所時には「児童養護施設運営指針」にも示されているように、子どもや保護者に対して、養育・支援の内容などを説明するとともに、子どもがこれまでの生活から分離されることにともなう不安を理解して受けとめ、不安の解消を図ることが必要です。

また、入所時には施設での生活における権利についても説明する必要があります。「児童養護施設運営指針」では、「権利ノートやそれに代わる資料を使用して施設生活の中で守られる権利について随時わかりやすく説明する」と、「子どもの権利ノート」などを活用することが述べられています。

「**子どもの権利ノート**」とは、子どもの権利についてわかりやすく解説した小冊子で、子どもが児童養護施設等への入所の際に配付されます。日本では1995（平成7）年に大阪府において初めて作成され、その後、全国に広がっていきました。

2 ▶ インケアでの取り組み

インケアの段階では、子どもの日々の生活の支援をしっかりと行っていくこと自体が、権利擁護の取り組みにつながります。

インケアでは子どもに対して計画的な自立支援を行うために、個々の子どもに対する児童自立支援計画を適切に策定することになっています。児童自立支援計画の策定にあたっては、職員が一方的に策定するのではなく、子どもの意向を反映させることが重要です。

また、「児童の権利に関する条約」第12条に規定されている意見表明権を保障する取り組みの一環として、子どもの自治会を組織したり、意見箱を設置したりすることで、子どもの意見を日々の生活に取り入れていくよう努める施設もあります。

さらに、施設内の取り組みだけでなく、施設で生活している子どもが外部の関係機関等に相談しやすくするために、「子どもの権利ノート」などに児童相談所などの相談先の電話番号やメールアドレスを記載したり、相談内容を送ることができるハガキを添付したりしています。

3 ▶ リービングケア・アフターケアでの取り組み

リービングケア・アフターケアの段階では、子どもが退所後に安定した社会生活を送ることができるよう支援を行うことで、子どもの権利擁護を図っています。

✛ 補足

「子どもの権利ノート」
大阪府では、社会的養護関係施設や里親等で暮らす2歳以上のすべての子どもに措置時に渡している。社会的養護において保障される権利を伝えると同時に、権利が奪われそうになったときには、意見を表明するなど権利を行使できることが記されている。

必要に応じて、児童相談所や市町村の担当課、地域の関係機関、自立援助ホームやアフターケア事業を行う団体などと積極的に連携を図りながら支援を行っていくことが求められます。また、退所後も施設に相談できることを退所する子どもに伝えておくことも重要です。

3. 子ども間の暴力等の防止

施設での生活は子どもにとって安心できる場所でなければなりません。しかしながら、子ども間の暴力やいじめ、差別など、本来子どもが守られるはずの場所において、子どもが暴力等にさらされている事態が報告されています。

「児童養護施設運営指針」において、「(10) 行動上の問題及び問題状況への対応」として「②施設内の子ども間の暴力、いじめ、差別などが生じないよう施設全体で取り組む」と示されているように、社会的養護において子どもの権利擁護を図っていくためには、このような子ども間の暴力等の防止にも取り組んでいく必要があります。

その具体的な取り組みとして、以下の6点があげられています。

①日頃から他人への配慮の気持ちや接し方を職員が模範となって示す。

②子ども間の暴力、いじめ、差別などが施設内で生じないようにするための予防策や、発生してしまった場合に、問題克服へ向けた取り組みを施設全体で行う。

③施設内での重要なルールとして「暴力防止」を掲げ、日頃から他者の権利を守ることの大切さを子どもと話し合う機会をもつ。

④子どもの遊びにも職員が積極的に関与するなどして子ども同士の関係性の把握に努め、いじめなどの不適切な関係に対しては適時介入する。

⑤生活グループの構成には、子ども同士の関係性に配慮する。

⑥暴力やいじめについての対応マニュアルを作成するなど、問題が発覚した場合は、全職員が適切な対応ができる体制を整える。

4. 苦情解決のしくみ

子どもの権利擁護を図っていくためには、「児童養護施設運営指針」にも示されているように、子どもが施設生活における苦情等を訴えることができるように、苦情解決のしくみを設けることが必要です。

「社会福祉法」第82条では、苦情解決について「社会福祉事業の経営者は、常に、その提供する福祉サービスについて、利用者等からの苦情の適切な解決に努めなければならない」と規定しています。この規定に基づいて、社会的養護施設においても苦情解決のしくみを整備し、子どもや保護者などからの苦情等の適切な解決に努めることが求められます。具体的には、苦情解決責任者、苦情受付担当者、第三者委員を設置して施設生活における子どもや保護者などからの苦情等に対応していきます。

また、「社会福祉法」第85条第1項では、「運営適正化委員会は、福祉サービスに関する苦情について解決の申出があったときは、その相談に応じ、申出人に必要な助言をし、当該苦情に係る事情を調査するものとする」と規定しています。この規定に基づいて、都道府県社会福祉協議会に設置されている運営適正化委員会が、子どもや保護者などからの間接的な苦情を受けつけるしくみが整備されています。

このような苦情解決のしくみや運営適正化委員会については、入所時に子どもに説明するとともに、しくみの整備だけでなく、子どもが意見や苦情を述べやすい環境をふだんから整備しておくことが必要です。また、子ども等からの意見や苦情等に対する対応マニュアルを整備し、迅速に対応していくことも求められます。

5. 第三者評価

社会的養護関係施設については、子どもが施設を選ぶしくみではない措置制度等であり、また、施設長による親権代行等の規定もあるほか、被虐待児等が増加し、施設運営の質の向上が必要であることから、2012（平成24）年度から「第三者評価」の実施が義務づけられました。

これにより、社会的養護施設は、第三者評価を3年に1回以上受審して結果を公表すること、さらに当該年以外は自己評価を実施することが義務づけられました。

また、受審の義務化にともない、効果的な実施のため、また施設の数が少ないなかで評価機関が評価経験を蓄積して質の高い評価を行えるよう、原則として全国共通の評価基準とし、社会的養護関係施設の第三者評価についての評価機関の認証と評価調査者の研修を、全国推進組織である全国社会福祉協議会で広域的に行うしくみとなりました。なお、都道府県推進組織で独自に評価基準を策定し、認証、研修を行うこともできるようになっています（図表12-2）。

第4章 子どもの権利擁護と社会的養護

図表12-2 社会的養護関係施設についての第三者評価のしくみ

受審	3年に1回以上受審しなければならない。
評価基準	全国共通の第三者評価基準。ただし、都道府県推進組織が独自に策定可能。
評価機関	全国推進組織が認証した評価機関（全国で有効）。 ただし、都道府県組織が認証した評価機関も可能。
認証要件	全国推進組織の認証の場合は、 ①社会福祉事業一般の評価のための都道府県認証を受けた評価機関については、 　・全国推進組織の行う社会的養護評価調査者研修を終了 　・更新時には、3年で10か所以上の実施実績と評価の質が要件 ②未認証の機関については、 　・①＋第三者評価機関認証ガイドラインによる要件 都道府県推進組織の認証の場合は、 　・都道府県推進組織の行う社会的養護評価調査者研修 　・更新時には、一定以上の実績と評価の質が要件
研修	全国推進組織は、社会的養護の施設に係る評価調査者養成研修および評価調査者継続研修を行う。 ただし、都道府県推進組織の認証の場合は都道府県推進組織が研修を行う。
利用者調査	利用者調査を実施する。
結果公表	全国推進組織が、評価機関から報告を受け、評価結果を公表する。 なお、都道府県推進組織でも重ねて公表可能。
自己評価	毎年度、自己評価を行わなければならない。

出典：厚生労働省「社会的養育の推進に向けて」2017年をもとに作成

演 習 課 題

①社会的養護の指針の「権利擁護」の項目を読んでみましょう。

②各地で配付されている『子どもの権利ノート』について調べてみましょう。

③全国社会福祉協議会等が行っている社会的養護関係施設の第三者評価の結果をホームページで調べてみましょう。

参考文献⋯⋯⋯⋯⋯⋯⋯⋯⋯⋯⋯⋯⋯⋯⋯⋯⋯⋯⋯⋯⋯⋯⋯⋯⋯⋯⋯⋯

レッスン10

厚生労働省新たな社会的養育の在り方に関する検討会 「新しい社会的養育ビジョン」2017年

厚生労働省社会保障審議会児童部会社会的養護専門分科会 「社会的養護の課題と将来像」 2011年

子どもの村福岡 『国連子どもの代替養育に関するガイドライン――SOS子どもの村と福岡の取り組み』 福村出版 2011年

平野裕二 「『子どもの代替的養護に関する国連指針』採択までの経緯と日本の課題」『子どもの虐待とネグレクト』14（3） 2012年

レッスン11

恩寵園の子どもたちを支える会編著 『養護施設の児童虐待』 明石書店 2001年
森田喜治 『児童養護施設と被虐待児——施設内心理療法家からの提言』 創元社
　2006年

レッスン12

大阪府 「第二次大阪府社会的養護体制整備計画」 2015年
厚生労働省子ども家庭局児童福祉課 「社会的養育の推進に向けて」 2017年

おすすめの1冊

津崎哲雄監修・著訳 『養護児童の声——社会的養護とエンパワメント』 福村出版
2010年

　子どもの権利擁護について考えるとき、子ども自身の声をしっかりと聞くことはと
ても重要なことである。本書では、イギリスにおいて40年ほど前に刊行された『養
護児童による養護問題検討会報告書』にある「養護児童の声」によって、社会的養
護を受ける子どもの生の声を知ることができる。子どもの声をベースに、「児童の
権利に関する条約」「子どもの代替的養護に関するガイドライン」「児童福祉法」や、
社会的養護を受ける子どもを支える枠組みのあり方などを、再度検討していく必要
がある。

コラム

子どもへのまなざし

　電車やバスやスーパーでたまたま出会った赤ちゃん。目が合った瞬間に「にっこり」。そんな赤ちゃんに思わず癒されたり、元気をもらったりすることはありませんか。または、泣き続ける赤ちゃんの声にうんざり、もともと赤ちゃんは苦手だと思っている人もいるでしょう。子ども、とりわけ赤ちゃんを育てるのはとても大変です。しかし、社会を維持していくためには、子育てはなくなりませんし、赤ちゃんもいずれは言葉を発し、子どもから大人へと成長していきます。また、育てる側の大人も子どもとともに成長し、親に育つと考えられます。

　赤ちゃんが大人へ、大人が親に育つのが地域社会と考えると、社会的養護の問題は、これらのサイクルがうまく回らない場面で発生します。とりわけ、子ども虐待の問題については、児童福祉法第25条に規定されているとおり、児童虐待を受けたと思われる児童を発見した場合、すべての国民に通告する義務が定められています。いまでは、児童相談所への通告は短縮ダイヤル「189」（いち早く）でつながり、通告・相談は、匿名で行うこともでき、通告・相談をした人、その内容に関する秘密は守られます。

　千賀（2017）は、専門職が地域支援を行うにあたって、「あたたかい見立て」を提唱しています。あたたかい見立てとは、ケースを俯瞰的にとらえ強みに注目することとしています。その一方で、「つめたい見立て」とは、個人の問題としてレッテルを貼るだけのものとしています。この見立ての考え方は、私たちが地域で子育てをする親子を見守る際にも活用することができるのではないでしょうか。

　赤ちゃんの泣き声を聞いたとき、「うるさいな」と思うのか「元気に育ってね」と思うのか。子どもを見るまなざしのありようが、子育て親子を地域から孤立させることにもなり、地域に育てられていると感じることにもなります。子ども虐待と思ったら、児童虐待通報ダイヤル「189」に通告することを念頭に置きつつ、私たち自身が子どもを「あたたかいまなざし」で見守ることが必要です。あなたの子どもへのまなざしのありようを考えてみてください。

参考文献
千賀則史　『子ども虐待：家族再統合に向けた心理的支援——児童相談所の現場実践からのモデル構築』　明石書店　2017年　197-201頁

第5章

社会的養護の理念と原理

本章では、社会的養護を支える理念や理論、原理・原則について学んでいきます。社会的養護の拠り所となっている理念や理論を学ぶことは、具体的に実践するときに必ず役に立ちます。しっかり理解していきましょう。

レッスン13　社会的養護を支える理念

レッスン14　社会的養護を支える理論

レッスン15　社会的養護を支える原理・原則

レッスン13

社会的養護を支える理念

このレッスンでは、社会的養護を支える理念について学習します。現在の社会的養護実践を支える理念と価値について理解するとともに、そうした理念や価値を具体的に実践するときに必要となる姿勢や知識等についても、あわせて学習しましょう。

1. 社会的養護の基本理念

社会的養護の基本理念や原理については、厚生労働省で作成し、地方自治体等に通知として発出された以下の7つの指針で示されています。

（1）児童養護施設運営指針
（2）乳児院運営指針
（3）情緒障害児短期治療施設（児童心理治療施設）運営指針
（4）児童自立支援施設運営指針
（5）母子生活支援施設運営指針
（6）里親及びファミリーホーム養育指針
（7）自立援助ホーム運営指針

これら7つの指針で示された理念や原則は、対象となる施設等の目的や役割などはさまざまであるにもかかわらず、共通した内容になっています。このことは、里親と施設の違いや、施設種別をこえて、すべての社会的養護における養育・支援は、同じ考え方や理念を共有したうえで実践すべきであることをあらわしています。

ここでは、上記の7つの指針に示されている、社会的養護の理念について紹介していきます。

1 子どもの最善の利益

「子どもの最善の利益（best interest）」は、1994（平成6）年に日本が批准した「**児童の権利に関する条約（子どもの権利条約）**」に掲げられている原則です（図表13-1）。この条約の第3条第1項には「児童に関するすべての措置をとるにあたっては（中略）児童の最善の利益が主

参照
「児童の権利に関する条約（子どもの権利条約）」
→レッスン2、11

図表13-1 子どもの権利に関する宣言にみる「子どもの最善の利益」

児童の権利に関するジュネーヴ宣言	児童の権利に関する宣言（児童権利宣言）
すべての国の男女は、人類が児童に対して最善のものを与うるべき義務を負うことを認め（中略）かつ自己の義務として受託する。	人類は、児童に対し、最善のものを与える義務を負うものであるので、（中略）立法その他の措置によってこれらの権利を守るよう努力することを要請する。

として考慮されるものとする」と規定されており、子どもの福祉においては「子どもの最善の利益」を第一優先に考えるべきとされています。

日本でも「児童福祉法」において、この基本原則を子どもの福祉や権利擁護を図るうえでの基本理念として定めています。

2 すべての子どもを社会全体で育む

「児童福祉法」は、「全て国民は、児童が良好な環境において生まれ、かつ、社会のあらゆる分野において、児童の年齢及び発達の程度に応じて、その意見が尊重され、その最善の利益が優先して考慮され、心身ともに健やかに育成されるよう努めなければならない」（第2条第1項）という国民の努力義務と、「国及び地方公共団体は、児童の保護者とともに、児童を心身ともに健やかに育成する責任を負う」（第2条第3項）という国・地方公共団体の育成責任について規定しています。

また、「子どもの権利条約」では「一時的若しくは恒久的にその家庭環境を奪われた児童又は児童自身の最善の利益にかんがみその家庭環境にとどまることが認められない児童は、国が与える特別の保護及び援助を受ける権利を有する」（第20条第1項）と規定しています。

このように、子どもは権利の主体として「社会的養護を受ける権利」を有しており、国は「すべての子どもを社会全体で育む」ということを社会的養護の基本理念として定めました。

つまり、社会的養護関係者（施設職員や里親など）だけでなく、地域住民を含めて社会全体で、社会的養護を必要とする子どもたちの育ち・生活・発達を保障していくことが求められているのです。

第5章　社会的養護の理念と原理

2. 施設養護の理念としての ノーマライゼーション

1 ノーマライゼーションとは

👤人物
N. E. バンク・ミケルセン
(Bank-Mikkelsen, N. E.)
1919～1990年
デンマークの社会運動家で、社会省の行政官として知的障害者の福祉向上に力を尽くした。

　ノーマライゼーションの理念は、デンマークの**バンク・ミケルセン**[*]によって体系化されたもので、知的障害者施設の改革の必要性を主張するものでした。

　当時、知的障害者は、社会から隔離・隔絶された施設のなかでの閉鎖的な生活を余儀なくされていました。こうした事態を問題視し、障害のある人にも「普通の／あたりまえの（＝ノーマルな）生活」を送る権利があることを主張し、差別の撤廃、大規模な収容施設の解体、社会参加の制限からの解放などを訴えたのがノーマライゼーションの萌芽です。

　今日、日本の児童養護施設においても、このノーマライゼーションの理念の具現化が問われています。子どもたちが生活する施設は地域に開かれているか、施設の生活の内容や条件等が地域の子どもたちの生活と異質であったり質の低いものであったりしないかなど、子どもの権利という視点から、施設生活のあり方をとらえ直そうとするとき、ノーマライゼーションの理念は一つの指標になるといえます。

2 施設養護とノーマライゼーション

①コミュニティ・ケア

✴用語解説
インスティテューション
自由度が制限された大規模な施設のことで、この言葉自体には制度や習慣という意味が含まれる。

　コミュニティ・ケアの考え方は、1957年にイギリスで報告された「精神病者及び精神薄弱者に関する王立委員会勧告」のなかで、それまでの精神障害者の長期入院によるケアへの反省をもとに「**インスティテューション**[*]からコミュニティ・ケアへ」という考え方が提唱されたことが始まりだといわれています。

　具体的には、従来の閉鎖的な大規模収容施設中心のケアから、コミュニティに拠点をおき、家族や地域の人々との人間関係を生かしたケアへと転換することで、ごく普通の人間らしい日常生活を営むことができるようにするというものです。

　この考え方は、ノーマライゼーションを具体化する福祉政策として、援助を必要とする人たちの自由やプライバシーを含む基本的人権の尊重と、社会の成員として差別されることなく援助されることを基本理念に、障害者以外の高齢者や子どもの福祉の分野でも取り入れられ、広く普及していきました。

レッスン13　社会的養護を支える理念

②コミュニティ・ケアの理念と「脱施設化」

　日本でコミュニティ・ケアに関する議論が活発化したのは、1960年代後半以降のことです。当時、全国各地で「コロニー」とよばれる心身障害者のための大規模施設の設立が進められており、障害者を街のなかから農山村地域に隔離・収容するという政策がとられていました。

　こうした政策は、「障害のある人も住み慣れた街で生活する権利がある」というノーマライゼーション理念に基づく批判や、「施設の社会化」「開かれた施設づくり」を求める運動につながっていきました。

　このような状況のなかで、今日の施設養護は、単に施設内における利用者への援助（インケア）にとどまらず、地域社会へ連続的につながる援助体系に位置づけられなければならず、そのためには、地域に根ざした社会福祉施設づくりが求められているといえます。

　秋山は、アメリカにおける児童養護施設の脱施設化の動向について、以下のように要点をまとめています[1]。
・規制の多い生活から少ない生活へ
・大きな施設から小さな施設へ
・大きな生活単位から小さな生活単位へ
・集団生活から個人の生活へ
・地域社会から隔離された生活から地域社会のなかで統合された生活へ
・依存した施設から自立した生活へ

　こうした考え方は、今日の日本における「家庭（的）養護の推進」「施設における養育形態の小規模化や地域分散化」といった流れにつながっています。

③コミュニティ・ケアと施設の多機能・高機能化

　「社会的養護の課題と将来像」では、施設が目指すべき方向性として「施設の多機能化」「高機能化」が示されています。社会的養護を必要とする子どもたちの抱えるニーズが高度化・多様化してきたことを受け、施設内での養育・支援の質をこれまで以上に専門化・高機能化していく必要があります。

　同時に、児童養護施設等が「地域の子育て支援の拠点」となることも求められています。これは、これまで児童養護施設が蓄積してきた被虐待児の養育や保護者支援などのノウハウを地域の子育て支援で発揮すると同時に、地域全体の「子育て力」を向上させる役割を担うことが期待されているものといえます。

　こうした流れは、高齢者福祉施設を中心とした「レジデンシャルケア研究会議」で提唱された「施設の地域化の到達点」とされる「Care by

---

◆ 補足

コロニー
もとの意味は植民地、同類集団の居住地のことだが、第一次世界大戦後は結核回復者へのアフターケアと就労を支援する共同生活施設のことを指すようになった。日本にも結核回復者施設の流れをくむ身体障害者施設が、コロニーという名の社会福祉法人で運営されている例がある。

▶ 出典

[1]　秋山智久「福祉施設をめぐる新しい思想と処遇理念」『社会福祉研究』(29)、1981年、42頁

図表13-2 コミュニティ・ケア×施設ケアの運営趣旨の方向性

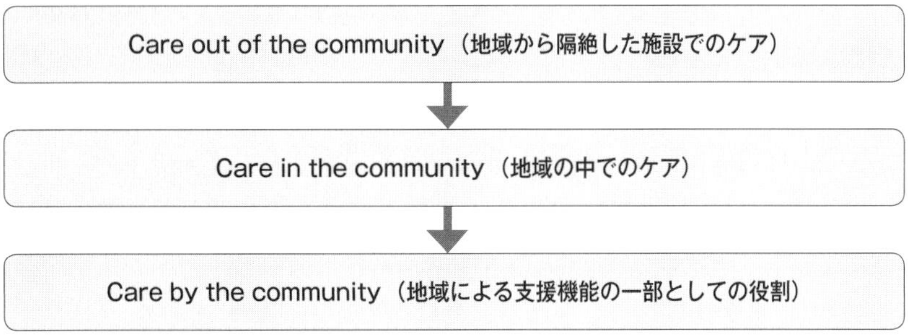

Care out of the community （地域から隔絶した施設でのケア）

↓

Care in the community （地域の中でのケア）

↓

Care by the community （地域による支援機能の一部としての役割）

出典：レジデンシャルケア研究会議編『「住まい」と「介護」の視点から新たなスタンダードが見えてくる——第3回レジデンシャルケア研究会議報告』2004年、33頁をもとに作成

the community（地域による支援機能の一部としての役割）」と理念や方向性を共有したものであるととらえることができます（図表13-2）。

　これからの社会的養護の方向性としては、単に施設生活を家庭的な生活に近づけるだけではなく、地域小規模児童養護施設や小規模グループケアなどを施設敷地外で展開し、里親家庭での養育と同じように「地域のなかで、子どもを育てる（Care in the community）」という実践と同時に、里親支援機能や地域子育て支援機能を発揮して、「地域全体の養護力を高めていく（Care by the community）」ための実践を展開していく必要性があります。

3. 社会的養護の役割と基本的方向

1 養育形態の小規模化と地域支援を含めた高機能化

　厚生労働省の委員会が2011（平成23）年7月に発表した「社会的養護の課題と将来像」によると、「社会的養護の機能」として以下の点が示されています。

〈社会的養護の機能〉
①養育機能
　家庭での適切な養育を受けられない子どもを養育する機能であり、社会的養護を必要とするすべての子どもに保障されるべきもの。
②心理的ケア等の機能
　虐待等のさまざまな背景のもとで、適切な養育が受けられなかったことなどにより生じる発達のゆがみや心の傷（心の成長

レッスン13　社会的養護を支える理念

の阻害と心理的不調等）を癒し、回復させ、適切な発達を図る
機能。

③地域支援等の機能

親子関係の再構築などの家庭環境の調整、地域における子ど
もの養育と保護者への支援、自立支援、施設退所後の相談支援
（アフターケア）などの機能。

2 施設養護中心から家庭養護（里親・養子縁組）中心へ

2017（平成29）年8月には、国の検討会から「**新しい社会的養育ビジョ
ン**」が発表されました。このビジョンには、これまでの施設養護が中心
だった社会的養護から脱却すべく、里親委託率をこれまでの2割未満か
ら75％以上に引き上げること、未就学児の子どもの施設への新規措置
入所の原則停止、といった目標が盛り込まれたほか、地域で子どもと家
庭を支えるしくみを抜本的に強化する方向性が示されました。

つまり、乳児院や児童養護施設をはじめとする入所型の社会的養護施
設において、これまで以上に、入所児童以外の子育て家庭への支援機能
を強化すること、施設入所児童の家庭復帰や里親等への委託に向けて、
より積極的に働きかけていくことなどが、施設機能として求められてい
るといえます。施設で働く保育者も、目の前の子どもの保育・養育だけ
に追われるのではなく、子どもと保護者の関係調整や地域の要保護児童
の家庭への支援、施設を退所したあとの子どもや家族のアフターフォ
ロー等について、これまで以上に意識した関わりをする必要があります。

参照
「新しい社会的養育ビ
ジョン」
→レッスン6

演習課題

①7つの運営指針についてそれぞれグループで分担し、一つひとつ調べ
て、内容の共通点と相違点をまとめてみましょう。

②ノーマライゼーションに関する議論が活発化した当時の日本の社会福
祉施設における支援内容について、児童福祉施設を中心に調べてまと
めてみましょう。

③「社会的養護の課題と将来像」で示されている内容と、社会的養護に
関する理論や理念との関連性について調べてまとめてみましょう。

レッスン14

社会的養護を支える理論

このレッスンでは、社会的養護を支える3つの理論について学習します。現在の施設養護実践のよりどころとなっている理論の内容をしっかり理解するとともに、理論の根拠や背景となっている理念等についてもあわせて学習しましょう。

1. 養護理論検討の契機となったホスピタリズム論争

1950年代に入ると、イギリスで**ジョン・ボウルビィ**[*]がWHO（世界保健機関）からの要請を受けて行った調査研究結果が紹介され、施設で育つ子どもの「ホスピタリズム」が指摘されるようになりました。

ホスピタリズムとは、「施設養護の弊害」を意味する言葉であり、「施設病」と訳されることもあります。その内容は、乳児院や児童養護施設などの入所施設で育つ子どもは、一般家庭で育つ子どもと比べて、さまざまな側面において劣る点が多いという指摘でした。

日本において、ホスピタリズム論争のきっかけとなったのは、当時、東京都立石神井学園（児童養護施設）の施設長だった堀が、論文のなかで、施設の子どもの特徴として「社会性に乏しい」「発達が遅い」「身長が低い割に体重が重い」などと指摘したことでした。また、堀は別の論文で「特に乳児院育ちの児童は忍耐力が弱い、生活意欲が希薄、情緒的には不安定、消極的（後略）」と施設の子どものホスピタリズムを指摘し、その原因として「施設環境による学習不足」をあげ、施設生活を家庭生活に近づけるために、多様な経験・機会を保障する必要性を主張しました[†1]。

また、当時、神奈川県立中里学園（児童養護施設）の施設長だった瓜巣は、幼少期における実親からの愛護の必要性を強調したうえで、施設における集団養護が子どもの発達や人格形成にもたらす弊害を「ホスピタリズム」として指摘しました[†2]。さらに、その解決策として「①里親制度の確立、②施設における小舎制の導入、③寮舎の家庭的環境化」を提唱しました。

それまでの施設では、第二次世界大戦後に急増した浮浪児や戦災孤児の保護・収容に手一杯で、施設内のケアや養育の質について検討される

👤人物

ジョン・ボウルビィ
(Bowlby, John)
1907～1990年
イギリスの小児精神科医。施設の子どもに関する調査研究の結果、乳幼児が家庭から離されて養育されると、成長後も回復不可能な発達の遅れや性格のゆがみなどが生じると発表。これは「ホスピタリズム（施設病）」といわれた。また、ホスピタリズムの原因は母性的養育の剥奪（マターナル・デプリベーション）であるとし、乳幼児期からの一貫した母性的養育の必要性を主張した。

▶出典

†1　堀文次「養護理論確立への試み――ホスピタリスムスの解明と対策」『社会事業』33（6）、1950年、16-18頁、および堀文次「施設児童の人格形成について」『社会事業』（36）10、1953年、54-55頁

†2　瓜巣憲三「ホスピタリズムの発生とその対策について」『社会事業』（37）7、1954年、7頁

レッスン14　社会的養護を支える理論

機会はほとんどありませんでした。しかし、こうしたホスピタリズム論争を契機に、それまでの施設のあり方が見直されていきました。ホスピタリズムを根拠とする「施設必要悪論」に対抗・反論する形で、1960年代以降、養護理論確立への動きが日本でも活発化していきました。

2. 集団主義養護理論

1 集団主義養護理論の成り立ち

　集団主義養護理論とは、集団養護の形態を消極的・否定的にとらえるのではなく、「集団のなかにこそ人格形成の可能性がある」という考え方のもと、施設が集団生活であることの意義を積極的に評価する内容の養護理論です。

　集団主義養護理論を提唱した積は、1968（昭和43）年の全国養護施設長研究協議会において「養護理論を積極化し、施設を集団主義的生活の場にせよ」と主張しました。この主張の背景には、ホスピタリズム論争における施設批判や、大舎制から小舎制（家族舎制）への転換の必要性を主張する意見などに対する抗議があったといえます。

2 集団主義養護理論の内容と方法

　積は、集団主義養護の基本姿勢として、以下の5点をあげています[3]。
①施設の主人公は子どもたちであり、施設生活を子どもの主体性によって推進させることが重要であり、職員はその支援や指導をすること。
②子どもにレッテルを貼らず、どんな子どもも生存権、学習権、福祉権をもっていることを確認すること。
③人権侵害状況や人間疎外を受けて入所してくる子どもに対して、施設はその人権を守り抜く姿勢をもち、言動による暴力は振るわない覚悟と姿勢をもつこと。
④その子にはその子の人生があり、みんなが幸せに暮らせる、よりよい社会をつくりだす役割があることを伝えていくこと。
⑤どんな子どもにも教育の可能性があること。

　さらに人間教育の方針として、「自主性」「創造性」「批判性」を培うことの重要性を説いています。この3つの力を子どもたちのなかに育むために、集団主義養護理論のなかでは、子どもたちが集団の中で自己主張したり、みんなで話し合ってルールを決めたり、そのルールを守って生活したりするといった経験を提供することを大切にしています。

▶**出典**
[3]　積惟勝『集団養護と子どもたち——福祉と教育の統一のために』ミネルヴァ書房、1971年

99

第5章　社会的養護の理念と原理

これは、いわゆる民主主義のルールを集団生活の場である施設生活のなかで自然な形で習得していくことによって、子どもたちは、集団や社会のなかで必要とされる「協調性」を身につけたり、主体的な人格を形成したりすることができるという考え方に基づいた養護実践の理論です。さらに、こうした民主的な集団づくりの経験は、施設内だけで役に立つのではなく、学校や地域社会に出たときにも役に立つとされました。

3　現在の児童養護と集団主義養護理論との関係性

一方で、集団主義養護理論の主張は、「集団の優位性」を強調しすぎたため、「個人の個性を埋没させるのではないか」「援助（養護）の"個別化の原則"と矛盾するのではないか」といった批判を受けました。

しかし、集団主義養護理論は、決して「子どもの個別性」をないがしろにする内容ではありませんでした。「ひとりはみんなのために、みんなはひとりのために」という言葉があるように、集団のもつよさと、子ども一人ひとりを大切にすることは矛盾しないという考え方のもとで、集団生活の強みを子どもの育ちに反映させようとした理論であったといえます。

2011（平成23）年以降、日本の施設養護は急速に家庭的養護の推進や小規模化が進められてきていますが、それまで施設養護の形態の主流は大舎制による養護でした。集団主義養護理論は、これまでの大舎制による養護実践のよりどころとなる理論として、多くの施設に大きな影響を与え続けてきたといえます。

3．積極的養護理論

1　積極的養護理論の成り立ち

積極的養護理論は、石井によって提起され体系化された理論です。積極的養護理論と集団主義養護理論は、どちらも「施設養護を実践するにあたっては、集団性を含めて、施設のもつ特質を積極的に生かすことが重要である」と考えた点が共通しています。しかし、積極的養護理論では、施設における「治療的な取り組み」の重要性がより強調された点において、集団主義養護理論とは異なる独自性をもつ理論であるといえます[4]。

石井は当初「積極的養護技術論」を提起し、「技術論」という表現に強くこだわっていました。そのこだわりの背景には、当時の児童養護を含めた社会福祉全体の議論や研究の中心が、制度政策のあり方に関する

▶出典

†4　石井哲夫「積極的養護技術論」『社会事業』（42）7、1959年、31-37頁

マクロレベルの内容に偏っていて、ミクロレベルの実践である「養護／援助技術」に関する議論が軽視されていたことへの反発がありました。

2 積極的養護理論の内容と方法

積極的養護理論では、「施設と家庭は異質なものである」ということを前提に、それぞれの特性を生かした評価をしながら、施設と家庭が同じ「子育ての場」として提携していくという「相互補完性」が強調されました。

また、積極的養護理論は実践の柱として「治療的な取り組み」が強調されました。そのポイントとして、以下の3点があげられます。

①情緒的な問題を抱えて施設に入所する子どもには、治療的養育を提供する必要性がある。

②施設養護のなかで治療的機能を発揮するには、集団生活の利点を最大限に生かす必要がある。

③施設養護が治療機能を発揮するには、訓練された専門性の高い施設職員が必要である。

ホスピタリズム論争のなかで提起された「施設生活を家庭的なものにすることによって、ホスピタリズムはなくなる」という主張に対して、積極的養護理論は「ただ家庭を模倣するだけでは不十分であり、これは施設としての役割や機能を放棄することである」と批判的な姿勢をみせました。

ただし、積極的養護理論では「健全な家庭における子育てのありようを施設実践に取り入れること」は重要であるとも主張されました。家庭における両親の役割機能や親子の関係性を「科学的に」明らかにして、施設内での「職員―子ども関係」に取り入れるべきであるというのが、積極的養護理論の考え方です。この「科学的に」という点が、この理論の大きな特徴であり、こだわりだったといえます。

3 現在の児童養護と積極的養護理論の関係性

積極的養護理論は、当時の地域社会や家庭における養育機能の脆弱化を背景として、家庭から分離されて施設に来た子どもに対して、いかに「治療的養育機能」を発揮するかを追求しようとした理論でした。この「治療的」である点に、一般家庭とは異なる「施設の固有性、専門性」を見出そうとしたのです。

今日、児童養護施設に情緒障害や発達障害などのある子どもの入所が増えるなど、「施設間のボーダーレス化」が指摘されています。また施

第5章　社会的養護の理念と原理

設入所児童に占める被虐待児の割合も増加傾向にあります。治療的な関わりを必要とする子どもの施設入所が増加している今日の児童養護にとっても、積極的養護理論の理念や考え方は重要な示唆を与えるものであると評価できます。

4.　家庭的養護理論

1　家庭的養護理論の成り立ち

家庭的養護理論とは、施設における支援や生活内容を「家庭的」なものに近づけることの重要性を強調するものです。その背景には、ホスピタリズム論争において「施設養護の中心である集団的処遇の弊害がホスピタリズムを助長している」という説に、当時の多くの児童養護施設長が共感し、「養護施設の家庭化」の必要性を認識したという経緯があります。

2　家庭的養護理論の内容と方法

「施設を家庭に近づけるにはどうしたらよいか」が家庭的養護理論の大きな問いであり課題でした。その答えとして、大きく以下の点が「家庭的養護の実践に不可欠である」とされました。
①施設形態の小規模化：小舎制の導入
②手厚い職員配置の工夫：担当制の導入
③子ども集団の構成：男女混合・年齢縦割りの奨励

その他、前出の堀文次はホスピタリズムの解決に必要なこととして、施設外通学制の実施、個別処遇の徹底、施設の制服の廃止、共同炊事の廃止、食事の質的向上を提案しました。こうした提案の背景には、施設生活の「施設らしさ」を払拭し、いかに家庭での生活に近づけるかというノーマライゼーションの理念があるといえます。

こうした堀の提案に対して、瓜巣（前出）は、養護形態だけではなく、そこで子どもを育てる職員の質や専門性についてもっと検討すべきだと主張しました。具体的には「指導員（男性職員）は父人格としての働きとケースワークを、保母（女性職員）は母人格としての働きを」と性別役割分業による養護実践を行うべきだと主張しました。

さらに、当時、社会事業研究所長であった谷川は、1人の保育者が担当する子どもの数を少なくして担当制を徹底することとあわせて、里親制度や小舎制養護を行政が推進する必要性を主張しました[5]。つまり、

▶出典
†5　谷川貞夫「ホスピタリスムスの研究——その究明過程における諸契機について」『社会事業』(36)10、1953年

家庭的養護の提供については、各施設における創意工夫の問題としてのみとらえるのではなく、家庭的養護の提供が国の責任として行われるべきであると主張したのでした。

3 現在の児童養護と家庭的養護理論の関係性

家庭的養護理論は、社会的養護を必要とする子どもたちに、生まれた家庭に代わる「家庭的な養護」を提供することによって、子どもの育ちを保障しようとする考え方です。

当時のホスピタリズム論争を受けて、1956（昭和31）年の「養護施設運営要領」では、家庭的環境を子どもに提供することが第一義的に位置づけられ、施設養護の小舎制化が奨励されました。しかし、その裏づけとなる施設最低基準等は改正されなかったため、家庭的養護が推進されるための法的条件は不十分でした。

それにもかかわらず、家庭的養護理論を重視する施設では、個別に小舎制化が進められました。1960年代には神戸・大阪における**家庭養護寮***でのファミリーグループホームが実施され、1980年代以降には、東京都や横浜市、川崎市等が自治体として独自にグループホームを制度化していきました。

今日の児童養護の動向としても「小規模化」「地域化」など、「脱施設化」を重視した施策が展開されています。具体的には、2000（平成12）年度からの「地域小規模児童養護施設」制度化、2004（平成16）年度からの「小規模グループケア」の事業化などがあげられます。

さらに、厚生労働省の委員会が2011（平成23）年に発表した「社会的養護の課題と将来像」で提唱され、現在推進されている「施設の小規模化・地域化」の方向性には、1950年代のホスピタリズム論争と、そこから成立したこの「家庭的養護理論」が大きな影響を与えているといえます。

✳ 用語解説

家庭養護寮
「3〜5人程度の児童を専門的養育技術をもった一般家庭に委託し、親密な継続的人間関係のなかで児童の健全な発達を支援する」という目的のもと、「里親養育と施設養護の中間的機能」をもつ施設として1960（昭和35）年に神戸市で初めて制度化された施設である。翌1961（昭和36）年には大阪市でもこの「家庭養護寮制度」が始まった。

第5章　社会的養護の理念と原理

演 習 課 題

①このレッスンで紹介した3つの理論（集団主義養護理論、積極的養護理論、家庭的養護理論）の違いと共通点について調べてまとめてみましょう。

②ホスピタリズムの原因として考えられる点を踏まえたうえで、「ホスピタリズムを克服できる理想の施設／社会的養護のあり方」について話し合ってみましょう。

③「家庭的」とは、具体的にどういうことなのでしょうか。「家庭とは何か」という問いも踏まえて、考えてみましょう。

レッスン**15**

社会的養護を支える原理・原則

このレッスンでは、社会的養護を支える原理・原則について学習します。現在の社会的養護実践を支える原理・原則について理解するとともに、そうした原理・原則を具体的に実践するときに必要となる姿勢や知識等についてもあわせて学習しましょう。

1. 運営指針と第三者評価

2012（平成24）年3月、厚生労働省は通知「社会的養護施設運営指針及び里親及びファミリーホーム養育指針について」（以下、運営指針）を地方自治体等に発出しました。この指針が出されるまで、社会的養護における養育内容については、それぞれの施設や法人、里親などの主体性に任されていました。そのため、同じ種別の施設であっても、養護内容が異なるケースがあり、施設間格差や自治体間格差などが問題になることもありました。

また、これまでの社会的養護等に関する文書では、「施設養護の原理」「施設養護の理念」といった形で原理・原則や理念について整理されたものが多くありました。しかし、今回の運営指針では、施設だけでなく、里親養育も含めた「社会的養護の原理」として整理されたことが大きな意味をもつといえます。

この通知によって、すべての施設および里親などの社会的養護の現場においては、運営指針にのっとった養育を行うこととされ、社会的養護の標準化が図られたといえます。また、運営指針にのっとって適切な養護が実践されているかどうかを客観的に評価するための「**第三者評価**」を受けることが、すべての施設に義務づけられました。

参照
第三者評価
→レッスン12

2. 運営指針で定める「社会的養護の原理」

運営指針では、以下の6つを「社会的養護の原理」として明記しています。ここでは、その運営指針に沿って、個々の原理について紹介していきます。

第5章　社会的養護の理念と原理

1 家庭的養護と個別化

すべての子どもは、適切な養育環境のもとで、安心して自分をゆだねることのできる養育者によって養育されるべき存在です。そのためには、子ども一人ひとりの個別的な状況やニーズなどが十分に考慮される必要があります。

一人ひとりの子どもの育ちが守られ、将来への希望がもてるような生活を保障する必要があります。また、そのような生活のなかで、子どもが「自分は愛されている。大切にされている」と感じることができるような関わりが求められます。

社会的養護を必要とする子どもたちに「当たり前の生活」を保障していくことが重要で、その生活が「家庭的」とよべるものであることが大切です。つまり、社会的養護を地域から切り離して行ったり、子どもの生活の場を大規模な施設養護にしたりするのではなく、できるだけ家庭あるいは家庭的な環境で養育する「家庭的養護」と、個々の子どもの育みをていねいにきめ細かく進めていく「個別化」が必要です。

参照
「当たり前の生活」
→第2章コラム

ミニコラム：「当たり前の生活」とは？

「当たり前の生活」とは、具体的にどのような生活を意味するのでしょうか。施設や里親家庭で生活する子どもたちに、どのような生活を保障していく必要があるのでしょうか。たとえば、

・毎朝起きて、昼間に活動し、夜は眠って体を休めること
・朝、昼、夜と毎食ご飯をおいしく食べられること
・毎日お風呂に入って、さっぱりした身体を保てること

こうした生活習慣のほか、家庭で「当たり前」に存在するものとして「安心・安全な感覚」があげられます。子どもにとって、施設・里親家庭が「安心・安全な基地」であること、施設や里親家庭での人間関係が安心・安全であることが「当たり前の生活」であり「家庭的養護の基盤」といえるのではないでしょうか。

---

2 発達の保障と自立支援

子ども期は、すべての時期において、それぞれの年齢に応じた発達課題をもち、その後の成人期の人生に向けた準備をする期間でもあります。社会的養護は、未来の人生をつくりだす基礎となるよう、子ども期の健

全な心身の発達保障を目指して行われる必要があります。

特に、人生の基礎となる乳幼児期では、愛着関係や基本的な信頼関係の形成が重要になります。子どもは、愛着関係や基本的な信頼関係を基盤にして、自分や他者の存在を受け入れていくことができるようになります。自立に向けた「生きる力」の獲得も、健やかな身体的、精神的および社会的発達も、こうした基礎があって初めて可能になります。

子どもの自立や自己実現を目指して、子どもの主体的な活動を大切にするとともに、さまざまな生活体験などを通して、自立した社会生活に必要な基礎的な力を形成していくことが必要です。

3 回復を目指した支援

社会的養護を必要とする子どもには、その子どもに応じた成長や発達を支えるための支援だけではなく、被虐待体験や家族・地域などとの分離体験等による悪影響からの癒しや、回復を目指した専門的ケアや心理的ケアといった治療的な支援も必要になります。

近年増加している被虐待体験をもつ子どもや、不適切な養育環境で過ごしてきた子どもたちは、虐待によって傷つけられた体験だけでなく、施設入所にともなって、家族や親族、友だち、近隣の人、保育士や教師など慣れ親しんだ人たちや地域との分離経験によって、心の傷や生きづらさを抱えていたりもします。さらに、情緒や行動上の課題や、自己認知・対人認知における課題を抱えていることも少なくありません。

このように、さまざまな形で傷ついた子どもたちが、安心感をもてる場所で、大切にされる体験を積み重ね、信頼関係や自己肯定感（自尊心）を取り戻していけるように支援することが必要です。

インシデント① 子どもにとっての分離体験
アオイさん（小学校 6 年生）の話より

「お父さんがお母さんのことを毎日なぐったりするから、我慢できなくなったお母さんが出ていっちゃった。（中略）その後、しばらくしたら新しいお母さんが来たけど、すごく厳しくて怖かった。ご飯もつくってもらえなくて、叩かれたりして怖いから学校の先生に相談した。（中略）ある日、児童相談所の人が学校に来て「お父さんとお母さんに、叩かないようにしてもらえるよう話をしよう」っていわれて、学校から一時保護所に行った。少ししたら家に帰れるって思ってたのに、1 回も帰れず、そのまままた違う施設に行くことになってびっくりした。前の学校のお友だちに何もいわず

第5章　社会的養護の理念と原理

に施設に来たから、みんな私のこと、突然いなくなってどうしたんだろうって思ってると思う。お父さんもお母さんも、施設には会いにきてくれないので、私のことをどう思っているのか、気になるけど（中略）あのとき、学校の先生に相談なんかしなかったらよかった。そうしたら施設に来ることなんてなくて、あのまま家にいられたかもしれないのに。私の我慢が足りなかったのかなとも思う…」

4　家族との連携・協働

　社会的養護を必要とする子どもたちのなかには、保護者の不在、養育困難、不適切な養育や虐待などによって「安心して自分をゆだねられる保護者」がいない子どもがいます。また、子どもを適切に養育することができず、悩みを抱えている保護者もいます。さらに、配偶者などによる暴力（ドメステック・バイオレンス：DV）によって「適切な養育環境」を保てず、困難な状況におかれている親子もいます。

　社会的養護は、こうした子どもや保護者の問題状況の解決や改善、緩和を目指して、保護者と一緒に、保護者を支えながら、あるいは保護者に代わって、子どもの発達や養育を保障していく包括的な取り組みです。

5　継続的支援と連携アプローチ

　社会的養護は、その始まりからアフターケアまでの継続した支援と、できる限り特定の者による一貫性のある養育が望まれます。子どもにとってのパーマネンシーの保障です。

　それには、児童相談所などの行政機関、各種の施設、里親などのさまざまな社会的養護の担い手が、それぞれの専門性を発揮しながら、連携し合って、一人ひとりの子どもの社会的自立や親子関係の再構築を目指していくような社会的養護の連携アプローチが求められます。

　社会的養護の担い手は、同時に複数の施設・機関で連携して支援に取り組んだり、支援を引き継いだり、あるいはもとの支援主体があとあとまで関わりをもつなど、それぞれの機能を有効に補い合いながら、子どもへの支援を展開していく必要があります。重層的な連携を強化することによって、支援の一貫性・継続性・連続性というトータルなプロセスを確保していくことが必要です（図表15-1）。

　社会的養護における「養育」は、「人との関わりを基盤にした営み」です。子どもが歩んできた過去と現在、そして将来をよりよくつなぐために、一人ひとりの子どもに用意される社会的養護の過程は「つながりのある道筋」として、子ども自身にも理解されるよう働きかけなければ

✦補足

パーマネンシー
もともとは永続性という意味で、児童福祉分野では、施設でも里親でもない永続的で一貫した養育を受けられることを指す。
→レッスン6

なりません。

6 ライフサイクルを見通した支援

　社会的養護においては、子どもたちが社会に出てからの生活を見通した支援をインケア（施設入所中のケア）の段階から行う必要性があります。また、施設入所の措置や里親委託が解除されたあとも、社会的養護の担い手が長く関わりをもち続け、子どもたちが帰属意識をもつことができるよう支援をすることが重要です。

　社会的養護には、育てられる側であった子どもが親となり、今度は子どもを育てる側になっていくという、世代をつないで繰り返されていく「子育てのサイクルへの支援」も求められています。こうしたサイクルを意識しながら、虐待や貧困の世代間連鎖を断ち切ることができるような支援を行うことが大切です。

図表 15-1 社会的養護における継続的支援

アドミッションケア
（入所前／入所時／
入所直後のケア）
・入所理由の説明
・見捨てられ不安へ
　のケア
　　　　　　　　等

インケア
（施設入所中のケア）
・適切な衣食住
・基本的生活習慣の
　習得
・子どもの個別ニー
　ズに応じた関わり
・被虐待体験等から
　の回復に向けた支
　援
・養育者との愛着関
　係構築
・親子関係調整
・学習支援や進路支
　援
　　　　　　　　等

リービングケア
（退所前のケア）
・自立に必要な知識、
　情報、スキルの習
　得
・退所後も相談に来
　られる関係づくり
・見捨てられ不安へ
　のケア
　　　　　　　　等

アフターケア（施設退所後の支援）
・孤立・孤独感へのケア
・自立生活を支える支援
・家族、仕事、友人関係などあらゆる相談支援
　　　　　　　　　　　　　　　　　　　　　等

第5章　社会的養護の理念と原理

インシデント②　私と母親

ミカさん（20歳：施設出身者）の話より

「小学校2年生から高校3年生まで施設で育ちました。高校卒業して就職後、結婚して娘が生まれました。今はなんとか優しい夫に支えてもらって、子育てしているけど、いつか自分もこの子の面倒を見なくなるんじゃないか、虐待するんじゃないかっていう不安はあります。テレビか何かで、虐待された子は虐待する親になるって何回も聞いたことがあるんで…。私も顔は母親によく似てるし、性格も似ているところがあると自分でも思うので…。そんなことないよって、施設の先生とか夫は言ってくれるんですけど、自分では不安です」

3.　社会的養護の原理と子どもの自立支援

「児童福祉法」において、「子どもの自立支援」があらゆる社会的養護の施設・里親家庭の目的として定められています。厚生労働省が定めた6つの「社会的養護の原理」にのっとって、「子どもの自立支援」を図るには、どのような実践が必要になるのでしょうか。

これらの原理を形骸化させないためのポイントとして、以下の3点があげられます。

①子どもの主体性や自己決定を尊重するような取り組みの実践

②子どもへの説明責任と「子どもの知る権利」を保障する実践

③子どもの苦情や要望の申し立てシステムの確立（意見表明権の保障）

養育形態の大きい／小さいにかかわらず、子どもの意見が生活そのものに反映されるような取り組みを意図的に実践する必要があります。社会的養護が、子どもにとって単に「与えられた生活」にとどまることがないよう、子どもの主体性を育むような実践が求められます。こうした実践の積み重ねが「子どもの生きる力」を育み、自立できる力につながっていきます。

また、施設入所理由や家族の状況などを含めた、子どもの生い立ちの整理を助ける取り組み（**ライフストーリーワーク***など）も、子どものアイデンティティの確立や自立支援のために必要になります。こうした実践は、施設や里親だけでは行うことができないため、児童相談所との連携が不可欠です。

✴ 用語解説

ライフストーリーワーク
子どもたちの生い立ちに耳を傾け、子ども自身が自分の物語（ライフストーリー）を肯定的につむいでいけるように寄り添うこと。

演習課題

①自分が実習に行く施設など、どこかの施設を選び、6つの「社会的養護の原理」がどのように実践されているのか、職員に話を聞いたりして、まとめてみましょう。

②「施設らしさ」と「家庭らしさ」の内容について、グループで話し合って意見をまとめてみましょう。

③日本以外の国の「社会的養護の原理・原則」には、どのような内容がうたわれているでしょうか。調べてみましょう。

参考文献……………………………………………………………………………

レッスン14
伊藤嘉余子　『児童養護施設におけるレジデンシャルワーク』　明石書店　2007年
北川清一編著　『児童福祉施設と実践方法』　中央法規出版　2005年

レッスン15
相澤仁・林浩康編　『社会的養護』　中央法規出版　2015年
北川清一　『児童養護施設のソーシャルワークと家族支援』　明石書店　2010年

おすすめの1冊

北川清一編著　『児童福祉施設と実践方法──養護原理とソーシャルワーク』　中央法規出版　2005年

　施設養護の概念や構造の変遷、児童養護を支える理論や理念などについて、わかりやすく体系的にまとめられた一冊である。また、子どもの権利擁護の視点から児童養護をどうとらえるべきかについても重要なヒントを与えてくれる。本書が著された2005年から10年以上が経過した今日、解決された問題と未解決の課題、新たに浮上した問題について考えさせられる。

コラム

里親家庭や養子縁組家庭での「真実告知」と絵本

　里親家庭や養子縁組家庭で、子どもに「生みの親が別にいること」を伝えることを「真実告知」といいます。真実告知では、ただ 1 回事実を子どもに伝えるのではなく、日常生活のなかで、「里親／養親から産まれたのではないこと。産んでくれた親には色々な事情があって（今は）あなたを育てることができないこと。あなたは里親／養親にとって大事な存在であり、あなたを育てたい、一緒に生活したいと心から望んでいること」などを繰り返し、言葉と行動と態度で示し伝えていくことが大切になります。ここでは真実告知に関する絵本を紹介します。

○『どうして私は養子になったの？』

　キャロル・リヴィングストン／庄司順一訳、明石書店、2013 年

　養子に養親が「自分たちは血のつながりがない親子であること」を伝えるお話。養子が感じるであろう疑問や不安への答えがわかりやすく述べられています。

○『ねえねえ、もういちどききたいな　わたしがうまれたよる』

　ジェイミー・リー カーティス／坂上香訳、偕成社、1998 年

　主人公の女の子は、自分が生まれた夜のことを聞くのが大好きで、何度も何度も両親にせがみます。でも実は、彼女は両親と血がつながっていません。両親は、生みの親は別にいること、どのようにしてこの家にやってきたかなどについて正直に彼女に話します。

○『ほんとうにかぞく』

　のぐちふみこ作、明石書店、2005 年

　お父さんが突然こんなことを言いました。「あさみちゃんにはもう一つの苗字があったんやで…」血のつながらない他人が、家族として向き合い、長い年月をかけて本当に家族になっていく様子を描いた本です。

○『ふうこちゃんのたんじょうび』

　はるのみえこ作、くろしお出版、2004 年

　母親からほんとうの親ではないと告げられたあと、ふうこは「赤ちゃんがうまれるところごっこ」や「初めて会った時ごっこ」などの創造的な遊びを繰り返します。やがて、ふうこは夢のなかで生んでくれたお母さんに会い、めざめとともにこの家の子になっていきます。

第6章

施設養護の実践と方法

本章では、施設養護についてくわしく学んでいきます。乳児院や児童養護施設など社会的養護の施設は、どのような子どもたちを対象とし、どんな職員がいるのでしょうか。それぞれの制度的位置づけや実際について理解していきましょう。

レッスン16　乳児院

レッスン17　児童養護施設

レッスン18　児童心理治療施設

レッスン19　児童自立支援施設

レッスン20　母子生活支援施設

レッスン21　自立援助ホーム

レッスン**16**

乳児院

このレッスンでは、乳児院について学びます。乳児院が対象とする年齢の子どもたちは、信頼できる大人との愛着関係の形成が大切な時期となっています。また、国が「新しい社会的養育ビジョン」において、家庭養護の推進を掲げるなかで、乳児院には新たに拠点的な役割も期待されています。人としての発達の基盤をつくるこの時期を支える乳児院の現状と課題について学んでいきましょう。

◆ 補足

乳児院の定義の根拠法
「児童福祉法」第48条の3である。

◆ 補足

乳幼児期
「児童福祉法」では児童の定義がされており、乳児を満1歳に満たない者、幼児を満1歳から小学校就学の始期に達するまでの者としている（「児童福祉法」第4条）。そのため、子ども家庭福祉分野において乳幼児期といったとき、小学校就学前までの子どもを指すことが多い。

1. 乳児院の位置づけ

　乳児院は、「児童福祉法」で規定される乳児（保健上、安定した生活環境の確保その他の理由のある場合には、幼児を含む）を施設で養育すること、施設利用後のアフターケアを行うことを目的とした施設です。また、地域の子育て支援の役割を担うことも求められています。

　人の成長発達において、**乳幼児期**は心身の発育・発達が著しい時期であると同時に一人で生きていくこと、生活をすることができない時期でもあります。この時期の子どもたちには、大人から守られていること、大切にされていること、安心して生活できることが、家庭であっても施設であっても、いずれで育つ子どもにとっても必要なことです。また、この時期は人の生涯にわたる人間形成の基礎を培う時期ともいえます。保護を要する乳幼児期の子どもに安心・安全で安定した養育環境を提供し、その子の人生の基礎をつくる場として機能するのが乳児院です。

　また、乳児院がその専門機能を活用した地域子育て支援の担い手となることも必要です。具体的には、施設を利用した子どもやその親に対して、市町村や児童相談所、児童家庭支援センター、教育機関、医療機関等との連携をとりながら、親子が一緒に暮らすことができるような支援を行うこととされています。この親子のなかには、乳児院から措置変更により里親委託となった子どもやその里親家庭も含まれており、子どもが家庭や地域社会で暮らすことを支える役割も示されています。

2. 施設の現状

1 施設の状況

　乳児院は全国で138か所、施設で暮らす子どもたちは2,801人となっています（厚生労働省「社会的養護の現状について［平成29年12月］」2017年）。乳児院では今、児童養護施設と同様、**小規模グループケア***が推進されています。実施する施設の増加に加え、国の設置基準の変更により、1施設で設置できる小規模グループケア数の指定が緩和されたことから、1施設で複数の小規模グループケアを実施するところが増えています（図表16-1）。

　乳児院に配置される職員は、**医師**または嘱託医、**看護師**、個別対応職員、家庭支援専門相談員、栄養士および**調理員**となっています。このように乳児院に配置される職員として保育士や児童指導員は示されていませんが、「児童福祉施設の設備及び運営に関する基準」では、看護師の配置を一部、保育士や児童指導員に代えることができるという位置づけになっています。乳児院の子どもたちの発達段階を踏まえると、保育士だけでなく、看護や保健の知識のある看護師の存在は大きく、ほかの社会的養護施設より手厚く配置がなされています。

　国による家庭養護の推進のなかで、乳児院から家庭復帰、里親・養子縁組の推進が進められています。乳児院から里親委託された里親家庭への支援も乳児院に求められる役割となっています。具体的には家庭支援専門相談員と**里親支援専門相談員***の配置が進められています。里親支援専門相談員は、乳児院に配属される職員ではありますが、里親と施設の間をつなぐ役割が求められていることから、直接処遇の勤務ローテー

✴ 用語解説

小規模グループケア
社会的養護施設において、施設内でのケア（養育）を小規模な単位（子ども4～8人、施設種別による）で行う養育体制を指す。家庭的養護推進の一環として取り組まれている。

◈ 補足

医師の配置基準
医師は小児科の診療に相当の経験を有することとされている。

看護師の配置基準
看護師の配置は、子ども10人以上で2人以上、10人を超える場合はおおむね10人増すごとに1人以上の増員となる。それ以外は保育士・児童指導員への代替が可能。

調理員の配置基準
調理員は調理業務のすべてを外部委託する場合、配置不要。

図表16-1 乳児院での小規模グループケア実施状況

	平成22年度		平成23年度		平成24年度		平成25年度		平成26年度		平成27年度		平成28年度	
	施設数	実施数	施設数	実施数	施設数	実施数	施設数	実施数	施設数	実施数	施設数	実施数	施設数	実施数
1か所実施	40	40	37	37	35	35	33	33	30	30	26	26	24	24
2か所実施	9	18	17	34	21	42	23	46	26	52	35	70	34	68
3か所実施	0	0	1	3	2	6	4	12	5	15	8	24	12	36
4か所実施	–	–	0	0	1	4	0	0	1	4	1	4	2	8
5か所実施	–	–	0	0	1	5	1	5	4	20	5	25	4	20
6か所実施	–	–	0	0	0	0	3	18	2	12	2	12	2	12
合　計	49	58	55	74	60	92	63	114	68	133	77	161	78	168

注：平成22年度は3か所、平成23年度からは6か所まで指定が可能。
出典：厚生労働省「社会的養護の現状について（参考資料）（平成29年12月）」2017年をもとに作成

> **用語解説**
> **里親支援専門相談員**
> 児童相談所の里親担当職員、里親委託等推進員、里親会等と連携して、里親委託の推進、アフターケアとしての里親支援、地域支援としての里親支援を行い、里親委託の推進および里親支援の充実を図ることを役割として配置される。

ションに入らない、専従者として配置されることとなっています。

2　子どもの状況

乳児院に入所する子どもの平均年齢は1.2歳となっていますが、2歳以上の子どもたちが全体の36.6%となっています。（厚生労働省「児童養護施設入所児童等調査結果［2013（平成25）年2月1日現在］」。以下のデータも同出典）。もともと、乳児院は2歳未満の子どもを対象としていましたが、2004（平成16）年の「児童福祉法」改正により、「保健上、安定した生活環境の確保その他の理由により特に必要のある場合」には就学前までの利用が可能となりました。その結果、3歳以上の子どもたちの割合が増えています（図表16-2）。

入所期間は1年未満が52.4%となっており、約半数の子どもたちは、比較的短期間で施設から退所しています。

子どもの心身の状況をみると、何らかの障害等を抱えている子どもが全体の28.2%となっています。障害や疾病が入所時に明らかになっていることもありますが、成長発達が進むにつれて明らかになってくる障害などもあります。特に発達上の障害のある子どもについては、「育てにくさ」という養育上の課題を抱えることになり、個別的で手厚いケアが必要となっています。

3　家庭の状況

入所に至った理由は、「父または母の精神疾患による養育困難」（22.2%）、「父または母の養育放任、怠惰」（11.1%）が上位を占めています。また「両親の未婚」（6.2%）や「次子出産」（0.6%）といった、乳幼児を対象とした施設ならではの理由もあります。

図表16-2　乳児院に入所している子どもの年齢

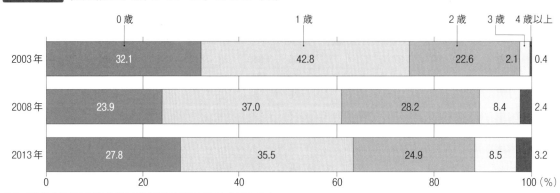

出典：厚生労働省「児童養護施設入所児童等調査結果」2013年をもとに作成

レッスン16　乳児院

図表16-3 乳児院の入退所の状況

（単位：人）

平成27年度新規入所児童数 （新規又は措置変更）			
他の児童 福祉施設	家庭から	その他	計
77	1,494	422	1,993

平成27年度退所児童数							変更
解　除							他の児 童福祉 施設等
家庭環 境改善	児童の 状況 改善	普通養 子縁組	特別養 子縁組	死亡	その他	計	
868	6	33	53	3	43	1,006	1,017

変更前の内訳				
他の乳 児院	母子生 活支援 施設	里親	ファミ リー ホーム	その他
36	17	20	2	2

変更後の内訳						
他の乳 児院	児童養 護施設	情緒障害 児短期治 療施設	里親	ファミ リー ホーム	母子生 活支援 施設	その他
27	645	2	261	16	6	60

注：厚生労働省家庭福祉課調べ（社会的養護の現況に関する調査）。
出典：厚生労働省「社会的養護の現状について（参考資料）（平成29年12月）」2017年をもとに作成

　一方、退所理由は「家庭への復帰」が最も多くなっています。また、乳幼児期を過ぎて、乳児院から次の生活の場への委託として、里親委託、特別養子縁組へとつながる子どもたちもいますが、児童養護施設への入所が最も多くなっているのが現状です。1年間の施設利用児の入退所の流れについてまとめたものが図表16-3となっています。

　保護者の状況については、両親またはいずれかの親がいる子どもが全体の96.5%となっており、ほかの社会的養護施設と比べると、親がいる子どもが多くなっています。

3.　養育の特徴

1　愛着形成、パーマネンシーの保障

　乳児院は、乳児期の子どもたちの成長・発達を安心・安全な養育環境で保障することが主な役割となります。先に示したように、今日では、虐待を受けた子どもや障害・疾病のある子どもたちも増えていることから、この役割を担うことの重要性が高まっています。

　乳児院での養育の特徴は、こういった子どもたちとの間に継続的で深い**愛着**[*]関係の形成を進めることです。子どもたちにとって乳児院での生活は、信頼したい大人（親）との生活が途切れてしまうところから始まります。家庭で育つ子どもたちは親をはじめとする家族のなかでの信頼できる人間関係をつくっていきます。それと同様に、乳児院で暮らす子どもたちも施設のなかで、信頼できる人間関係を形成することができるようにケアすることが求められています。乳児院での養育は、そのこ

✳ **用語解説**

愛着（アタッチメント）
イギリスの児童精神科医ボウルビィ（Bowlby, J.）が提唱した概念である。初期には養育者（特に母親）と子どもとの間の情緒的な絆とされたが、その後の研究のなかで、子どもは、父、祖父母、保育者など、養育を担う複数名と同時にアタッチメントを形成することは可能であり、母親への単一のアタッチメントをもつ子どもより、その後の社会発達が有利になるとされている。
→レッスン5

117

第6章　施設養護の実践と方法

とを意識した営みとなります。そのためには少人数での養育を目指した小舎制に取り組むこととなりますし、親子関係の再構築や里親家庭の支援などの取り組みも含まれることになります。

2　乳児院の担当養育制

　乳児院では、子どもと職員の愛着関係の形成を進めるために、**担当養育制**[*]を導入しているところがあります。子どもに関わる職員をできるだけ固定することで、子どもの愛着対象となることが可能となります。

　担当養育制は、乳児院が行う「家庭的養護」の一つの取り組みです。家庭では、養育者である大人（親）が日ごとに代わることはありません。こういった営みが、子どもの安心感を醸成することにつながります。

3　具体的な養育内容

①支援の基本

　「乳児院運営指針[*]」に基づく乳児院での養育・支援の基本は以下の3点となります。
・子どものこころによりそいながら、子どもとの愛着関係を育む。
・子どもの遊びや食、生活体験に配慮し、豊かな生活を保障する。
・子どもの発達を支援する環境を整える。

②具体的な支援

　乳児院での具体的な養育・支援は以下の通りです。

・食生活　　　・衣生活
・睡眠環境等　・発達段階に応じた支援
・健康と安全　・心理的ケア
・継続性とアフターケア

　乳児院の特徴としてあげられるのは、発達段階に応じた支援といえるでしょう。子どもたちが乳児院で過ごす時期は、めまぐるしく発達する時期でもあり、また個人差が現れやすい時期でもあります。「乳児院運営指針」の「発達段階に応じた支援」のなかに、排泄の意識醸成と遊びへの工夫が示されています。いずれもこの時期の子どもたちの育ちの基盤となることです。同時に、個人差が大きい時期でもあるため、子ども一人ひとりの発達状況に応じた展開が必要です。

　遊びへの工夫では、おもちゃ等の個別化を認めることも記されています。乳幼児期から一人ひとりを大切にする養育を重ねることが、自己肯定感を育み、大切にされている実感をもつことができるようになります。

＊用語解説

担当養育制
厚生労働省「乳児院運営指針」に記載されている養育・支援の基本。日常の養育および入所から退所まで一貫した担当者による養育を提供すること、愛着形成及び子どもの発達の把握をしやすくすることを目的としている。

＊用語解説

「乳児院運営指針」
2012年に厚生労働省雇用均等・児童家庭局長通知として出された、乳児院における養育・支援の内容と運営に関する指針を定めるもの。

レッスン16　乳児院

保育者はこのことを深く受け止め、養育・支援にたずさわる必要があります。

4.　今後大切になってくること

1　専門的養育機能の充実

　乳児院では今、虐待を受けた子ども、疾病や障害のある子どもの利用が増えています。このように治療的・療育的なケアを必要とする子どもたちに対しては、限定的に高度で専門的な手厚いケアを提供することが乳児院に期待されています。発達の著しい乳幼児期だからこそ、専門的養育機能を充実し、子どもの育ちを保障する必要があります。

　このような子どもたちに対して、施設内に設備や職員を配置しているところもありますが、地域での医療機関との連携のなかで提供しているところもあり、通院・療育を担うための職員確保が難しいのも現状です。さらなる**職員配置基準**の充実や看護師などの医療関係者の手厚い配置が求められます。

✦補足

職員配置基準
乳児院では療育を担当する職員の配置がないこと、通院・入院を要する子どもが生じると、職員の付き添いが必要となるため、人の確保が難しくなることが課題としてあげられる。

2　保護者支援機能、地域支援機能の充実

　乳児院を必要とする親に限らず、今日の子育て家庭は子育てに不安や悩み、負担感を抱える親が多くなっています。その背景には、親のみに負担がかかる子育て環境、非正規雇用の増大など就労環境の厳しさといった社会環境によるものもあれば、子どもの育て方、関わり方がわからない親、親族をはじめとしたインフォーマルな支援がない親、疾病を抱える親など、親自身の状況によるものもあり、いずれにおいても支援を必要とする状況にあります。乳児院はこれまで培ってきた乳幼児期の養育に関する知識や技術の提供、あるいは支援を要する状況に陥ったときに、一時的・代替的な養育を行うことで子育て家庭を支援することが求められています。

インシデント　家庭復帰と地域支援

　乳児院に入所となったマユミちゃんが、家庭復帰することになりました。母親の精神疾患を理由とした入所であるため、引き取り手となる母親の症状が落ち着いたことをきっかけとして家庭復帰への検討に入りましたが、復帰後の生活には不安が残りました。
　そこで、マユミちゃんの家庭をどう支えるのか、地域にある関係

119

第6章　施設養護の実践と方法

機関が集まって、きちんと役割分担を確認したうえで家庭復帰を進めることになりました。マユミちゃんの担当職員であるユミコ保育士は、関係機関の集まりに参加し、マユミちゃんは今、施設でどのように暮らしているのか、マユミちゃんが家庭に戻ったあと、家庭でみせるであろう姿などを伝えることで、施設と家庭の養育をつなぐ役割、地域資源とのつながりを果たしています。

3 「新しい社会的養育ビジョン」で示された今後の方向性

　2017（平成29）年に公表された厚生労働省の「新しい社会的養育ビジョン」では、「児童福祉法」で示された理念に基づき、家庭養育優先、実親による養育が困難な場合には永続的解決（パーマネンシー保障）につながる特別養子縁組や里親への委託推進が記載されました。このなかで「新しい社会的養育ビジョンの実現に向けた工程」として、9点が示されています。その5点目として、乳幼児の家庭養育原則の徹底が示されています。就学前の子どもに対する家庭養育の原則を実現するため、原則として施設への新規措置入所を停止し、特別養子縁組や里親委託を推進するため、フォスタリング機関*事業の整備を確実にすること、とされています。その結果、里親委託率が向上することが期待されています。

　このような方向性が示されたなかで、乳児院は、これまでの豊富な経験により培ってきた専門性を生かし、一時保護された乳幼児とその親の親子関係に関するアセスメント、障害のある子どもへのケアのあり方のアセスメントとそれに基づく里親委託準備、親子関係改善への通所指導、産前産後を中心とした母子の入所を含む支援、家庭復帰に向けた親子関係再構築支援、里親・養親支援といった多様な役割を担うことが期待されています。そのため、乳児院は名称変更についても言及されています。

　乳児院がこれまでの経験の蓄積による専門性に基づき、特別養子縁組や里親も含めた、多様な子育て家庭を支える拠点となることが期待されています。

4 永続的解決（パーマネンシー保障）と措置変更

　社会的養護のもとで育つ子どもたちに対する永続的解決（パーマネンシー保障）は、それに関わる私たち一人ひとりがいかに担保できるかを考えなければなりません。先に述べた「養育担当制」なども、この養育の永続性を乳児院という施設のなかでいかに担保するか、という解決手段の一つといえます。

　一方、乳児院は施設の特性として、永続的な養育環境になることがで

参照

「新しい社会的養育ビジョン」
→レッスン26

◆補足

「新しい社会的養育ビジョンの実現に向けた工程」
①市区町村の子ども家庭支援体制の構築、②児童相談所・一時保護改革、③里親への包括的支援体制（フォスタリング機関）の抜本的強化と里親制度改革、④永続的解決（パーマネンシー保障）としての特別養子縁組の推進、⑤乳幼児の家庭養育原則の徹底と、年限を明確にした取組目標、⑥子どもニーズに応じた養育の提供と施設の抜本改革、⑦自立支援（リービング・ケア、アフター・ケア）、⑧担う人材の専門性の向上など、⑨都道府県計画の見直し、国による支援、がある。

✳用語解説

フォスタリング機関
里親に関するさまざまな事業（広報・啓発からマッチング、里親支援等）を担う機関。国は2020年度までに全都道府県への配置を目指している。

きない面をもち合わせています。それは乳児院が就学前までの子どもを
対象としている施設だからです。対象となる年齢を過ぎれば、必然的に
施設退所となります。乳児院からの退所理由として、最も多いのは「家
庭引き取り」であり、児童養護施設や障害児施設に措置変更となる子ど
もは3割程度にすぎません。つまり、乳児院の子どもたちが経験する措
置変更は、子どもたちのなかでは少数派であり、家庭に戻ること、里親
委託されることが難しかった子どもたちということができます。

　この乳児院からの児童養護施設等への措置変更について、伊藤は、子
どもにとって家庭から乳児院への入所は「1回目の依存関係の切断」で
あり、乳児院から児童養護施設への入所を「2回目の依存関係の切断」
と表現しています。子どもに永続的な養育保障を確保するためには、こ
の「2回目の依存関係の切断」を避けるべきではないかと指摘していま
す[1]。この観点からも、乳児院のあり方について検討する必要があると
いえるでしょう。

▶**出典**
†1　伊藤嘉余子編著『社
会的養護の子どもと措置変
更――養育の質とパーマ
ネンシー保障から考える』
明石書店、2017年

演 習 課 題

①あなたが住む自治体にある乳児院が取り組んでいる地域支援を調べて
　みましょう。
②乳児院で働く保育士に必要なスキルについて考えてみましょう。
③子どもにとって、乳児院から児童養護施設への措置変更が、どのよう
　な体験となっているかを考えてみましょう。

レッスン**17**

児童養護施設

このレッスンでは、幼児期から青年期に至る子どもたちを受け入れる児童養護施設について学びます。社会的養護のなかでの位置づけや現状、施設における養育の特徴、今後の課題について考えていきましょう。

1. 児童養護施設の位置づけ

◆補足
児童養護施設の定義の根拠法
「児童福祉法」第41条である。

　児童養護施設は、保護者がいない、あるいは保護者の養育が子どもにとって不適切であることなどを理由として、保護者と離れて暮らす子どもたちを養育すること、また退所後のアフターケアを行うことを目的とした施設です。乳児院と同様に、地域で子育てをする保護者を支援すること、さらに地域の関係機関とも連携しながら、親子関係の回復を支援することも役割とされています。

　児童養護施設はその成り立ちから、「子どもの養護」を役割として担ってきました。一方、今日では、児童養護施設で生活をする子どもたちが施設入所に至るまでに背負わされてきた状況の過酷さから、施設退所後の自立生活の難しさも指摘されています。大人から大切にされた経験が十分ではない子、信頼できる大人との出会いが少ない子などの入所が増えているのです。そのため、施設での生活をとおして、「一人の人間」として大切にされる経験や、子どもを裏切らない大人との出会いを積み重ねていくことが重要になります。

　児童養護施設ではその基盤をつくりつつ、生活支援、学習支援、職業支援といった人としての成長を支えるとともに、虐待等の経験からの回復を目指した治療的養育を展開しています。施設で生活した子どもたちが、社会で「一人の人間」として生きていくことができるようにするためにも、施設での生活のあり方が改めて問われています。

レッスン17　児童養護施設

2. 児童養護施設の概況

1　施設の状況

　児童養護施設は全国で615か所、施設で暮らす子どもたちは2万6,449人です（厚生労働省「社会的養護の現状について［参考資料］［平成29年12月］」2017年）。2011（平成23）年に575か所だった児童養護施設は、要保護児童の増加等の理由を背景に、**施設数が増加**しています。

　児童養護施設の施設形態として、小規模化が進められています。具体的には、養育単位の小規模化（大舎制から中舎制、小舎制へ）という流れと、その流れを具体的に受けた「小規模グループケア」「地域小規模児童養護施設」という取り組みです。

　小規模化の状況は、図表17-1の通りです。地域小規模児童養護施設、小規模グループケアのいずれも増加していて、小規模化に取り組む施設が増えていることがわかります。

2　子どもの状況

　児童養護施設で生活する子どもの平均年齢は11.2歳です。児童養護施設が対象とする子どもは幼児以上ですが、必要があれば乳児からの入所

◆ 補足
児童養護施設数の増加
児童養護施設数の増加の背景には、新設と同時に、既存の施設が小規模化の流れによって1施設あたりの定員数を減らした形での分散などもある。

図表17-1 児童養護施設の小規模化の実施状況

地域小規模児童養護施設の推移

	平成22年度		平成23年度		平成24年度		平成25年度		平成26年度		平成27年度		平成28年度	
	施設数	実施数	施設数	実施数	施設数	実施数	施設数	実施数	施設数	実施数	施設数	実施数	施設数	実施数
1か所実施	140	140	141	141	142	142	145	145	149	149	153	153	152	153
2か所実施	28	56	34	68	39	78	45	90	62	124	70	140	80	160
3か所以上実施	5	18	7	23	9	30	9	31	10	35	11	39	13	45
合　計	173	214	182	232	190	250	199	266	221	308	234	332	254	332

小規模グループケア実施状況の推移（児童養護施設）

	平成22年度		平成23年度		平成24年度		平成25年度		平成26年度		平成27年度		平成28年度	
	施設数	実施数	施設数	実施数	施設数	実施数	施設数	実施数	施設数	実施数	施設数	実施数	施設数	実施数
1か所実施	222	222	197	197	171	171	156	156	136	136	137	137	134	134
2か所実施	102	204	139	278	159	318	172	344	186	372	169	338	167	334
3か所実施	11	33	11	33	18	54	21	63	33	99	36	108	33	99
4か所実施	－	－	2	8	13	52	20	80	25	100	32	128	39	156
5か所実施	－	－	5	25	6	30	12	60	17	85	26	130	30	150
6か所実施	－	－	3	18	14	84	19	114	24	144	36	216	35	210
合　計	335	459	357	559	381	709	395	817	421	936	436	1,057	436	1,083

出典：厚生労働省「社会的養護の現状について（参考資料）」2017年をもとに作成

123

第6章　施設養護の実践と方法

◆補足
措置延長の活用率
児童養護施設における措置延長の活用率は15.1%に過ぎない（厚生労働省「社会的養護の現状について（参考資料）」2017年より算出）。

が可能であり、0歳から在籍している子もいます。一方で、「児童福祉法」の「児童」の定義では、その上限は18歳に達するまでとなっていますが、**措置延長を活用**することで、22歳までの在籍が可能です。そのため、18歳以上の子どもたちも全体の5.4%を占めており、0〜21歳までの幅広い年齢層の子どもたちが生活しているのが特徴となっています。

　また、児童養護施設においても、障害のある子どもの割合が年々増加する状況にあります。厚生労働省「社会的養育の推進に向けて」（2017年）によると、障害などがある子どもの割合は全体の28.5%、なかでも知的障害が最も多く、3,685人（12.3%）となっています。2003（平成15）年からADHD（注意欠陥・多動性障害）を調査の対象とするようになってから、その他の心身障害の増加率にも著しいものがあります。

　さらに障害のなかには、子どもの成長発達によって明らかになるものもあることを考えると、数値には現れない障害のある子どもたちの存在もうかがえます。

3　家庭の状況

　乳児院などと同じように「両親またはひとり親」がいる子どもが多く、全体の81.7%です。親がいるにもかかわらず施設入所に至る子どもが多いことになりますが、その理由としては「父または母の虐待・酷使」（18.1%）、「父または母の養育放任・怠惰」（14.7%）が上位を占めています。「虐待」を理由とする入所は37.9%を占めており、入所後の調査では全体の59.5%に被虐待経験があることがわかっています（厚生労働省「児童養護施設入所児童等調査結果［平成25年2月1日現在］」、以下のデータも同出典）。

　一方、施設退所の理由としては、「家庭復帰」が半数近くありますが、「就職」も大きな割合を占めており、児童養護施設において子どもたちの自立支援が重要な課題となっていることがわかります。

3. 養育の特徴

1　関係性の回復

　児童養護施設での養育は「関係性の回復」を目指した営みといえます。子どもにとって大人は「ともに住まう」存在であることが大切です。児童養護施設で暮らす子どもたちのなかには、「ともに住まう」ことの心地よさを体験することができなかった子どもたちがいます。むしろ、大

レッスン17　児童養護施設

人とともに暮らすことが心身への痛みをともなうものであることや、居心地の悪さを感じるものであることなどから、重く深い痛みを感じるものと受け止めることがあります。このような子どもたちは児童養護施設での生活をとおして、「ともに住まう」ことの心地よさを積み重ねながら、人との「関係性の回復」を目指すことになります。

　この「関係性の回復」は、子どもと施設職員との関係性だけではありません。親との関係の再構築も含まれます。重い現実を抱えている子どもたちが増えているなか、これは長い時間を要する難しいことです。しかし、子どもが親との関係を客観的に受け止め、みずからの存在を受け入れることができるようになるためには必要な営みといえます。

インシデント　施設入所に付き添う保護者の減少

　児童養護施設を利用する子どもたちは、児童相談所の措置決定を受けて、施設にやってくることになります。以前は、児童相談所の職員に加えて、保護者に付き添われて施設にやってくる子どもたちが多かったのですが、最近は保護者の付き添いがない状況で施設にやってくる子どもたちが増えています。その理由は、虐待等を理由とする子どもたちや、「親子分離」の措置により施設入所となっている子どもが増えているという現状があります。

　子どもたちにとっては、なぜ自分が施設で暮らすことになるのか、児童相談所での説明を受けてからやってきているとはいえ、それを受け止めるために心のケアが必要となっています。

2　職員配置

　子どもと大人の「関係性の回復」を図る児童養護施設の職員には、児童指導員、嘱託医、保育士、個別対応職員、家庭支援専門相談員、**栄養士**及び調理員、乳児がいる場合は看護師が配置されています。児童指導員、保育士がその中核として子どもたちに直接的な養育の提供を行っています。この児童指導員と保育士の職員配置基準について、より手厚い配置が進められています。虐待等の不適切な養育環境を経験した子どもたちが関係性を回復するためには、個別的でていねいな関わりを必要としています。

　「児童福祉法」制定後より、**職員配置基準**は複数回の改正により、徐々に改善されてきましたが、1979（昭和54）年以降、改正が滞っていました。一方、被虐待児が増える児童養護施設では、集団になじむことが難しい子どもたちが増えることにより、より手厚い職員配置を望む声が

◆ 補足

栄養士
入所児童40人以下の施設では栄養士の配置はなくてもよい。また、調理業務の全部を外部に委託している場合は、調理員の配置は不要。実習施設を設けて職業指導を行う場合は、職業指導員の配置が必要となる。

職員配置基準
制定当時、子どもの年齢に関係なく子ども10：職員1であった。

125

第6章　施設養護の実践と方法

高まっていました。2011（平成23）年、32年ぶりに**職員配置基準**が見直されたのをきっかけに、2013（平成25）年には、より手厚い配置基準となりました。現在の配置基準は以下の通りとなっています。職員配置は充実の方向にありますが、まだ十分ではないのが現状です。

児童指導員および保育士の配置基準

| 0、1歳 | 1.6：1 | 3歳以上 | 4：1 |
| 2歳 | 2：1 | 小学生以上 | 5.5：1 |

　また、虐待等による心理的ケアが必要な子どもの増加、施設養護から家庭養護への移行、そして委託された里親支援の充実のため、それらを担当する職員の加配がなされています。具体的には、**心理療法担当職員**[*]、**里親支援専門相談員**となります。

✴ 用語解説

心理療法担当職員
虐待により心理療法を必要とする子ども、もしくは母子に、遊戯療法、カウンセリング等の心理療法を実施するための職員。対象となる子どももしくは母子が10人以上いることで配置可となる。

参照

里親支援専門相談員
→レッスン16

3 具体的な養育内容

①支援の基本

　「児童養護施設運営指針」で示されている養育・支援の基本は、以下の5点となります。

・子どもの存在そのものを認め、子どもが表出する感情や言動をしっかり受け止め、子どもを理解する。
・基本的欲求の充足が、子どもとともに日常生活を構築することを通してなされるよう養育・支援する。
・子どもの力を信じて見守るという姿勢を大切にし、子どもが自ら判断し行動することを保障する。
・発達段階に応じた学びや遊びの場を保障する。
・秩序ある生活を通して、基本的生活習慣を確立するとともに、社会常識及び社会規範、さまざまな生活技術が習得できるよう養育・支援する。

②具体的な支援

　児童養護施設での具体的な養育・支援の内容は、以下の通りです。

・食生活　　　・衣生活　　　・住生活
・健康と安全　・性に関する教育　・自己領域の確保
・主体性、自律性を尊重した日常生活
・学習・進学支援、就労支援
・行動上の問題および問題状況への対応　・心理的ケア
・継続性とアフターケア

レッスン17 児童養護施設

児童養護施設での養育・支援の内容の特徴として「自己領域の確保」があります。ここでは、「でき得る限り他児との共有の物をなくし、個人所有とする」「成長の記録（アルバム）が整理され、成長の過程を振り返ることができるようにする」の2点が盛り込まれています。

児童養護施設は歴史的に集団養育を大切にしてきました。そのなかで、子ども一人ひとりの「自己領域」をいかに確保するかの創意工夫が求められています。それは、子どもの権利を守るための取り組みでもあります。指針には、個人の所有物への記名も子どもの年齢や意向に配慮することと示されています。今日、多くの施設で個別の勉強スペースなどのプライベートな空間、タンスやロッカーなど私物を置く場所の確保と保障などに取り組まれています。

児童養護施設の居室面積や居室定員数も年々改善され、より「わたしの場所」「自分だけの空間」が確保されるよう環境改善が進められています。保育者も、この認識をもちながら子どもと関わることが求められています。

◆ 補足
児童養護施設の居室面積や居室定員数
「児童福祉施設の設備及び運営に関する基準」に基づく居室面積は4.95㎡以上（ただし、乳幼児のみの居室では1人につき3.3㎡）。1人あたり約2.7畳の広さとなる。居室定員は4人以下（乳幼児のみの居室では6人以下）となる。この基準で構成すると、10畳の部屋で4人の子どもが生活するイメージとなる。

4．今後の課題

1 小規模化と施設機能の地域分散化

児童養護施設は、歴史的な展開のなかで大規模定員での施設運営がなされてきました。その後、施設で暮らす子どもたちの変化とノーマライゼーションの流れに対応するために、施設の小規模化と地域分散化が進められてきました。小規模化として寮舎の小舎制を導入し、小規模ケアとして、小規模グループケアや地域小規模児童養護施設の設置運営に取り組んでいます。年々、小規模化・地域分散化が進んでおり、国はその進め方についても共有・公開する形でその方法を伝える取り組みを行っています。子どもにとって「当たり前の生活」を提供することは施設形態にかかわらず、社会的養護に関わるすべての領域に大切なことです。小規模化や地域分散化はその一つの具体的な取り組みといえるでしょう。

小規模化を進めるポイントとして、①施設の方針を大切にした実践、②ホーム・ユニットとの連携と子ども集団づくり、③職員の労働環境と人材育成など、民主的な施設運営の必要性が指摘されています[1]。

2017（平成29）年に公表された「新しい社会的養育ビジョン」では、「子どもニーズに応じた養育の提供と施設の抜本改革」が掲げられており、小規模化（最大6人）・地域分散化、常時2人以上の職員配置の実

▶ 出典
[1] 堀場純矢「児童養護施設の『子どもと福祉』──小規模化でみえてきた課題」『子どもと福祉』（9）、2016年、21頁

127

第6章　施設養護の実践と方法

現などが示されています。今後、小規模化・地域分散化はますます進むものと考えられます。

2　施設退所後の就学支援のあり方

　かねてより、児童養護施設で暮らす子どもたちの進学率の向上が課題とされ、関係者の願いや子どもへの働きかけもあって、高校進学率は高くなってきました。全国の高校進学率が98.9%であるのに対し[2]、児童養護施設入所の子どもたちの進学率も97.5%となっています（2016年5月現在）。ただし、この進学先は「高校等」となっており、定時制や通信制、専修学校・各種学校などが含まれていることにも留意する必要があります。全日制高校に限定すると、73.2%（2013年末）となっています（図表17-2）。

　その一方で、高校に進学したものの卒業に至らず、中退する子どもたちの存在があります。全国児童養護施設協議会（2006）による調査では、高校中退率は7.6%であり、同年全国平均の2.1%と比べて高い割合となっています[3]。この背景には、これまでの育ちの環境から十分な学習の機会がなかったことによる学力の低さ、虐待等を理由とする人間関係の困難さ、障害のある子どもなどが指摘されています。進学した子どもたちが卒業できる支援が求められています。

　大学等への進学率も徐々に高まっていますが、高校卒業児全体の24.0%にすぎず、全高卒者の大学進学率74.1%と比較すると、50%以上の差があるのが現状です[4]。大学等への進学率が伸び悩んでいる背景には、学費の確保の難しさ、進学に対する意欲の格差、大学進学モデルの欠如があります。

　学費の確保について、従来、民間の貸与型奨学金制度による進学の援助に取り組まれてきましたが、経済的理由により進学を断念する子どもたちの存在が社会全体の課題にもなりつつあります。貸与型奨学金だけでなく、給付型奨学金が必要とされています。国はこのような状況を踏まえて、新たに**給付型奨学金**の制度を創設しました。しかし、国の制度だけでは、児童養護施設で育つ子どもたちの進学を十分に支えることは難しいのが現状です。国の制度に加えて、各種の奨学金制度が整えられつつあります。

　また、児童養護施設の子どもたちの高校卒業後の進路は、就職が70.4%と圧倒的に高くなっています（2015［平成27］年度）。その結果、大学に進学しているモデルとなる子どもに出会う機会が限られることとなります。「より学びたい」という子どもの思いの実現を可能とする就

▶**出典**

†2　文部科学省「学校基本調査」2016年

†3　吉村美由紀「児童養護施設における自立支援についての一考察——高校進学前後の課題に着目して」『東海学院大学紀要』（6）、2012年、113-114頁

†4　厚生労働省「社会的養護の現状について（参考資料）（平成29年12月）」2017年

◆**補足**

給付型奨学金

日本学生支援機構（JASSO）による給付型奨学金が2018（平成30）年度より本格実施されている。金額は以下の通り。
・国公立大学等（自宅通学）月額2万円
・国公立大学等（自宅外通学）月額3万円
・私立大学等（自宅通学）月額3万円
・私立大学等（自宅外通学）月額4万円
　なお「社会的養護を必要とする（18歳になった時点あるいは奨学金申込時点で児童養護施設等に入所・養育されていた）人」については、私立大学等（自宅外通学）が適応される。加えて「社会的養護を必要とする人」には一時金として初回1回のみ24万円が振り込まれる（独立行政法人日本学生支援機構「給付奨学金案内」平成30年参照）。

図表17-2 児童養護施設の中学校卒業児童の卒業翌年度の主たる進路

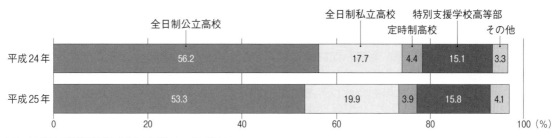

出典：全国児童養護施設協議会「全養かわら版」vol.2、2016年

学の機会提供に多様な支援が期待されます。

3 施設機能の高度化と地域支援

　児童養護施設の小規模化・地域分散化と同時に求められていることは、施設機能の高度化です。施設を利用する子どもたちのなかには、虐待を受けた子どもたち、発達障害のある子どもたちがいます。このような子どもたちを対象とする専門的な養育を行うセンター機能が必要です。

　また、このセンター機能は、入所した子どもだけでなく、地域の子育て支援にもその役割を果たすことが期待されています。児童養護施設は、退所後のアフターケアや里親支援、ショートステイなど、開かれた地域支援の場としての機能も求められているのです。

演 習 課 題

①あなたが住んでいる自治体の児童養護施設の形態について、調べてみましょう。
②専門書や雑誌などから、児童養護施設で暮らす子どもの声をまとめたものを探して読んでみましょう。
③児童養護施設で暮らす子どもたちを支える保育士に求められる資質について考えてみましょう。

レッスン18

児童心理治療施設

このレッスンでは、児童心理治療施設について説明します。児童心理治療施設は社会的養護に関わる施設のなかでも、心理的な治療に重点をおいた養護に取り組んできました。虐待を受けた子どもたちの増加にともない、心理的治療を要する子どもへの支援について理解を深めることが大切になっています。

1. 児童心理治療施設の位置づけ

児童心理治療施設とは、家庭環境や学校における交友関係などの環境上の理由から社会生活への対応が難しくなった子どもたちに、心理的な治療と生活指導を行うこと、施設利用後のアフターケアを行うこと、地域との関係機関との連携のなかで親子関係の再構築を支援することを目的とした施設です。また、在宅生活を継続したまま治療等が受けられる通所機能も備えています。

児童心理治療施設は、かつては「情緒障害児短期治療施設」という名称でしたが、「児童福祉法」の改正にともない、2017（平成29）年4月から「児童心理治療施設」に変更されました。この名称変更の背景には、これまでの「情緒障害」という施設名称では、**情緒障害**[*]がどのような状態を指しているのか、またどのような子どもを対象とした施設であるのかがわかりにくく、この施設を必要とする子どもたちの状況を的確に表していないということがありました。

「**児童心理治療施設運営指針**」では、この子どもたちのことを「心理的困難や苦しみを抱え日常生活の多岐にわたり生きづらさを感じて心理治療を必要とする子どもたち」と表現しています。「情緒障害」という子どもの状態に焦点を当てた名称から、「心理治療」の対象となる子どもにとって必要なケアを示す名称に変更することで、施設の目的をより明確にすることができたといえます。

◆補足
児童心理治療施設の定義の根拠法
「児童福祉法」第43条の2である。

✳用語解説
情緒障害
心理的、家族的、環境的要因が複合的に影響することで行動や性格等の問題が生じている状態。夜尿症や自傷行為、落ち着きのなさなどがあげられる。これらの状態は医療的に治療可能であり、「障害」という言葉を使うことで固定化されたものという誤解を招くことが課題とされていた。

◆補足
「児童心理治療施設運営指針」
正確には「情緒障害児短期治療施設（現：児童心理治療施設）運営指針」と表記されている。

レッスン18 児童心理治療施設

2. 施設の状況

1 施設の現状

　児童心理治療施設は全国に46か所、施設で暮らす子どもは1,399人となっています（厚生労働省「社会的養育の推進に向けて」2017年）。

　児童心理治療施設は、厚生労働省所管の母子保健に関する計画である「健やか親子21*」（2006年）で、各都道府県に1か所の設置という積極的な展開が予定されていましたが、全都道府県への設置にはいたらず、現在も12自治体で未設置のままとなっています（2017年9月現在）。

　児童心理治療施設の特徴はその職員配置にあり、子どもの不安定な心身の治療を目的とすることから、医師と心理療法担当職員の設置が必須となっています。医師は「精神科又は小児科の診療に相当の経験を有する者」という規定があり、また心理療法担当職員は、おおむね子ども10人に対して1人という配置基準になっています。

2 子どもの状況

　「児童養護施設入所児童等調査結果（平成25年2月1日現在）」によると、児童心理治療施設に入所している子どもの平均年齢は12.7歳で、小学校高学年から中学生を中心とした年齢層となっています。ただし、近年では低年齢化が進んでおり、利用する子どもの年齢幅もより広くなっています。

　在所期間の平均は2.1年です。1年未満が33.8％、1年以上2年未満が25.7％と、2年未満での退所が半数近くになっており、短期での入所利用が多いのが特徴です。ただし、3年以上の在所も全体の23.2％を占めており、在所期間が長い子どもたちも少なくありません。

　子どもたちの心身の状況としては、72.9％に何らかの障害があり、うち29.7％が**広汎性発達障害***、19.7％が**ADHD（注意欠陥・多動性障害）***と診断されています。「心理治療」という施設的な特性もあり、障害のある子どもたちの割合は、社会的養護に関わる施設のなかで最も高くなっています。また、虐待を受けた子どもも多いことから、子どもたちとの関わりが難しいこともうかがえます。

3 家庭の状況

　入所理由としては、「父または母の虐待・酷使」30.4％、「父または母の精神疾患等」15.2％となっています。虐待を理由とした入所は50.0％

✱ **用語解説**
「健やか親子21」
厚生省（現：厚生労働省）による国民の健康づくり運動である「健康日本21」の母子保健版。2000年に策定、2018年現在は第2次となっている。

✱ **用語解説**
広汎性発達障害
発達障害のうち、対人関係、コミュニケーション、こだわりを特徴とする症状群。具体的には自閉症、アスペルガー症候群などが含まれる。DSM-5からは自閉症スペクトラムとして位置づけられている。

ADHD（注意欠陥・多動性障害）
発達障害のうち、不注意と多動、衝動性を特徴とする症状群であり、12歳までに症状が現れる。多動性衝動性優勢型、不注意優勢型、混合型に分類される。

131

と、社会的養護系施設のなかで最も高い割合となっています。また、入所委託経路については、「他の児童施設からの措置変更」が16.5%となっていることが特徴です（厚生労働省「児童養護施設入所児童等調査結果（平成25年2月1日現在）」）。

社会的養護ニーズの高まりの背景に、子ども虐待の増加があります。被虐待児の増加にともない、心理的な治療を必要とする子どもたちも増えてきました。児童心理治療施設はその名称のとおり、ほかの社会的養護施設と比べて心理治療を手厚く行うことができる専門職員を配置しています。そのため、子どもの状況に応じて措置変更等を活用しながらケアを進めています（図表18-1）。

3. 養育の内容

1 治療の提供

高橋は、児童心理治療施設は、社会的養護を必要とする子どもたちのなかでも、何らかの心理的困難を抱え、生きづらさを感じている子どもたちを対象としています。そのため、「安全」で「安心」した生活環境を提供することが何よりも大切になります。この場合の「安全」とは、「暴力を受けない」「危険から守られる」ことを意味しています。また「安心」とは、「わかりやすい」「見通しがもてる」ことによる不安の解消を意味しています[1]。

加えて、特別に配慮された生活と、個別の支援が必要になってきます。そのような生活環境を整えたうえで、必要に応じて子どもたちに精神科治療や心理療法を行うことになります。

児童心理治療施設での治療には、「**総合環境療法**」が用いられています。これは「福祉、医療、心理、教育の協働により、施設での生活を治療的な経験にできるように、日常生活、学校生活、個人心理治療、集団療法、家族支援、施設外での社会体験などを有機的に結びつけた総合的な治療・支援」（「児童心理治療施設運営指針」）のことで、児童心理治療施設に関わる各専門職がそれぞれの専門性を生かし、施設内だけではなく、生活全般にわたる包括的な支援を行うことが治療であるという理解のもと、取り組まれています。

総合環境療法は、大きく分けると次の3つの柱から成り立っています。

①子どもへの直接的な関わり（生活場面、集団場面、治療場面）

子どもに直接行う治療・支援のことです。生活を通した指導、ほかの

▶出典

†1　高橋正記「生活する力を育てる——情緒障害児短期治療施設るんびに学園がめざすもの」『子どもと福祉』（9）、明石書店、98頁

✦補足

総合環境療法

総合環境療法として児童心理治療施設が行う治療の柱は、①医学・心理治療、②生活指導、③学校教育、④家族との治療協力、⑤地域の関係機関との連携、である。

図表18-1 児童心理治療施設の入退所の現状

（単位：人）

平成27年度新規入所児童数（新規又は措置変更）				平成27年度退所児童数										変更
				解　除										変更
他の児童福祉施設	家庭から	その他	計	家庭環境改善	児童の状況改善	就職	進学（大学等）	普通養子縁組	特別養子縁組	無断外出	死亡	その他	計	他の児童福祉施設等
86	336	15	437	65	157	24	16	0	0	5	1	47	315	139

変更前の内訳								変更後の内訳							
乳児院	児童養護施設	情緒障害児短期治療施設	児童自立支援施設	母子生活支援施設	里親	ファミリーホーム	その他	児童養護施設	情緒障害児短期治療施設	児童自立支援施設	里親	ファミリーホーム	母子生活支援施設	自立援助ホーム	その他
0	57	7	6	2	9	2	3	78	19	11	8	4	1	4	14

出典：厚生労働省「社会的養護の現状について（参考資料）（平成29年12月）」2017年をもとに作成

子どもとの関わりの支援や、子ども集団のなかでの居場所づくりの支援、個人心理治療や集団療法などがあげられます。支援を行う際には、子どもとその支援のあり方について話し合い、同意をとって行うことが必要です。

②教育、学習支援

　施設内分校や分級など子どものために用意された学校教育の場における支援と、施設内で行う個別の学習支援があります。子どもにとって、学力や主体的な学習態度を身につけることは、子どもの権利保障であると同時に、将来社会に出るために欠かせないことでもあります。

③家族や関係機関に対するソーシャルワーク

　子どもにとっては、自分に関わる多くの人たちがお互いに助け合い、自分のことを大切に思って支援してくれていると感じられることが、何より大切です。そして、そのような大人のなかに入りたいと一歩踏み出すことで、社会参加が進んでいきます。また、家族や関係機関とのネットワークづくりは、子どもへの直接支援の舞台を下から支えるものであるとともに、退所して家庭や地域社会で暮らしていくときの支援体制の土台にもなります。

　総合環境療法では、福祉、教育、心理、医療など多職種がお互いの役割を理解し、それぞれ独自の取り組みを行いながらも全体的には一貫した「治療」としてのまとまりをつけることが必要となります。

インシデント①　よりよい選択のできる環境づくり

　児童心理治療施設で暮らす子どもたちは、その心理的困難のために、社会的に許容されない行動や、集団にそぐわない行動をとるこ

◆ 補足

施設内分校
児童心理治療施設で暮らす子どもたちは、施設内分校や分級、あるいは近隣の学校で学ぶこととなる（それが困難な場合、施設内での個別学習支援となる）。分校、分級いずれにおいても学校教育として位置づけられる。分校の場合、子どもは分校の生徒として位置づけられるが、分級の場合、本校の生徒としての位置づけとなる。

とがあります。そのような行動のために、まわりの大人から叱責された経験が多いのも、この施設で暮らす子どもたちの特徴です。

　叱責されることが多く、ほめられることが少ないと、子どもたちの自己肯定感は低くなります。そのため、児童心理治療施設では、子どもたちがほめられたり、認められたりする環境づくりが重要です。このような環境をつくるには、子どもたちが生活場面で何らかの選択を迫られるときに、「よりよい選択」ができるような条件を整えることが、大人の役割となります。よりよい選択が評価され、肯定されることが繰り返されることにより、子どもたちの心身状況は徐々に改善されていきます。

2 具体的な養育内容

　「児童心理治療施設運営指針」に示されている具体的な支援内容には、以下の12項目があります。

・治療　　・生活の中での支援　　・食生活
・衣生活　・住生活　・健康と安全　・性に関する教育
・行動上の問題及び問題状況への対応
・自主性、主体性を尊重した日常生活
・学習支援、進路支援等　　・継続性とアフターケア
・通所による支援

　児童心理治療施設の特徴を明確に示している点として、支援内容の1番目に「治療」が掲げられていることがあります。具体的には、子どもに対する適切な心理治療、アセスメントによる子ども一人ひとりの生活課題の具体的明示、自立支援計画に基づいた心理治療方針の策定、ケース会議の実施、医師による適切な治療と職員の支援が示されています。子ども一人ひとりのニーズにあった心理治療を計画的に実施することが、施設がもつ機能を生かした支援となります。

　ここでアセスメントのときに必要な視点として、「発達段階や情緒・行動上の問題を課題とする場合は、子どもにとって、理解できる目標として言語化すること」と記載されています。児童心理治療施設で暮らす子どもたちは、何らかの心理治療を必要とする状況にあります。そのことを課題とする場合、子どもにとって無理のない目標をできるだけ具体的に設定し、その内容を子どもがわかる形で示していくことが、子ども自身の育ちにもつながります。

インシデント②　より具体的で理解できる目標の設定

　「より具体的で理解できる目標」とはどのようなことを指すのでしょうか。たとえば、「大人との良好な関係を築く」と設定した場合、どのような状況にあることを「良好な関係」ということができるのかが不明確であり、子どもと支援者である大人の理解がずれることも考えられます。子どもにとっても大人にとっても、共通理解となる目標とするためには、たとえば「一日5回、ほめられる」「大人からの声かけに答える」といった内容が考えられます。このような具体的な目標の結果が「大人との良好な関係」の形成につながるのです。

4．今後の課題

1 設置の推進

　児童心理治療施設は各都道府県に1か所（人口の多い自治体では複数設置）を目標としていますが、設置されていない自治体もあり、そのような地域では、児童養護施設や児童自立支援施設が対応しているのが現状です。本来、心理治療を必要とする子どもたちの受け入れが想定されていないこれらの施設では、十分な対応をすることが難しい状況にあります。そのため、2019年までに児童養護施設からの転換も含めて、全都道府県に設置が実現することを目標としています。

2 専門的機能の充実

　児童心理治療施設は、不登校や家庭内暴力、発達障害のある子どもたちへの治療など、時代のなかで注目される子どもの心理的な治療への取り組みを進めてきました。これからも、その役割を果たすために、専門的な能力の向上と人員配置の引き上げが必要となっています。

3 一時的措置変更による短期入所機能の活用

　児童心理治療施設は、児童養護施設や里親家庭に措置された子どもたちのなかで、一時的な不適応を起こしている子どもたちの短期的または一時的な受け入れの場としての役割があります。その際、児童心理治療施設がもつ特性を生かし、子どもにとってプラスとなるような治療が行われることが期待されています。

第 6 章　施設養護の実践と方法

参照
新しい社会的養育ビジョン
→レッスン 6

4　施設の小規模化・地域分散化

　2017（平成29）年に発表された「**新しい社会的養育ビジョン**」において、児童心理治療施設は児童養護施設等と同様に代替養育を行う場として、生活単位の小規模化・地域分散化が示されています。これまで、児童心理治療施設における小規模化についての議論は十分には深められてきませんでした。今後、施設の目的である「心理的治療」を可能とした養育形態のあり方について、小規模化・地域分散化の観点から議論を深めることが必要です。

演習課題

①児童心理治療施設で暮らす子どもたちの入所理由について調べてみましょう。

②あなたが暮らす自治体には、児童心理治療施設があるかどうか調べてみましょう。また、なかった場合、心理的ケアを必要とする子どもたちの社会的養護について、どのように対応しているのか調べてみましょう。

③児童心理治療施設とほかの施設などとの措置変更について、どのような場合に行われていると思いますか。話し合ってみましょう。

レッスン**19**
·········

児童自立支援施設

このレッスンでは、児童自立支援施設について学びます。児童自立支援施設は、その実践において「共生共育」「withの精神」を大切にしてきた歴史があります。この理念から生まれる実践が、子どもの状況の改善、家庭復帰へとつながることを学んでいきましょう。

1. 児童自立支援施設の位置づけ

　児童自立支援施設とは、不良行為を行う子ども、不良行為をするおそれのある子ども、家庭環境などの理由から生活指導等を必要とする子どもを対象に、生活の場を提供することを目的とした施設です。施設利用後のアフターケアを行うことも目的となります。また、子どもが施設で生活をする入所機能だけでなく、児童心理治療施設と同様に、保護者と一緒に家庭で生活しながら施設が利用できる通所機能をもっていることも特徴の一つです。

　児童自立支援施設は、以前は「教護院」という名称でしたが、1997（平成9）年の「児童福祉法」改正の際、「児童自立支援施設」に変更されました。また、このときの法改正において、家庭環境から生活指導等を必要とする子どもも、児童自立支援施設の支援対象者に含まれました。

　子どもの不良行為といえば、深夜徘徊や万引きなどの犯罪などがあげられますが、背景には「家庭や地域社会に子どもの居場所がない」ことがあります。それによって、子どもが犯罪に巻き込まれ、その結果として「不良行為」につながるのです。こうした子どもに適切な育ちの場を提供し、「育ち直し」を行うことで、自立した生活につなげていくのが、児童自立支援施設の目的です。

◆ 補足
児童自立支援施設の定義の根拠法
「児童福祉法」第44条である。

2. 施設の状況

1 施設の現状

　児童自立支援施設の数は全国に58か所、施設で暮らす子どもは1,395人となっています（厚生労働省「社会的養育の推進に向けて」2017年）。

◆ 補足
児童自立支援施設の数
全国58か所のうち、1か所は中学校卒業後の児童のみを対象としている。

第6章　施設養護の実践と方法

補足

私立の児童自立支援施設
私立の児童自立支援施設を運営する所は、「北海道家庭学校（男子）」「横浜家庭学園（女子）」の2施設である。

参照
留岡幸助
→レッスン4

用語解説

児童自立支援専門員
児童自立支援施設において、子どもの自立支援を行う者を指す。条件として、医師であって精神保健の学識経験を有する者、社会福祉士等が該当する。

児童生活支援員
児童自立支援施設において、子どもの生活支援を行う者を指す。条件として保育士等が該当する。

補足

小舎夫婦制
小舎夫婦制での運営は、子どもにとって家庭的な環境を経験できることがメリットである。

学校教育を実施する施設
児童自立支援施設における学校教育の実施状況は、小林英義・吉岡一孝編著『児童自立支援施設の子どもと支援——夫婦制、ともに暮らす生活教育』（明石書店、2011年、26頁、表3「学校教育の実施状況」〔2010年4月現在〕）をもとに、2018年現在で実施が確認できた施設を加えた数（割合）。

　児童自立支援施設の特徴は、その大部分が公設施設として運営されていることです。その理由は「児童福祉法施行令」に「都道府県は、児童自立支援施設を設置しなければならない」との規定があり、都道府県と指定都市には設置義務があるからです。そのため都道府県立と市立が54か所、これに加えて、国立が2か所、私立が2か所の計58か所となっています。国立の児童自立支援施設は、「児童福祉法」に基づいて、児童自立支援施設措置が該当とされる子どものうち、特に専門的な指導が必要とされる子どもを対象とする施設です。男子対象と女子対象のそれぞれ1か所ずつが設置されています。2か所の**私立の児童自立支援施設**が存在するのは、児童自立支援施設が生まれた歴史的背景によります。児童自立支援施設は、設置された当初は「感化院」とよばれていました。そのもととなったのは、**留岡幸助**による「家庭学校」（1899［明治32］年）です。現在設置されている私立の2か所は、この「家庭学校」が発展しながら、現在の形として運営されているものです。

　もう一つの施設の特徴は、職員の配置体制です。児童自立支援施設の職員配置基準は、**児童自立支援専門員**[*]、**児童生活支援員**[*]、嘱託医及び精神科の診療に相当の経験を有する医師又は嘱託医、個別対応職員、家庭支援専門相談員、栄養士ならびに調理員となっています。

　この子どもの自立と生活支援を行う職員を1組の夫婦で配置するという「小舎夫婦制」という形が取り入れられてきたことも、児童自立支援施設の特徴です。「小舎夫婦制」とは1組の夫婦が「寮長」「寮母」として、自分の家族と一緒に施設内にある小舎で、入所している子どもと生活をともにしながら関わるという形です。ただ、最近では社会情勢や労働環境などの理由から、「夫婦小舎制」で運営されている施設は減少傾向にあり、全体の3割程度となっています。

　また、児童自立支援施設は、施設内で学校教育を提供している点も大きな特徴です。児童養護施設や児童心理治療施設を利用する子どもは、基本的に施設が設置されている地域にある学校に在籍することとなります。一方、児童自立支援施設では、1997（平成9）年の「児童福祉法」改正までは、施設に入所する子どもに就学義務はなく、施設内の学科指導を「学校教育に準ずる」として位置づけていました。法改正後は施設長に、子どもへの就学義務が課せられるとともに、施設内で学校教員による「学校教育」が行われることが明記されました。

　学校教育を実施する施設は、全国57施設中54施設（94.7％）となっています。実施していない施設のなかには、地域の学校との連携で公教育の保障を進めているところもあり、1997年の法改正後20年近くを経て、

138

ほとんどの施設が子どもたちに学校教育の保障を行うようになりました。

2 子どもの現状

児童自立支援施設に入所している子どもの平均年齢は14.1歳であり[1]、中学3年生である15歳を境に、子ども数は減少します。子どもの年代をみると、中学生が最も多く、全体の80.5%を占めていることも、この施設の特徴といえます。施設での入所期間も1年未満が全体の59.6%と最も多く、2年未満まで加えると全体の90.2%となっていて、比較的短期間での支援であるのが特徴です。

児童自立支援施設の入所経路として、最も多いのは「家庭から」の61.0%ですが、この施設の特徴として「家庭裁判所からの送致」があり、これが18.3%を占めています。児童自立支援施設は、少年事件を起こした子どもに対する、家庭裁判所審判の保護処分先としても機能しています。都道府県に設置義務が課せられているのは、そのような理由もあります。「子ども家庭福祉」の役割と同時に、「少年司法の対応」としての役割を担っているのが児童自立支援施設の特徴です（図表19-1）。

3 家庭の状況

児童自立支援施設への入所に至った理由は「父または母の放任・怠惰」20.7%、「父または母の虐待・酷使」16.8%となっていて、虐待を理由とした入所は41.7%と高い割合となっています。親の状況について、「両親またはひとり親がいる」子どもが全体の86.5%であり、親がいる子どもの割合が高いのは、ほかの施設と同様の傾向です[2]。

子どもの今後の見通しについては、「保護者のもとへ復帰」が59.7%となっており、ほかの社会的養護に関わる施設と比べると高い割合になっています。両親またはひとり親の家庭の子どもたちが多いことからも、施設入所によって生活の立て直しを図り、家庭に復帰するという流れの子どもが多いのが現状です。

▶出典
[1] 厚生労働省「児童養護施設入所児童等調査結果（平成25年2月1日現在）」

▶出典
[2] [1]と同じ

図表19-1 児童自立支援施設の入所経路

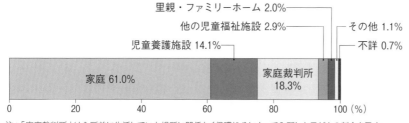

注：「家庭裁判所」は入所前に生活していた場所に関係なく保護処分によって入所した子どもの割合を示す。
出典：厚生労働省「児童養護施設入所児童等調査結果」（平成25年2月1日現在）をもとに作成

第6章　施設養護の実践と方法

3. 養育と教育の内容

1　子どもの保護と共生共育

　児童自立支援施設の最大の特徴は「子どもの保護」にあります。子どもが引き起こす問題行動は、子ども自身の問題ではなく、子どもが置かれている環境に問題があるとされています。そのため、行動上の問題を引き起こさせるような環境から子どもを保護することが、児童自立支援施設の養育における一つの特性となっています。

　また、「小舎夫婦制」にもみられるように、その運営は「共生共育」という基本理念に基づいています。共生共育とは「共に生活する場の中で行われる生きた言葉・態度などの相互交流によって共に育ちあう」（厚生労働省「児童自立支援施設運営指針」2012年、7頁）ことを示しています。同じ寮のなかでともに生活することで、子どもに等身大の家族の姿や大人の姿、親としての姿をみせながら、子どもの育ちを支えるという形です。このことを、児童自立支援施設では「withの精神[*]」という言葉で表現することで、「子どもとともに」を意識しながら、支援を行っています。今日では「小舎夫婦制」の施設は減ってしまいましたが、交替制のなかでもこれらの理念が大切にされています。

2　支援に適した「枠のある生活」

　もう一つの特徴として「枠のある生活」があります。これは施設内という限られた時間的・空間的な枠組みのなかで、規則正しい生活や決まりのある生活を重ねることで、子どもの自立支援を行うという養育です。この「枠のある生活」が、子どもの権利を損ねてはなりません。固定された枠ではなく、子どもの状況に応じた柔軟さをもち合わせた枠である必要があります。

　子どもにとって何が最善の利益になるのかという「児童の権利に関する条約」の理念に照らし合わせながら、その子どもの必要に応じたバランスのとれた枠のなかでの生活を提供することが求められています。

3　具体的な支援内容

①支援の基本

　「児童自立支援施設運営指針」に基づく養育・教育内容は、以下のとおりです。

・子どもを理解・尊重し、その思い・ニーズをくみ取りながら、子ども

✚用語解説
withの精神
児童自立支援施設を支える理念の一つ。社会福祉のあり方である"for him（彼のために）"ではなく、"together him（彼とともに）"であることを示す（全国児童自立支援施設協議会ホームページ）。

の発達段階や課題に考慮したうえで、子どもと職員との信頼関係の構築を目指す。
・子どものニーズをみたすことのできる日常的で良質な当たり前の生活を営みつつ、職員がモデルとなることで、子どもの協調性を養い、社会的ルールを尊重する気持ちを育てる。
・集団生活の安定性を確保しながら、施設全体が愛情と理解のある雰囲気に包まれ、子どもが愛され大切にされていると感じられるような家庭的・福祉的アプローチを行う。
・発達段階に応じて食事、睡眠、排泄、服装、掃除等の基本的生活習慣や生活技術が定着するよう支援する。
・多くの生活体験を積むなかで、子どもがその問題や事態の自主的な解決等を通して、子どもの健全な自己の成長や問題解決能力を形成できるように支援する。
・子どもの行動上の問題を改善するために、自ら行った加害行為などと向き合う取り組みを通して自身の加害性・被害性の改善や被害者への責任を果たす人間性を形成できるように支援する。

②具体的な支援

より具体的な支援内容として、以下の11項目が示されています。

> ・食生活　　・衣生活　　・住生活
> ・健康と安全　　・性に関する教育
> ・行動上の問題に対しての対応　　・心理的ケア
> ・主体性、自律性を尊重した日常生活
> ・学習支援、進路支援、作業支援等
> ・継続性とアフターケア　　・通所による支援

児童自立支援施設の特徴として、「行動上の問題に対しての対応」があげられます。入所理由の一つとして、不良行為があります。法的規範から外れた行動をとったことにより施設入所となった子どもにとって、児童自立支援施設での生活はときに厳しく感じることもあります。そのため、行動に現れる暴力、不適応行動・無断外出、施設内での子ども間の暴力、いじめ、差別等がその対応すべき問題としてあげられています。

ここで示されている具体的な支援として、日頃からの子どもに関する情報共有や子どもの安全、ほかの子どもの安全の確保、警察や児童相談所等関係機関との連携が示されています。また、これらの行動上の問題が、「子どもからの必死のサイン」であることを受け止め、子どもの訴えにていねいに耳を傾けることも記されています。これらは支援者に求

第6章　施設養護の実践と方法

められる姿勢です。

インシデント　視覚をとおして伝える事例

　児童自立支援施設もほかの社会的養護に関わる施設と同じように、発達系の障害がある子どもたちの受け入れが増えています。入所理由の主なものとしては「家出、徘徊」や「暴力、非行行為」であったとしても、その背景には特別なケアを必要とする状況があることが明らかになっています[3]。その結果、施設では生活指導などを通して、子ども自身がみずからの行動を振り返り、これからの生活をつくっていくことになりますが、そのようなプロセスが難しい子どもが増えてきています。

　ある児童自立支援施設では、子どもにみずからの行動を考えてもらうために、口頭ではなく文字で書く、図にする、ホワイトボードを活用するなど、視覚をとおして伝える方法を取り入れています。児童自立支援施設で取り組まれているこの指導方法は、発達障害のある子どもへの教育と同じものであり、「目で見てわかるように伝える」ことで、子どもの理解を深めています。

▶**出典**
†3　小林英義・吉岡一孝編著『児童自立支援施設の子どもと支援──夫婦制、ともに暮らす生活教育』明石書店、2011年、25頁

4.　今後の課題

1　専門的機能の充実

　ほかの社会的養護に関する施設と同じように、児童自立支援施設でも虐待を受けた子どもや、発達系の障害のある子どもが増えています。多くは特別なケアを必要とする子どもであり、子どもが抱える問題の複雑さに、施設として対応できることが期待されています。措置変更などで入所する子ども、家庭裁判所の保護処分を受けて入所する子どもなど、児童自立支援施設への入所理由もさまざまであることから、多様なニーズに応えることも求められています。

2　学校教育の保障

　1997（平成9）年から学校教育への就学義務が課せられた結果、施設内での分校、分教室の設置が進められてきました。しかし、いまだに経過措置の「学科指導」で対応している施設も残っています。子どもへの教育の保障の観点からも、早急に学校教育の提供ができる体制づくりが必要です。そのためには、生活指導等により子どものことを熟知してい

る施設職員と教員との連携・協働が不可欠となっています。

3 継続性とアフターケア

　児童自立支援施設での生活を経験した子どもは、安定した規則正しい生活、「withの精神」で関わる職員、健康的な生活などをとおして、子どもらしい姿をみせるようになっていきます。児童自立支援施設の入所対象者は、不良行為等がある子どもとなっているため、施設入所の理由となる問題行動が改善されることで、施設退所となります。施設退所は望ましいことではあるのですが、同時に「枠のある生活」からの解放も意味します。そのため、退所の時期がみえてきた頃からのていねいなリービングケア、退所後のアフターケア、継続的な見守り等により、子どもがみずから枠のある生活を営み続けることができるような体制づくりが課題です。

4 地域との連携による子どもの自立支援

　子どもの立ち直りや社会的自立を促すためには、親や関係者、関係機関の理解と協力が不可欠です。その際、親へのアプローチ以上に、子どもが地域社会のなかで適切な居場所を確保でき、地域の人々から受け入れられる環境で生活できるような体制づくりが必要といえます。

　そのためには、施設退所時のソーシャルワークが重要になってきます。子どもが帰っていく地域にある社会資源とどのように連携し、どのような役割分担をするのか、包括的な支援体制をつくることで、施設退所後の生活がスムーズに動くようになります。

　ただし、退所した子どもが何も問題や課題を感じずに生活することは難しいのが現状です。そのようなときにも、きちんと子どもを受け止められるネットワークをつくり、児童自立支援施設がその役割を果たすことが求められています。

演 習 課 題

①児童自立支援施設で提供している学校教育について調べてみましょう。
②児童自立支援施設がもつ「通所機能」について調べてみましょう。
③児童自立支援施設に入所を必要とする子どもが育つ地域のあり方について、話し合ってみましょう。

レッスン**20**

母子生活支援施設

このレッスンでは、母子生活支援施設について学びます。ひとり親家庭の増加や
それにともなう子どもの貧困の問題、ひとり親家庭を生む大きな原因であるDV
の増加を背景に、母子生活支援施設の役割は変わりつつあります。社会的養護だ
けでなく、子育て支援の観点からも、その現状と役割について学びましょう。

---

1. 母子生活支援施設の位置づけ

　母子生活支援施設は、配偶者がいない等の母親とその子どもに生活の
場を提供することで、子どもの福祉を守るほか、母子の自立に向けた生
活支援や施設利用後のアフターケアを行うことを目的とした施設です。

　母子生活支援施設は、ほかの社会的養護に関わる子ども家庭福祉施設
と違い、親子（母子）で生活する施設であること、施設と母親との契約
により利用することが特徴としてあげられます。

　母子生活支援施設の職員として、母子支援員、嘱託医、少年を指導す
る職員等が配置されています。母子の生活支援に加えて、子どもの育ち
を支える職員体制になっています。近年、**面前DV[*]の増加**にともない、
DVによる緊急避難先として機能する母子生活支援施設には、心理的ケア
を必要とする母子の入所が増えてきています。このような母子に対す
る支援として心理療法担当職員の配置が進められています。

　母子生活支援施設は1997（平成9）年の「児童福祉法」改正時に、
それまでの「母子寮」から「母子生活支援施設」へと名称変更が行われ、
その役割として自立のための生活支援機能が強化されました。住居の提
供に加え、日常生活支援や就労支援、子どもの健全育成のための施設内
保育や緊急一時保護事業などが行われるようになりました。近年はDV
による緊急避難場所としての役割も期待されています。

　また、ほかの社会的養護に関わる施設と同様、施設利用者だけでなく、
施設退所後の地域生活での支援、また地域で子育てを営むひとり親を支
える拠点的な役割も期待されています。

◆ 補足

**母子生活支援施設の定
義の根拠法**
「児童福祉法」第38条であ
る。

✳ 用語解説

面前DV
児童が同居する家庭におけ
る配偶者に対する暴力。

◆ 補足

面前DVの増加
厚生労働省「平成28年度
児童相談所での児童虐待相
談対応件数」（速報値）に
よると、前年度より相談
件数が1万9,292件増加の
12万2,578件となっている。
相談件数の大幅な増加の背
景に、面前DVによる警察
からの通告の増加がある。

144

2. 施設の現状

1 施設の状況

　母子生活支援施設は全国に232か所あり、施設で暮らす母子世帯は3,330世帯となっています（厚生労働省「社会的養育の推進に向けて」2017年）。2011（平成23）年に272か所あった母子生活支援施設は、ひとり親家庭を取り巻く現状と施設が果たす役割の変化に伴い、減少傾向にあり、定員充足率は69.7％（2017年3月末時点）となっています。

　運営形態別の施設数の推移をみると、公設公営施設が減少し、民設民営の施設が増えていることから、施設の統廃合と民営化が進んでいることがうかがえます（図表20-1）。

2 入所の理由

　入所の理由を複数回答でみると、理由が1つには絞りきれない状況がうかがえ、「夫などの暴力」が主たる入所理由ではなくても、それを経験している可能性は高いといえるでしょう（図表20-2）。

　また、最新（2017年）の単数回答による調査では、入所理由は「夫などの暴力」52.3％、「住宅事情」18.3％、「経済事情」12.5％で、夫などからの暴力から逃れるために利用する母子の緊急避難場所としての役割が高くなっています[†1]。

3 一時保護委託

　母子生活支援施設での一時保護は、夫などからの暴力による緊急一時避難として、また支援を行うことが特に必要であると認められる妊産婦の保護を目的として行われています。いずれの場合においても、**婦人相談所**[*]が行う一時保護委託先として位置づけられています。

　婦人相談所の委託先施設には、さまざまな施設種別がありますが、母子生活支援施設は委託施設数が最も多いこと、一時保護を必要とする女性に同伴する家族（子ども）がいる場合が多いことからも、親子で避難することのできる母子生活支援施設が重要な役割を担っています（図表20-3）。

4 母親の就労状況

　母親の就労状況についてみると、全体の68.2％が就労しているものの、正規雇用は全体の16.3％、非正規雇用が83.3％となっています。世帯収

✦ 補足

社会福祉施設の設立運営形態

社会福祉施設はその設立運営について、公設公営（自治体が設立し、運営もその自治体が担う）、民設民営（社会福祉法人等が設立し、その法人等が運営を担う）、公設民営（自治体が設立した施設を、社会福祉法人等がその運営を担う）という形に分かれる。

▶ 出典

†1　全国社会福祉協議会・全国母子生活支援施設協議会『平成28年度 全国母子生活支援施設実態調査報告書』2017年。なお、2017年の調査報告書には、複数回答の数値は掲載されていない。

✳ 用語解説

婦人相談所

「売春防止法」に基づく相談機関。もともとは売春を行うおそれのある女子への相談、指導、一時保護を行うことを目的とした機関であったが、今日では、DVを受けた女子の保護等について、「配偶者からの暴力の防止及び被害者の保護に関する法律」の規定に基づき、配偶者暴力相談支援センターの機能を担う施設の一つに位置づけられている。

第6章 施設養護の実践と方法

図表 20-1 母子生活支援施設の運営形態別施設数の推移

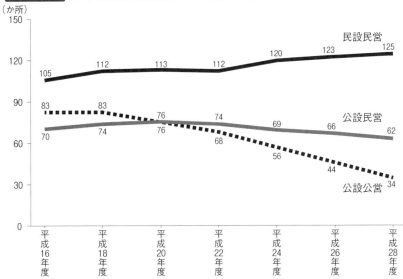

出典：全国社会福祉協議会・全国母子生活支援施設協議会『平成28年度 全国母子生活支援施設実態調査報告書』2017年をもとに作成

図表 20-2 母子生活支援施設の入所理由（新規入所世帯・複数回答）

理由	%
夫等の暴力	57.6
住宅事情	46.1
経済的理由	43.3
児童虐待	29.4
入所前の家庭環境の不適切	23.0
母親の心身の不安定	21.5
その他	8.2
職業上の理由	1.5

出典：全国社会福祉協議会・全国母子生活支援施設協議会『平成26年度 全国母子生活支援施設実態調査報告書』2015年をもとに作成

図表 20-3 婦人相談所における一時保護の委託契約施設数

施設区分	母子生活支援施設	民間団体	児童福祉施設	婦人保護施設	老人福祉施設	身体障害者施設	知的障害者施設	保護施設	その他	合計
か所数	106	105	45	20	9	8	25	6	4	328

注：2013年4月1日現在
出典：厚生労働省資料

図表 20-4 母子生活支援施設を利用する母親の就労収入（月平均）

（単位：円、%）

月額区分	5万以下	5〜10万	10〜15万	15〜20万	20万以上
正規雇用	2.4	7.4	46.9	30.2	13.0
非正規雇用	12.4	51.2	30.7	4.5	1.2

出典：全国社会福祉協議会・全国母子生活支援施設協議会『平成26年度 全国母子生活支援施設実態調査』2015年をもとに作成

入も図表20-4のとおりで、いずれも就労による収入のみで世帯を支えるには厳しい状況となっています。

なお、施設利用の全世帯の50.7%が生活保護を受給しており、就労している世帯であっても約4分の1（25.5%）が生活保護を受給しているというのが現状です[†2]。

このような現状を踏まえ、母子に対する就労支援は、施設にとって大切な役割の一つとなっています。就労につながる求職活動やハローワーク等との連携はもちろんのこと、母親が高卒の学歴を取得できるよう、認定試験への受験対策支援や資格取得のための学習支援を行っています。また、就労支援の一環として、**施設内に保育施設**を設置し、母親が安心して就労、学習できる環境づくりを進めている施設もあります。

3. 養育の内容

1 母と子の最善の利益を守る

母子生活支援施設を利用する母子は、日常生活において何らかの支援を必要とする状況にある親子といえます。DV被害に対する支援は、その典型的な例といえるでしょう。そのため、養育の第一義的な目的は、母子の安全な生活を守ることになります。「住居の確保」は、母子生活支援施設に求められる大切な役割といえます。

また、施設を利用することで、母親が子どもとの生活に目標をもって取り組めるようになることや、子どもの育ちが保障されることにつながります。母親のなかには、子どもの育て方や関わり方がわからない人がいるのも現状です。そのような母親が施設での生活、職員からの支援によって「赤ちゃんって、こうやって抱っこするんだ……。抱っこしていると気持ちよさそうに寝てしまった」「赤ちゃんはぐにょぐにょしていて抱っこしにくかったので、今までは母乳を飲ませたあとは寝かせきりにしていた」といった状況から、子育てに対する理解が深まるようになります。これまでの人生のなかで、子育てについて学ぶ機会がなかった利用者に施設職員が寄り添うことで、母子双方にとっての最善の利益につながることが期待できます。

このように母子という親子関係を守ることと同時に、母親と子どもそれぞれの最善の利益を守ることが、母子生活支援施設での養育の特徴です。それは母子それぞれが人格をもった存在として受け入れられることを意味します。しかし、ときには母親の思いと子どもの思いが一致しな

▶ **出典**

†2 †1と同じ。なお、2017年の調査報告書には、母親の就労収入は掲載されていない。

◆ **補足**

施設内の保育施設
未就学児の75.7%は認可保育所を利用しているが、施設では補完保育として、補助保育、病児・病後児保育、夜間保育、休日保育などを実施している（全国社会福祉協議会・全国母子生活支援施設協議会『平成28年度 全国母子生活支援施設実態調査報告書』2017年）。

第6章　施設養護の実践と方法

いことや、母親が子どもに対し不適切な関わりをすることもあります。

　そのような場面では、母子それぞれの思いを受け止めながら、おのおのの人格や個性を尊重した支援を行うことが重要です。そのため、施設職員には、ソーシャルワークなどの技術を生かした対人支援、連携などの力が求められています。

2　具体的な支援内容

①支援の基本

　「**母子生活支援施設運営指針**[*]」に基づく支援内容は、以下のとおりです。
　母親と子ども、それぞれの個別ニーズに合わせて専門的支援を展開することを基本としています。

②具体的な支援

・入所初期の支援：施設入所時は新しい環境になじむことができるよう、母親、子どもそれぞれの生活課題やニーズを把握し、生活の安定につなげるとともに精神的な安定を目指した支援を行います。

・母親への日常生活支援：母子で生活するにあたって必要な家事等家庭生活への支援や子育て支援、安定した人間関係構築に向けた支援を行います。

・子どもへの支援：子どもの育ちに必要な養育の環境を提供するとともに、学習支援や進路相談等への対応を行います。また、心地よい大人との関係づくりや子どもどうしの関係づくりも大切な支援となります。

・DV被害からの回避・回復：緊急時の保護から必要な情報提供、安心した生活環境や心理的ケアの提供を行うことで、母子をDV被害から守り、回復に向けた支援を行います。

・子どもの虐待状況への対応：虐待等不適切な養育を受けた子どもには、権利擁護の観点から専門性をもって支援を行い、ニーズに応じた関係機関との連携を行います。

・家族関係への支援：母親のニーズ、子どものニーズがどの場面においても必ず一致するわけではありません。双方のニーズをとらえ、その調整を行いながら家族関係の調整を行うことも支援の一つです。また、必要に応じて、父親やほかの親族、きょうだい関係間での支援も行います。

・特別な配慮の必要な母親、子どもへの支援：母親、子どものいずれにおいても、障害や疾病がある場合、利用できるサービスについての情報提供や通院等の同行、服薬管理などの支援を行います。

・主体性を尊重した日常支援：施設での生活支援、行事等への参加等は、

[✳] **用語解説**
「**母子生活支援施設運営指針**」
母子生活支援施設で行われる養育のあり方について示された指針。

母親、子どもの主体性が尊重される形で行われます。

・就労支援：母親の職業能力開発や就労支援を行います。また、ここには就労後の相談体制や保育支援等も含まれています。就労継続が困難な母親については、職場との調整や利用できる就労支援制度に関する情報提供を含めて、相談支援体制を整えています。

・支援の継続性とアフターケア：施設変更、施設退所後の母子の生活が安定したものとなるよう支援を行います。また、退所後も相談に応じることや学童保育、学習支援の提供などを継続します。

インシデント　母親への支援活動の事例

　ある母子生活支援施設では、月に2回、施設内で子どもの保育を地元大学の学生と一緒に行っています。

　最初のきっかけは土曜日に仕事の関係で、母親が子どもをみられない時間が生じることへの対応でした。子どもが大きくなって保育の必要がなくなったあとも、定期的に保育の場を設けることで、母親が家事などを行う時間を確保したり、ときには家事や子育てを一時的に離れてリフレッシュしたりすることを目的に行われています。

　この活動は子どもたちにも有意義で、目一杯遊んでくれる学生たちとの関わりをとおして、親以外の大人との交流やふれあいを得る機会になっています。施設長は「このような機会をとおして、子育てを一人で抱えこまなくてもいいこと、子どもとの生活を前向きにとらえることができるようになってほしい」と話しています。

　また、この施設では「母親集会」として月に一度、利用者である母親たちに集まってもらい、交流の機会を設けています。具体的には、施設からの報告や連絡のほか、施設運営に関して利用者が意見交換を行っています。また、母親のリフレッシュや母親どうしの交流のために、フラワーアレンジメント教室やジェスチャーゲーム、百人一首などのレクリエーションを行うこともあります。母親集会の時間は、職員とボランティアが子どもの保育を行い、母親としてはもちろん、一人の人間としての時間が確保できる機会にもなっています。

　このインシデントは、母子生活支援施設がもつ機能を生かした子育て支援活動といえます。また、地元大学の学生の力を借りて、地域社会と連携しながら展開しているのも大きな特徴です。

　母子生活支援施設のなかには、施設内に気軽に集えるサロンなどを設

けて一部を地域開放したり、学習支援のボランティアとして地域住民や学生に参加してもらったりするなど、母子への支援を施設内で閉じるのではなく、地域とのつながりのなかで展開しているところもあります。

4. 今後の課題

1 ひとり親支援の拠点としての役割

　母子生活支援施設は、母子に「住居の提供」を行うことで、子どもの福祉を守ることを目的に設立されました。今日においても、その重要性は変わるものではありませんが、複雑な背景を抱えたまま、地域で生活をしているひとり親が圧倒的に多いことも事実です。全国母子生活支援施設協議会がまとめた『私たちのめざす母子生活支援施設（ビジョン）報告書』（2015年）では、施設入所の母子にとどまらない、地域で暮らす母子、父子も含めた、ひとり親支援の拠点としての役割を目指すことが示されています（図表20-5）。その一つとして、先にあげた報告書では、アウトリーチ支援のあり方が示されています。母子生活支援施設が、地域で暮らすひとり親のニーズに対応できるようなサービスを展開することで、地域での生活を支え、また必要に応じた施設利用により生活を立て直し、母子へのエンパワメントを可能とすることで、また地域生活

図表20-5 母子生活支援施設が行うアウトリーチの概念図

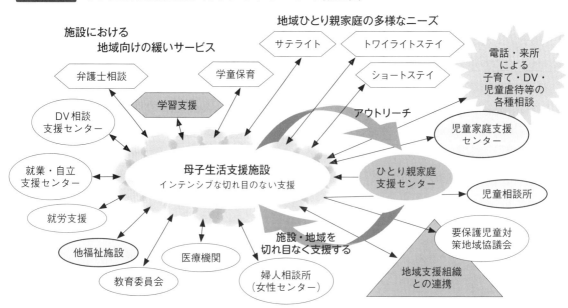

出典：全国社会福祉協議会・全国母子生活支援施設協議会『私たちのめざす母子生活支援施設（ビジョン）報告書』2015年をもとに作成

に戻るという一連の流れのなかで、ひとり親家庭を支えつづけることのできるしくみづくりが課題です。

2 子どもの教育と健やかな育ちへの支援

　母子生活支援施設の利用者の経済状況をみると、決して豊かとはいえません。そのような家庭環境で育つ子どもたちは、社会経験や生活経験が乏しくなりがちです。また、教育費の捻出が難しいこともあって進学などで不利な状況になり、**相対的貧困**[*]が生じるおそれがあります。母子生活支援施設を利用することで、子どもの社会経験や生活経験が豊かになると同時に、**学習支援**などの学習の機会を提供することで、子どもの健やかな育ちを保障することが求められています。

演 習 課 題

①ひとり親家庭が増えているなかで、母子生活支援施設数が減少している理由について考えてみましょう。
②母子生活支援施設が行っている子どもの育ちを支える実践について調べてみましょう。
③ひとり親家庭が増えている今日、母子生活支援施設が果たすことのできる機能について、話し合ってみましょう。

✱ 用語解説
相対的貧困
その社会における慣習や通年「当たり前」とされる生活が保てない状況（阿部彩「『豊かさ』と『貧しさ』——相対的貧困と子ども」『発達心理学研究』23（4）、2012年、362-374頁）。

✚ 補足
学習支援
近年、母子生活支援施設で暮らす子どもたちを対象とした学習支援、民間の寄付による奨学金制度も充実の方向にある。

レッスン **21**

自立援助ホーム

このレッスンでは、児童自立生活援助事業（自立援助ホーム）について学びます。事業の主たる目的は、施設退所後の子どもへのアフターケアですが、家庭で育ってきた子どものなかで、青年期になって養護の必要性が明らかになった子どもも対象となります。自立援助ホームは、不適切な養育環境で育ってきた子どもにとって、最後の砦ともいえる場です。

1. 児童自立生活援助事業の位置づけ

1 児童自立生活援助事業とは

　児童自立生活援助事業（以下、自立援助ホーム）は、義務教育が終わった20歳未満の子ども、もしくは高校、大学に在籍中の子どもが、職員とともに共同生活を送りながら日常生活のために必要なさまざまなことを習得し、自立生活ができるよう支援を受けるという事業です。

　自立援助ホームは、児童養護施設や里親などの社会的養護の場で育った子どもが施設や里親などから離れて、地域で一人暮らしをするための「橋渡し」的な役割を担っているといえます。

　一般的な家庭の子どもも、ある程度の年齢になったり進学や就職したりするのを機に、育った家族から離れていきます。その際、生活がある程度順調に進んでいくように、親から一定期間さまざまな支援を受けることで、子どもは新たな生活の場をつくっていきます。

　児童養護施設等の子どもは、家庭と同じように職員をはじめとする大人から養育や支援を受けながら生活をしています。生活の場が施設であっても家庭であっても、子どもが社会生活を営むまでの移行期には何らかの支援が必要です。社会的養護で育つ子どもに、このような支援を提供する場と機会を設け、さまざまな人との出会いをつくっていくのが、自立援助ホームの目的といえます。

2 自立援助ホーム発足の経緯

　自立援助ホームは、児童養護施設等の退所者のアフターケアを目的として発足しました。戦後間もないころには、中学卒業と同時に住み込み就労をして、施設を退所する子どもが圧倒的多数を占めていました。けれども、その子どもは何らかの事情で仕事を辞めることもあり、初期の

◆補足

児童自立生活援助事業の定義の根拠法
「児童福祉法」第6条の3である。

児童自立生活援助事業の対象児童
児童自立生活援助事業の対象となる児童は、以下の通りである。①義務教育を終了した児童または児童以外の満20歳に満たない者であって、措置解除者等であるもの、②高等学校の生徒および大学の学生であって、満20歳に達した日から満22歳に達する日に属する年度の末日までの間にあるもの。

自立援助ホームは次の新しい職場をみつけるまでの居場所としての役割を果たしていました。

その後、児童養護施設等の子どもは、進学して高校卒業を機に退所するケースが増えていきました。しかしその一方で、中学卒の子どもや高校の途中で退学する子どももいて、そうした状況下で就労する子どもへの支援が課題となってきました。

これまでのように「就労か養護か」ではなく、「就労と養護」をともに必要とする子どもの生活の場として、自立援助ホームが期待されるようになりました。1997（平成9）年の「児童福祉法」改正にともなって、それまで国庫補助での運営だったものが、「児童福祉法」に規定する児童自立生活援助事業として**第二種社会福祉事業**に位置づけられました。

◆ 補足
第二種社会福祉事業
「社会福祉法」に定める社会福祉事業の規定であり、利用者への影響が比較的低いと思われる、主に在宅福祉サービスを中心とした事業。運営主体についても制限がなく、第二種社会福祉事業に取り組む団体は多様である。

3 自立援助ホーム利用の流れ

自立援助ホーム利用の手続きは、図表21-1のように、2つの出発点があります。一つは、入居を希望する子どもが直接ホームに入居相談をするものです。相談を受けたホームは受け入れの判断を行い、入居希望をする子どもに代わって、児童相談所に受け入れのための代理申請を行

図表21-1 自立援助ホームへの入所フローチャート

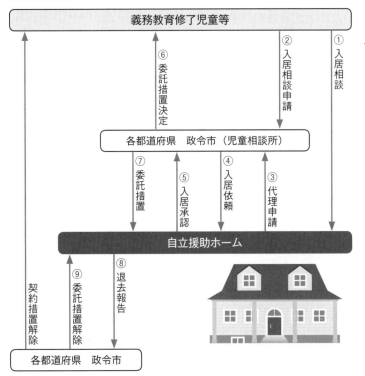

出典：全国自立援助ホーム協議会『自立援助ホームハンドブック さぽおと〈実践編〉』2013年をもとに作成

うことができます。

　もう一つは、入居を希望する子どもが都道府県等の窓口（児童相談所）に入居相談・申請を行うものです。入居相談を受けた児童相談所は、自立援助ホームに対し受け入れの可否について確認します。連絡を受けた自立援助ホームは、入居受け入れの可否を判断し、児童相談所にその結果を伝えます。

　このようにして受け入れが認められたときは、入居希望の子どもとその保護者が同意書に記入し、児童相談所所長の委託措置により入居が決定します。児童相談所より委託措置決定通知書がホームに送られ、正式に「入居」となります。ただし、やむを得ない場合（保護者がいない場合、または虐待を受けているため、保護者に同意をとることが子どもの不利益につながる場合など）は同意書の提出を省略することができます。

　なお、自立援助ホームが本人の状況をみて、自立の準備が整ったと判断できるようになり、かつ本人の意思も確認されれば「退所」となります。

４　子どもシェルターの誕生

　自立援助ホームの枠組みを活用した「子どもシェルター」の設置が全国的に広まりつつあります。子どもシェルターは、家庭に居場所がない子どもの緊急避難場所としての役割を果たすものです。家庭や地域社会に居場所のない子どもは犯罪等に巻き込まれるおそれがあることから、その子どもに居場所を確保し、子どもが安心で安全な場所で過ごすことで、その後の生活を切り拓くことを目的としています。

　NPO法人として運営している団体がほとんどで、全国で16法人17施設の設置となっています（一部、休所中）が、開設を計画しているところも多く、今後ますます増加すると思われます[1]。

▶**出典**

†1　高橋温「要保護・要支援児童の義務教育修了後の支援における課題——シェルターと自立援助ホームの実践、法制度を踏まえて」『子どもの虐待とネグレクト』19（3）、2017年、322頁

2.　事業の概況

１　事業の現状

　自立援助ホームは全国に143か所あり、516人の子どもが暮らしています（厚生労働省「社会的養育の推進について」2017年）。事業者数の増加にともない、利用する子ども数も増加しています。

　自立援助ホームの運営形態には、いろいろな形があります。運営主体としては、NPO法人、社会福祉法人、一般社団法人等となっています。また、1事業の定員も5～15人と幅があります。男女での総定員とし

て設定されているホームもあれば、男子のみ、女子のみで運営されているホームもあり、運営主体の実情やホームの形態等により、多様な形での運営となっています。

インシデント①　Ａ自立援助ホームの定員

　Ａ自立援助ホームは男女混合で6名の定員となっています。内わけは男子2名、女子4名です。その理由は、自立援助ホームとして利用している建物の構造によります。1戸建てで2階のこの自立援助ホームでは、1階を男子、2階を女子に割り振りをしています。その結果、1階に部屋数が少ないこの自立援助ホームでは、どうしても男子の定員が少なくなってしまいます。男子の受け入れについては課題が残りますが、まずは利用する子どもの安心と安全の確保を最優先に運営されています。

インシデント②　自立援助ホームの職員体制

　自立援助ホームは、スタッフと共同生活を営むことで、子どもが社会で生活する準備をするための場所といえます。この共同生活の形は大きく分けると2つのタイプとなります。1つはスタッフとなるご夫婦の家庭に子どもが一緒に住む形での運営です。ファミリーホームに近いものといえるでしょう。もう1つは子どもの生活の場に職員が通う形であり、地域小規模児童養護施設に近いものといえます。

2　子どもの状況

　在籍する子どもの平均年齢は17.5歳、半数が18歳以上であり、措置委託されたときの年齢も18歳以上が全体の26.9%となっています。また、子どもの就学状況をみると「中学卒」が81.9%となっており、ほかの社会的養護に関わる施設等のなかで、「中学卒」が最も高くなっています。子どもの心身の状況については、全体の37.0%に何らかの障害等がある状況です。また疾病についても、罹患傾向がある子どもが全体の30.6%となっています。自立援助ホームを利用する子どもを就労や社会生活につなげていくためには、特別な配慮を必要とする状況にあることがわかります[2]。

3　家庭の状況

　入所理由は「父または母からの虐待・酷使」21.3%、「児童の問題に

▶ 出典

[2] 厚生労働省「児童養護施設入所児童等調査結果（平成25年2月1日現在）」

第6章　施設養護の実践と方法

よる監護困難」が19.7％となっています。入所経路で最も多いのが、「家庭から」の47.1％であり、次に「児童養護施設から」の23.7％となっています。従来は児童養護施設からの入所が多かったのですが、今日では、養育環境が不適切な状況にあった子どもが、思春期になって問題が顕在化し、自立援助ホームに来るというパターンが増えています[3]。

　また、両親ともいない子どもが全体の25.0％、家族との交流がない子が41.2％となっています。過酷な家庭環境のなかで義務教育終了後まで過ごした子どもが、高校に進学したものの退学したり、就労が継続しなかったりして、社会のなかでの居場所を失い、自立援助ホームにたどりつくというのが現状です。

▶出典
[3]　[2]と同じ

3. 自立支援の内容

1 「安心できる生活環境」の提供

　自立援助ホームを利用する子どもの多くは、家庭を含め、大人や社会から育ちを支えられた経験が少ない状況で、ホームにたどりついていますが、衣食住に不足のない安心できる生活基盤がなかっただけでなく、虐待やネグレクトなど、育ちそのものが奪われるような時間を過ごしてきた子どもが増えています。

　そのような子どもに対しては、まずは安心できる生活環境の提供が必要です。この「安心できる生活環境」とは、衣食住が提供されればこと足りるというものではありません。自立援助ホームにやってくる子どものなかには、失敗を積み重ねた結果、自己肯定感が低く、自分に自信がもてなくなった子どもも少なくありません。そういった子どもには、「失敗が許される場」こそが、「安心できる場」なのです。このように、自分の失敗が他者に受け入れられる経験を積み重ねていくことで、子どもは自分に自信をもてるようになります。

　自立援助ホームの制度を利用して運営されている「子どもシェルター」も、「最後の砦」を求める子どもの居場所になっています。子どもシェルターの利用について、児童相談所からの入所委託もありますが、子どもみずからが助けを求めてくる場合や、友人などまわりの人々への相談が利用につながる場合もあります。いずれにしても、心のこもった対応をして、子どもの自己肯定感を高めることが大切です。

レッスン21 自立援助ホーム

２ 具体的な支援内容

「自立援助ホーム運営指針」に基づく支援内容は、以下のとおりです。
「ホーム内外での問題の対応」や「退居者支援」といった、地域との接
点を重要視する自立援助ホームの特徴を踏まえた内容が盛り込まれてい
ます。

・食生活　　・衣生活　　・住生活　　・健康と安全
・性に関する教育　　・ホーム内外での問題の対応
・心理的ケア　　・自主性と自律性を尊重した日常生活
・自己領域の確保　　・就労・就学支援
・支援の継続性の確保と退居者支援
・家族関係調整

インシデント③　就労・就学支援

　自立援助ホームを利用する子どもの多くは、中卒あるいは高校中
退でやってきます。まず、この子どもが高卒の学歴を修得すること
ができるよう、高卒認定試験への支援が大切な役割の一つです。ま
た、子どもの就労支援として、ハローワーク（公共職業安定所）へ
の同行、求人誌から条件に合う就職を探すなど、きめ細かな対応の
展開も必要です。その一方で、就労の継続が課題の一つであり、長
期間、一つの就労先で働くことができるような支援も求められてい
ます。

インシデント④　訪問によるアフターケア

　自立援助ホームを利用した子どもへの支援のなかでも、退居者支
援は自立援助ホームの大切な役割の一つです。自立援助ホームでは、
退居者に対して定期的な訪問支援を継続しています。子どもはこれ
までの厳しい生活環境のなかで、みずからの生活に困っていても支
援を求めることができないケースも見受けられます。たとえば、光
熱費滞納によりライフラインが止まっていても連絡をしてこないよ
うなケースなどです。スタッフの訪問により、このような生活課題
が発覚し、支援につながることもあるのです。

第6章　施設養護の実践と方法

4．今後の課題

1　整備の推進

　自立援助ホームは、自立支援を必要とする子どもの増加にともなって、そのニーズが高まっています。「少子化社会対策大綱」（内閣府平成27年3月20日閣議決定）では2019（平成31）年度末までに190か所の整備を目標としています。

2　子どもたちの自己肯定感を高める職員

　自立援助ホームは、社会状況や子どもが抱える課題の変化にともない、多様な子どもを受け入れる場として機能してきました。各種の施設利用者のアフターケアだけでなく、家庭で十分な養育を受けることもなく、社会的養護での保護もなかった（あるいは一時的であった）子どもを支える「最後の砦」として機能することも期待されています。

　また基本的に、自立援助ホームを利用する子どもは退居後、社会で自立した生活を営むことになります。そのために必要な社会性についても、ホームでの生活をとおして学んでいく必要があり、ホームの職員は、子どもの自己肯定感を高め、子どもから「この人だったら自分のことを話してもいい」と思われるような存在であることが期待されます。

3　20歳以降のアフターケア

　自立援助ホームの対象年齢については「20歳未満の者」となっていますが、2017（平成29）年度から「22歳の年度末までの間にある、大学等就学中の者」が対象に追加されました。このことは、大学就学中の利用者が、20歳を機に自立援助ホームを出なければならないことで生じる負担を軽減することを目的としています。

　20歳以降の利用については、引き続き検討されることが期待されますが、自立援助ホーム担当者からは「退所から時間がたつにつれて、アフターケアにかかる時間が長くなってきている」という声もあり、退所後のアフターケア拠点として機能する体制づくりが重要になっています。

インシデント⑤　自立援助ホーム退所後のアフターケア

　自立援助ホームを利用する子どもへのアフターケアが課題となっています。ホームから退所したからといって、生活や就労上のサポートがまったくいらないわけではありません。子どもはある一線

を越えたら「自立」できるというものではなく、自立生活への移行は、ゆるやかに段階的に進んでいくものだからです。

開設後5年のあるホームでは、元入居者の里帰り先として機能することもあるとのこと。就労の支援だけでなく、結婚や出産、子育てといった息の長いサポートが求められる場面もあるのです。

演 習 課 題

① あなたが暮らす自治体に自立援助ホームはあるでしょうか。調べてみましょう。

② 自立援助ホームが今果たしている役割に加えて、今後、どのような役割が期待されますか。話し合ってみましょう。

③ 自立援助ホームを支える地域とのネットワーク構築のために、どのような社会資源とつながることが必要でしょうか。グループで話し合ってみましょう。

参考文献‥‥‥‥‥‥‥‥‥‥‥‥‥‥‥‥‥‥‥‥‥‥‥‥‥‥‥‥‥‥‥‥‥‥‥‥‥

レッスン17
『施設で育った子どもたちの語り』編集委員会編 『施設で育った子どもたちの語り』 明石書店 2012年

レッスン19
全国児童自立支援施設協議会編 『非行問題 2012』 2012年

レッスン21
高橋亜美・早川悟司・大森信也 『子どもの未来をあきらめない──施設で育った子どもの自立支援』 明石書店 2015年

おすすめの1冊

野辺陽子・松木洋人・日比野由利ほか 『〈ハイブリッドな親子〉の社会学』青弓社 2016年

社会的養護を学ぶと「親子とは」「家族とは」という疑問に向き合わざるを得なくなる。それは、血のつながりがある関係性のなかで子どもが育つこと、暮らすことが必ずしも幸せにつながっていない現状を目の当たりにするからである。同時に、血のつながりがなくても幸せな関係性のなかで暮らしている人たちがいる。社会的養護を学ぶということは、私たちが家族に何を求めるのか、そもそも家族の役割とは何か、そしてなぜそこにこだわり続けるのか、を問い続けることとなる。〈ハイブリッドな親子〉とは「出産・子育てに生みの親以外の担い手が関わる親子関係」（本書、11頁）として、代理出産や養子縁組、里親養育、施設養護があげられている。これから、保育者として多様な家族、〈ハイブリッドな親子〉と関わる可能性がますます高まっている。そのような理解を深めるためにもおすすめの1冊。

コラム

広まる「子ども食堂」の取り組み

　今日、子ども家庭福祉分野に限らず、社会福祉分野全体の流れとして「地域福祉」「地域包括支援」そして「居場所」がキーワードとなっています。社会的養護も子ども家庭福祉、社会福祉の一分野である以上、社会的養護を必要とする子どもにとっての地域福祉、そして地域での子どもの居場所について考えていく必要があります。

　そのようななか、子どもの貧困対策の一つとして「子ども食堂」が各地で取り組まれるようになってきました。東京を出発点に全国で実施されていますが、共通項は「みんなで一緒にご飯を食べること」。このシンプルですが子どもの育ちや養育に欠かせないことを地域で提供していくことで、孤立した子どもをなくし、人と一緒に食べることの喜びをともに分かち合う経験の場となっています。食事の提供だけでなく、子どもと一緒に遊ぶ大人や学生、宿題や勉強の見守りを一体的に行っている場もあります。対象も、子どもだけに限定しているところから、趣旨に賛同する人は誰でも、親子での参加もどうぞというところもあります。

　子ども食堂と社会的養護はすぐにはつながらないかもしれません。子ども食堂を運営している団体の多くは週1回〜月1回、あるいは隔月1回ぐらいの開催となっており、日常的な食生活の確保にはほど遠い状況です。しかしながら「食の確保」という子どもの養護に欠かせない部分を、一部であっても地域社会で担う動きが出てきたということは、社会的養護の地域福祉的取り組みの一つといえるのではないでしょうか。また食を通じてつながった子ども同士、子どもと大人、そして家族が、地域のなかで互いの存在を知り、支え合いつながり合うことで、地域生活を維持していくことができるきっかけにもなっています。

　全国各地で取り組まれるようになっている「子ども食堂」。あなたの周りでも取り組みが始まっているかもしれません。取り組みがない地域でも、ニーズがない地域はないといいます。少し関心をもってのぞいてみませんか。

第7章

家庭養護の実践

本章では、家庭養護に分類される里親と、養子縁組制度について学んでいきます。社会的養護の再編により、養育の場としての里親家庭への期待が高まっています。また、養子縁組制度は法律的に親子関係を結ぶことができるという特徴があります。そして、今後、里親や養子縁組を増やしていくには里親や養親の支援が大切になります。以上のようなことを理解していきましょう。

レッスン22　里親制度

レッスン23　養子縁組制度

レッスン24　里親・養親への支援

レッスン**22**

里親制度

このレッスンでは、「家庭養護」の領域に入る「里親」と「小規模住居型児童養育事業（ファミリーホーム）」について学習します。里親や小規模住居型児童養育事業は、家庭に近い養育環境の提供の場としての役割が期待されていますが、現状では社会における認知度が低く、里親家庭で育つ子どもたちへの正しい理解と共感が求められています。

1. 家庭養護の充実を目指して

　社会的養護を必要とする子どもたちの増加によって、養育の場としての里親家庭への期待が高まっています。背景には、日本が1994（平成6）年に批准した「児童の権利に関する条約」、そして2009（平成21）年の国連による「**児童の代替的養護に関する指針**」（以下、国連ガイドライン）の採択があります。

　特に国連ガイドラインでは、社会的養護について、施設養護と家庭養護が相互に補完しながら子どものニーズに対応していることを踏まえつつ、①施設養護は必要な場合に限られること、②乳幼児の社会的養護は原則として家庭養護で提供されるべきこと、③大規模な施設養護は廃止していくべきことなどが示されました。

　2016（平成28）年には、この国連ガイドラインの方向にのっとって「児童福祉法」の改正が行われ、国・地方公共団体の責務として、保護者の子育てを支えると同時に、家庭での養育が困難あるいは不適切な子どもに対しては、家庭と同様の環境およびそれに準ずる養育環境の提供が推進されることとなりました（第3条の2）。

　一方、2008（平成20）年より里親からの発展形態として、小規模住居型児童養育事業（ファミリーホーム）が行われています。

　継続した養育者とともに暮らすこととなるこれらの事業では、子どもと養育者の間に**愛着関係**を築くことができ、社会的養護を必要とする子どもにとっては**ノーマライゼーション**の一つの取り組みになります。

参照
「児童の代替的養護に関する指針」
→レッスン10

参照
愛着関係
→レッスン16

ノーマライゼーション
→レッスン13

レッスン22　里親制度

2．里親制度

1　里親とは

里親の定義は「児童福祉法」第6条の4に規定されており、4つの種類があります（図表22-1）。

2　里親の現状

社会的養護を必要とする子どもたちは児童相談所で、「家庭からの分離が必要」と判断されると、児童養護施設等の入所型の児童福祉施設か、里親あるいは小規模住居型児童養育事業に養育を委託されます。

登録里親数は全国に1万1,405世帯、このうち子どもが委託されている里親は4,038世帯、里親に委託されている児童数は5,190人（2017年3月末）となっています[1]。国の施策として家庭養護の推進が言われている今日、登録里親数および委託里親数は年々増加傾向にあります（図表22-2）。

登録里親数および委託里親数の上昇だけでなく、**里親等委託率**も上昇傾向にあります。里親等委託率は以下のとおりに算出されています。

$$里親等委託率（\%）= \frac{里親＋ファミリーホーム委託児童数}{乳児院入所児＋児童養護施設入所児＋里親・ファミリーホーム委託児}$$

▶ **出典**

[1]　厚生労働省「社会的養護の現状について（参考資料）」2017年

✚ **補足**

最近10年間における里親等委託率が増加している自治体

		増加幅 （平成18年 →28年比較）
1	さいたま市	27.6％増加
2	静岡市	27.1％増加
3	福岡市	27.1％増加
4	大分県	19.7％増加
5	富山県	17.2％増加
6	滋賀県	16.1％増加
7	佐賀県	15.8％増加
8	岡山県	15.3％増加
9	札幌市	15.2％増加
10	和歌山県	15.2％増加

出典：厚生労働省「社会的養護の現状について（参考資料）（平成29年12月）」2017年をもとに作成

図表 22-1　里親の種類

種類	養育里親	専門里親	養子縁組を希望する里親	親族里親
対象児童	要保護児童 （保護者のない児童又は保護者に監護させることが不適当であると認められる児童）	次に挙げる要保護児童のうち、都道府県知事がその養育に関し特に支援が必要と認めたもの ①児童虐待等の行為により心身に有害な影響を受けた児童 ②非行等の問題を有する児童 ③身体障害、知的障害又は精神障害がある児童	要保護児童 （保護者のいない児童又は保護者に監護させることが不適当であると認められる児童）	次の要件に該当する要保護児童 ①当該親族里親に扶養義務のある児童 ②児童の両親その他当該児童を現に監護する者が死亡、行方不明、拘禁、入院等の状態となったことにより、これらの者により、養育が期待できないこと
登録里親数	9,073世帯	689世帯	3,798世帯	526世帯
委託里親数	3,180世帯	167世帯	309世帯	513世帯
委託児童数	3,943人	202人	301人	744人

注：里親登録は重複登録あり。
出典：厚生労働省「社会的養育の推進に向けて」2017年をもとに作成

163

第7章 家庭養護の実践

里親等委託率は、2006（平成12）年度末には9.5%であったものが、2016（平成28）年度末には全国平均で18.3%となっています[†2]。里親等委託率は自治体間で大きな差があり、最も高い自治体では51.1%である一方、低い自治体では8.3%と全国平均を大きく下回る状況となっています。同時に最近では、里親等委託率を20%以上伸ばしている自治体も登場しています。これらの自治体では、児童相談所に里親担当の職員の配置や、里親支援機関の充実、体験発表会等、里親委託につながる積極的な取り組みを行っています。

このようにわが国の里親等委託率は各自治体の取り組みにより年々高くなっているものの、いまだに国際的には低いのが現状です。

3 里親登録の流れ

里親になることを希望する人は、**里親研修**を修了し、認定を受けて登録することで里親になることができます。養育里親登録を希望する人を対象とした**基礎研修**と基礎研修受講者を対象とした**認定前研修**の両者の受講が必要です。基礎研修は講義1日と実習1日程度、認定前研修は講義2日と実習2日程度で構成されています。

里親になるための受け入れ窓口は児童相談所です。養育里親と養子縁組里親を希望する人は、研修を受けることが必須となっていますが、児童福祉施設の職員など児童福祉の経験などのある人は、認定前研修のみで修了証を得ることができます。研修では里親に関する制度や里親を必要とする子どもたちの現状などについての理解を深めます。実習には乳児院や児童養護施設等、施設養護の現場での体験も盛り込まれています。

図表22-2 登録里親数と委託里親数の推移

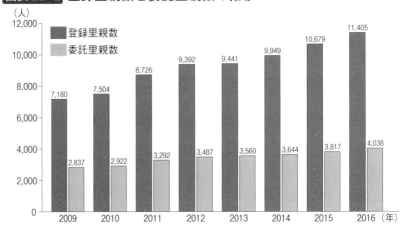

注：数値は各年度3月末現在。
出典：厚生労働省大臣官房統計情報部『社会福祉行政業務報告』各年版をもとに作成

▶出典
†2 厚生労働省「社会的養育の推進に向けて」2017年

参照
里親研修の流れ
→レッスン9 図表9-2

補足
基礎研修と認定前研修
基礎研修及び認定前研修の内容は以下の通りである。
・基礎研修
①里親制度の基礎Ⅰ
②保護を要する子どもの理解について
③地域における子育て支援サービス
④先輩里親の体験談、グループ討議
⑤実習（児童福祉施設の見学を中心とした内容）
・認定前研修
①里親制度の基礎Ⅱ
②里親養育の基本
③子どもの心
④子どもの身体
⑤関係機関との連携
⑥里親養育上のさまざまな課題
⑦児童の権利擁護と事故防止
⑧里親会活動
⑨先輩里親の体験談・グループ討議
⑩実習（児童福祉施設、里親）

研修を受けるのにあわせて、児童相談所に登録申請を行い、家庭訪問や調査を受けることになります。里親として子どもと関わるために必要な知識などを修得すると同時に、里親の大きな特徴である子どもに「家庭的な養育環境」を提供できるかどうかが重要なポイントとなります。この両者がそろうことで、里親としての認定を受けることができます。

　里親登録には有効期限があり、養育里親は5年、専門里親は2年です。更新する場合は更新研修を受講することになります。更新研修は1日ですが、未委託里親については、実習が1日必要となります。また、専門里親については、養育里親として3年以上の委託経験に加えて、専門里親研修を受講することで登録が認められます。

　里親登録にこのような研修が義務化されたのは、2008（平成20）年度からです。以前は、養育里親のみに研修が義務づけられていました。研修については、義務化以前も自治体単位で取り組まれていましたが、研修の内容に差があったことは否めません。一律の研修を行うことで、すべての里親希望者に共通して里親としての心構えを促し、社会的養護を必要とする子どもへの理解を深めることができるようになりました。また2016（平成28）年の「児童福祉法」改正により、養子縁組里親についても研修が義務づけられるようになりました。

4　里親登録の動機

　里親登録数は年々増加傾向にありますが、社会的養護を必要とする子どもの数に比べると、まだまだ登録者の数が少ないのが現状です。

　里親を希望する人たちが、どのような動機で里親登録をしているのかを、厚生労働省が5年に一度行っている「児童養護施設入所児童等調査」の「里親申込みの動機」から、みてみましょう（図表22-3）。これによ

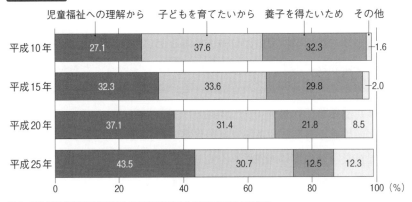

図表22-3　里親申込みの動機

出典：厚生労働省「児童養護施設入所児童等調査」各年度版をもとに作成

第7章　家庭養護の実践

ると、年を追うごとに「児童福祉への理解」が増えていること、その一方で「養子を得たい」が減少していることがわかります。

この背景には、里親登録者の掘り起こしを目的とした広報活動が積極的に行われるようになり、里親制度が児童福祉の一環であることへの理解が深まりつつあることがうかがえます。

5 「里親委託ガイドライン」

国は2011（平成23）年に里親委託の推進を目的とした**「里親委託ガイドライン」**を公表しました。これは国際的にみて里親委託率が低い日本において、里親委託を促進するために定めたものです。

ここでは、ガイドラインのなかから、「里親委託優先の原則」と「里親委託とする子ども」についての2点を取り上げて説明します。

①里親委託優先の原則

これは、社会的養護を必要とする子どもの委託先として、里親が優先的に選択されるべきであることをいいます。その理由として以下の3点が示されています。

1）特定の大人との愛着関係のもとで養育されることにより、安心感、**自己肯定感**[*]、**基本的信頼感**[*]を育むことができる。

2）適切な家庭生活を体験し、将来、家庭生活を築くうえでのモデルとすることが期待できる。

3）家庭生活での人間関係を学び、地域社会での社会性を養い、生活技術を獲得できる。

また、この原則のなかでは社会的養護においては里親委託を優先して選択すべきだとしながらも、実際には登録里親の数が不足していること、加えてさまざまな課題をかかえる子どもに対応できる里親も少ない現状から、施設養護の役割も大きく、その質の充実に努める必要性があることも示されています。

②里親委託となる子どもについて

里親委託となる子どもは、保護者の養育の可能性の有無や、子どもの年齢にかかわらず、また、施設入所が長期化している子どもや、短期委託が必要な子どもなど、すべての子どもが検討の対象とされるべきであることが示されています。

社会的養護を必要とする子どもの保護者の状況に関するデータをみると、児童養護施設では両親とも不在もしくは不明の割合が17.7%であるのに対し、里親では46.4%となっています[†3]。里親に委託される子どもの約半数には両親または片親がいないということは、親がいる場合には、

✦ 補足

「里親委託ガイドライン」
里親委託における基本的な項目を定めたもの。里親委託の基本原則に加えて、保護者への支援や里親種別ごとに委託する際の配慮等が示されている。

✳ 用語解説

自己肯定感
自己肯定感とは、「自分は生きる価値がある、誰かに必要とされている」と、みずからの価値や存在意義を肯定できる感情のことをいう。自分のよいところも悪いところも含めて自分のすべてを肯定しようとする前向きな感情である。

基本的信頼感
基本的信頼感とは「自分が他人から愛されていて、大切にされている」という感覚のことを意味する。「理由のない自己肯定感」とよばれることもある。乳幼児期に両親や養育者から気持ちを受け入れてもらい、たくさん愛情を注いでもらうことで、両親や養育者との間に強い情緒的な絆を築き、安心感や受容感を得るなかで基本的信頼感を育んでいく。逆に、親に拒否されたり、十分な養育が与えられなかったりすると人間全体に対する不信感につながっていく。

▶ 出典

†3　厚生労働省「児童養護施設入所児童等調査結果（平成25年2月1日現在）」

里親委託が養子縁組につながることを恐れる親の反対が多く、里親委託が進んでいないものと考えられます。保護者の有無にかかわらず、社会的養護を必要とする子どもについては里親委託を検討することの必要性が示されています。

ただし、施設での専門的なケアが望ましい場合や、保護者や子どもが明確に里親委託に反対している場合、対応の難しい保護者の場合、里親と子どもが不調となり施設ケアが必要な場合などは、当面は施設措置を検討することも示されています。これは国連の「児童の代替的養護に関する指針」にある施設養護と家庭養護の相互補完的な役割に基づくものといえるでしょう。

3. 小規模住居型児童養育事業（ファミリーホーム）

1 里親から発展して誕生

小規模住居型児童養育事業（以下、ファミリーホーム）は、2008（平成20）年の「児童福祉法」改正によって児童福祉事業として位置づけられ、2009（平成21）年度から運営が始まりました。「児童福祉法」では、保護者のいない児童、あるいは家庭で養育することが適切ではない子どもの養育を、相当の経験をもつ養育者の家庭で行う事業とされています。

里親との大きな違いは、委託される子どもの人数および事業の位置づけです。この事業の前身は、全国11の自治体で実施されていた「里親ファミリーホーム」です。当時、家庭養護としての里親の意義が強調されていましたが、子どものニーズに応えるだけの里親登録数には至っていませんでした。そうしたなかで経験を重ねて力量のある里親が、一人でも多くの子どもたちに家庭養護の場を提供することを目的として、里親委託上限以上の子どもたちを育てることで、里親ファミリーホームが運営されていたのです[4]。

この実践を社会福祉事業として法律のなかに位置づけたのが「小規模住居型児童養育事業（ファミリーホーム）」であり、これにより運営上の安定が確保されることになりました。

2 ファミリーホームの現状

ファミリーホームは全国313か所で運営されており、1,356人の子どもが生活しています（2017年3月末、厚生労働省「福祉行政報告例」2017年）。ファミリーホームは里親と違い、「社会福祉法」に基づく第

▶ 出典
†4 厚生労働省ファミリーホームの設置運営の促進ワーキンググループ「平成25年度 ファミリーホーム実態調査集計結果」2013年

第7章　家庭養護の実践

補足
第二種社会福祉事業
社会福祉事業には第一種と第二種の2つがある。第一種社会福祉事業とは主に「入所施設サービス」のことで、利用者への影響が大きいため行政や社会福祉法人などの経営によって利用者の保護が確保される。第二種社会福祉事業とは主に「在宅サービス」のことで、比較的利用者への影響が小さいため公的規制の必要性は低く、原則として経営主体に制限はない。

出典
†5　†4と同じ

補足
養育里親が事業を展開するファミリーホーム
厚生労働省「新しい社会的養育ビジョン（平成29年8月）」では、現状ではファミリーホームを家庭養育の一つとして位置づけているが、その養育者が里親登録をしている場合のみ、家庭養育とすべきだとしている。

二種社会福祉事業としての位置づけになっており、事業者としては以下の3つの形態があります。

> ［自営型］
> 　・養育里親（専門里親を含む）の経験者が行うもの
> 　・施設職員経験者が施設から独立して行うもの
> ［法人型］
> 　・施設を経営する法人がその職員を養育者・補助者として雇用するもの

　厚生労働省の調査結果[†5]によると、事業者としては自営型の養育里親経験者が行うものが全体の72.7％、施設職員経験者が行うものが21.5％となっており、社会福祉事業として位置づけられた経緯も反映して、**養育里親が事業を展開する形**が最も多くなっています。

　また、ファミリーホームの職員配置体制は、養育者2名（配偶者）＋補助者1名、あるいは養育者1名＋補助者2名の計3名となっています。養育者はファミリーホームを営む住居に生活の本拠をおく者とされています。ファミリーホームの職員配置体制は、図表22-4にも示したパターンがあります。

3　ファミリーホームの特徴

　ファミリーホームでは、一度に委託される子どもの数が5～6人であることから、子どもどうしの関係性を築くことができる環境となっています。これによって、子どもどうしの育ち合いの場が確保され、兄弟姉妹の委託も可能になるため、実親からの同意が得やすくなります。

　というのも、従来、里親委託が進まない要因として「実親の同意が得られない」という課題がありました。ファミリーホームであれば、目的が「子どもの養育」であって、養子縁組ではないことが明確になるため、委託が進むことが期待されています。

4　ファミリーホーム設立のきっかけ

　ファミリーホームを設立したきっかけは、図表22-5のとおりです。「里親として養育していたが、児童の人数が次第に増えたため」が最も多く、続いて「里親として養育していたが、都道府県からファミリーホームになるよう要請されたため」が続いています。

　「その他」のきっかけとしては、「1人でも多くの児童を養育したかった」「受託している2人の子どもの妹たち2人が施設入所しているため、

図表22-4 ファミリーホームの職員配置体制

[自営型]

夫婦で小規模住居型児童養育事業を行う場合(いずれも専業)
補助者1名を非常勤で雇用

夫婦で小規模住居型児童養育事業を行う場合
(一方が他の仕事と兼業)
補助者1～2名を非常勤で雇用

単身で小規模住居型児童養育事業を行う場合
補助者2名を非常勤で雇用

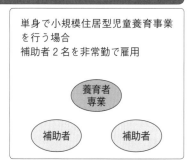

[法人型]

法人が夫婦を雇用して事業を行う住居に住まわせる場合
補助者1名を非常勤で雇用

法人が養育者を雇用して事業を行う住居に住まわせる場合
(養育者の配偶者は同居人)
補助者2名を非常勤で雇用

法人が単身の養育者を雇用して事業を行う住居に住まわせる場合
補助者2名を非常勤で雇用

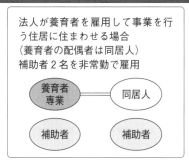
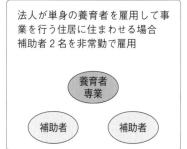

出典:厚生労働省「ファミリーホームの要件の明確化について(概要)」2012年をもとに作成

図表22-5 ファミリーホーム設立のきっかけ

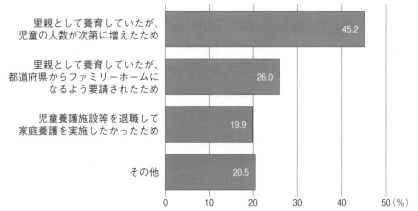

- 里親として養育していたが、児童の人数が次第に増えたため　45.2
- 里親として養育していたが、都道府県からファミリーホームになるよう要請されたため　26.0
- 児童養護施設等を退職して家庭養護を実施したかったため　19.9
- その他　20.5

出典:厚生労働省 ファミリーホームの設置運営の促進ワーキンググループ「平成25年度ファミリーホーム実態調査集計結果」2013年をもとに作成

きょうだい一緒の生活を実現したかった」といったものもあり、養育里親として子どもとの関わりを深めていくなかでみえてきたニーズに応じることが、ファミリーホームを設立するきっかけとなっていることがわかります。

第7章　家庭養護の実践

補足

「日本ファミリーホーム協議会倫理綱領」
ファミリーホームを運営する個人、団体が守るべき倫理を定めたもの。前文と8つの条文で構成されている。

出典
†6　†2と同じ

参照

フォスタリング機関
→レッスン16

補足

里親支援
里親に対する支援は2002年より「里親研修事業」および「里親養育相談事業」をきっかけに施策の充実が図られてきた。今日では里親支援機関事業として里親の開拓から委託後の支援まで幅広い里親支援が展開されている。これらの実施主体は都道府県、政令指定都市、児童相談所設置市となっているものの、NPO等への民間委託が可能であり、多様な運営主体による活動が可能となっており、広報や啓発活動がより柔軟に行われるようになった。

5　倫理綱領の採択

　2015（平成27）年、「**日本ファミリーホーム協議会倫理綱領**」が制定されました。里親からの発展形として考えると歴史あるファミリーホームですが、家庭養護として事業が展開されるようになってからは、制度は始まったばかりです。

　家庭養護の担い手として期待されているなか、ファミリーホームの倫理綱領が制定されたことは、事業の目的や養育のあり方について共通理解を促し、質の維持や向上のためにも不可欠な取り組みだといえるでしょう[6]。

4.　今後の課題

　現在、日本の社会的養護を必要とする子どもたちについては、里親等家庭養護で暮らす子どもたちが18.3％であり、依然として施設で暮らす子どもたちが圧倒的に多くなっています。

　国は、2017（平成29）年8月に「新しい社会的養育ビジョン」を公表しました。2016（平成28）年に改正された「児童福祉法」の理念の実現を目指したこのビジョンでは、家庭養護の推進に関する工程として、以下の2点が示されています。

①里親への包括的支援体制（**フォスタリング機関**）の抜本的強化と里親制度改革：リクルート、研修、支援などを一貫して担うフォスタリング機関による質の高い里親養育体制の確立を最大のスピードで実現し、2020年度にはすべての都道府県で行う体制とし、**里親支援**を抜本的に強化する。

②乳幼児の家庭養育原則の徹底と、年限を明確にした取り組み目標：特に就学前の子どもは、家庭養育原則を実現するため、原則として施設への新規措置入所を停止する。このため、遅くとも2020年度までに全国で行われるフォスタリング機関事業の整備を確実に完了する。愛着形成に最も重要な時期である3歳未満については概ね5年以内に、それ以外の就学前の子どもについては概ね7年以内に里親委託率75％以上を実現し、学童期以降は概ね10年以内を目途に里親委託率50％以上を実現する。

　社会的養護を要する子どもたちに対して、代替的な家庭環境を提供することは子どもの権利擁護に資する大切な観点です。その環境整備を充実させていくことは、「児童福祉法」の理念に準じたものとなります。

170

それと同時に、里親委託率という具体的な目標値が示されたことが、子どもの福祉を侵害することがないよう、里親への支援体制をより充実させることは欠かせません。

　また里親委託の課題として、未委託里親の活用があげられます。登録里親数に対する委託里親数から委託率をみると35.4%にすぎません[7]。研修等を通して、登録に至った里親に子どもを委託することができるよう、**里親トレーニング事業**[*]等の積極的な実施が必要です。しかしながら、伊藤らの調査[8]によると、里親トレーニング事業を実施している自治体は3自治体にすぎず、今後の取り組みに期待されるところです。

演 習 課 題

①家庭養護の特徴を踏まえたうえで「社会的養護を必要とする子どもたちのノーマライゼーション」について考えてみましょう。
②里親申し込みの動機から読み取れることをグループで話し合ってみましょう。
③あなたが住んでいる自治体の「都道府県推進計画」から、社会的養護の現状と今後の目標値について調べ、目標値にある背景を考えてみましょう。

▶ **出典**
†7　厚生労働省「社会的養護の現状について（参考資料）（平成29年12月）」2017年に記載された、登録里親数を委託里親で割ったもの。

✴ **用語解説**
里親トレーニング事業
2016年度から始まった里親支援機関事業の一つ。

▶ **出典**
†8　平成28年度厚生労働省子ども・子育て支援推進調査研究事業課題番号1（研究代表・伊藤嘉余子）「里親支援にかかる効果的な実践に関する調査研究事業」報告書、2017年

レッスン23

養子縁組制度

このレッスンでは、「養子縁組制度」について学習します。2016（平成28）年から「養子縁組里親」が「児童福祉法」に位置づけられました。法律で担保される親子関係となる養子縁組制度は、子どもにとって安定した親子関係の構築につながる大切なしくみです。

1. 家庭養護の充実を目指して

日本の養子縁組制度は、「**普通養子縁組**」と「**特別養子縁組**」の2本立てで成り立っています。養子縁組制度は「民法」に規定されており、普通養子縁組と特別養子縁組の違いは、図表23-1のとおりです。

普通養子縁組は、法律上の親子関係を成立させることを目的とした制度になっており、縁組の目的についての規定はありません。「家」の維持・継承を主な目的として制定されたことから、歴史的には養親（養子を受け入れる側）の目的・事情によって利用されているのが現状です。

養親の条件としては、養子より年上であること以外、特別な制限はあ

図表 23-1 普通養子縁組と特別養子縁組

	普通養子縁組	特別養子縁組
目的	規定はない	「子の利益のため」と「民法」に明示
縁組の成立	養親と養子の同意により成立	・養親の請求に対し家裁の決定により成立 ・実父母の同意が必要（ただし、実父母が意思を表示できない場合や実父母による虐待など養子となる者の利益を著しく害する理由がある場合はこの限りでない）
要件	養親：成年に達した者 養子：尊属または養親より年長でない者	養親：原則25歳以上（夫婦の一方が25歳以上であれば一方は20歳以上でも可） 　　　配偶者がある者（夫婦双方とも養親） 養子：原則、6歳未満 　　　子の利益のために特に必要があるときに成立
実父母との親族関係	実父母との親族関係は終了しない	実父母との親族関係が終了する
監護期間	特段の設定はない	6か月以上の監護期間を考慮して縁組
離縁	原則、養親及び養子の同意により可	養子の利益のため特に必要があるときに養子、実親、検察官の請求により可
戸籍の表記	実親の名前が記載され、養子の続柄は「養子（養女）」と記載	実親の名前が記載されず、養子の続柄は「長男（長女）」等と記載

出典：厚生労働省「児童虐待対応における司法関与及び特別養子縁組制度の利用促進の在り方に関する検討会」（2016年7月）第1回会議資料をもとに作成

りません。夫婦ではなく、独身であっても養親となることができます。そのため、今日では「老後の安心のため」「節税対策」といった目的での利用も増えています。

一方、特別養子縁組は1988（昭和63）年に創設されました。普通養子縁組が「養親と養子の間での契約」によって成立することに対し、特別養子縁組は「家庭裁判所の審判」によって成立すること、そして特別養子縁組においては、実親との親族関係が終了することとされています。また、「民法」には特別養子縁組の目的が「子の利益のため」であることが明示されています。

2. 特別養子縁組の概況

1 特別養子縁組の現状

特別養子縁組の成立数の推移は、図表23-2のとおりです。2005（平成17）年以降はほぼ横ばいで推移していましたが、ここ数年は大きく増加しています。

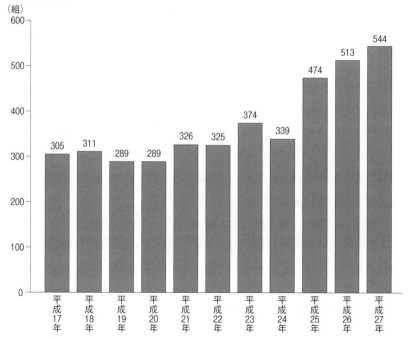

図表23-2 特別養子縁組成立数の推移

出典：厚生労働省「児童虐待対応における司法関与及び特別養子縁組制度の利用促進の在り方に関する検討会」（2016年7月）第1回会議資料をもとに作成

第7章　家庭養護の実践

2　養子縁組を希望する背景

　養子縁組は、「実親」の事情と、縁組を希望する「養親」の事情の双方があって成立します。普通養子縁組の場合は、子どもが15歳未満であれば家庭裁判所の決定で、特別養子縁組の場合は実親の同意がなければ成立しません。

　出生した産院から直接里親宅に引き取られた事例への調査によると、養子縁組を希望する実親の理由として「未婚・婚外子であること」「経済的困窮」「若年・未成年であること」「家族の反対などの家庭状況」などがあげられています[†1]。

　これらの事例は、予定外の妊娠・出産、実親の年齢などから、実親のもとでの養育が難しいと判断された事例であり、里親委託から特別養子縁組につながる可能性の高い事例です。今日の社会的養護の課題の一つである「望まない妊娠・出産」が理由になっているのは明らかであり、こうした背景にある子どもたちに、永続的な養育環境を提供するという視点が認識されるようになっています。

3　子のための養子縁組

　一方、養親になることを希望する者の理由として、「不妊治療を経験したにもかかわらず、実子に恵まれなかったこと」が増えていることが指摘されています[†2]。つまり、「子育てがしたい」という思いをきっかけに里親登録、そして養子縁組につながっているという現状があります。

　特別養子縁組を含めて、里親制度が「子の福祉のため」であることを考えると、里親になることが「親になるため」ではなく、「子のため」であることを里親希望者に伝えることが重要です。

　そのことを前提としたうえで山上[†3]は、特別養子縁組を必要とする子どもたちには複雑な家族背景や事情があること、病気や障害のある可能性もあるなかで、その子どものすべてを受け入れていくためには、養親側にも「私たちのためにこの子が必要」という夫婦本意の動機も不可欠ではないかと指摘しています。

　子育ては、親の「この子がいてよかった」という思いと、「この子のために」という両方の思いがあって成り立っていますが、特別養子縁組の親子についても当てはまることです。

4　特別養子縁組へのプロセス

　特別養子縁組を通じて養親となるには、2つの方法があります。

▶出典

†1　林浩康ほか「児童相談所における養子縁組調査研究」『国内外における養子縁組の現状と子どものウェルビーイングを考慮したその実践手続きのあり方に関する研究』総括・分担報告書、2016年、28-29頁

▶出典

†2　山上有紀「養子縁組希望の里親に求められること」『里親と子ども』第5号、明石書店、2010年、84頁

▶出典

†3　†2と同じ

レッスン23　養子縁組制度

①児童相談所に相談する

　児童相談所を経由して特別養子縁組に至るプロセスは、子どもが乳児院等で1～2年間暮らしたあと、養子縁組里親として登録されている里親家庭への委託が行われ、その後、養子縁組につなげていくものです。

　この背景には、「里親委託解除」を防ぐために、子どもの障害や病気の有無を確認する期間が必要という児童相談所の認識があります。子どもにとって、途中で里親委託を解除されるというのは養育環境が変わるために、できるだけ避けたいものです。

　乳児院を経由させる方法は、そうしたデメリットを防ぐためには有効だといえます。しかし、永続的な養育環境がスムーズに保障されるかどうかわからないまま、生みの親から乳児院、里親家庭へと移行することは、子どもにとっては必ずしも幸福であるとはいえない可能性があります。また、この方式だと「里親が子どもを選ぶ」ということになり、子どもにとっての永続的な養育環境の場として里親家庭があるという意義からはずれています。

　こうした状況のなか、最近では「**愛知方式**」といわれる「赤ちゃん縁組」に取り組む自治体が出てきました。これは乳児院などの施設を経由せずに直接、登録している里親家庭に委託するしくみであり、望まない妊娠、出産によって生まれてきた子どもたちがその対象となっています。

　里親登録者には委託される子どもの選択権はなく、また、実親が出産後に養育を希望する場合には委託につながらない、などの条件を確認したうえで里親登録が行われます。そもそも親が子どもを育てるときには、「生まれた子＝わが子」として生涯、大事に育てていきます。「愛知方式」ではそれと同じように、里親が子どもを選ぶことなく、生まれてきた子をわが子として育てていくのです。

②民間団体や医療機関によるあっせんを利用する

　養子縁組については、従来、民間団体による**あっせん**が行われてきました。児童相談所と違い、これらの団体の活動に対しては公的な支援がないため、登録を希望する養親にその手続き等の費用が課せられます。これらの団体などによるあっせん活動では、その手続きや養子縁組希望者としての登録条件、サポート体制もさまざまです。多くの場合、新生児や乳児のうちに養親に委託されています。

　民間団体等は「特別養子縁組」を目的とした活動を展開していることで、特別養子縁組によって生じる親子関係、法的な対応などのノウハウを蓄積しているところも多く、実親・養親双方へのサポートに力を入れているのが特徴といえます。

◆補足
愛知方式
「赤ちゃん縁組」が愛知方式といわれているのは、この方法で里親委託に最初に取り組み始めたのが愛知県中央児童相談所だったためである。

◆補足
養子縁組あっせん事業者
2018年4月1日現在、養子縁組あっせん事業者として許可を受けているのは29団体である（厚生労働省「社会的養育の推進に向けて」2017年より）。

第7章 家庭養護の実践

　その一方で、「子どもを育てたい」という親の思いにつけ込むような形で運営される民間団体の存在がありました。民間養子縁組あっせん機関による養子縁組が子どもの福祉を守るためのものとして機能するために、国は「民間あっせん機関による養子縁組のあっせんに係る児童の保護等に関する法律」を2016（平成28）年に制定しました。これまで民間あっせん機関の運営は第二種社会福祉事業の届け出により可能でしたが、新法の成立により、許可制となりました（図表23-3）。

図表23-3 許可制による民間養子縁組あっせん機関による養子縁組あっせんのしくみ

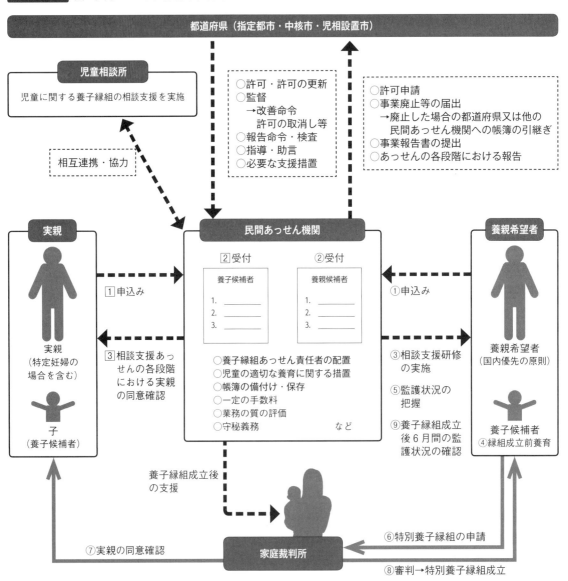

出典：厚生労働省「社会的養育の推進に向けて」2017年をもとに作成

レッスン23　養子縁組制度

3. 養子の発達段階別の課題

　特別養子縁組をはじめ、養子として育つ子どもたちは「人生から切り離された人がいるという重たい現実[4]」を抱えて暮らすことになります。特に今日、子どもの「出自を知る権利」を保障する観点、子ども自身のアイデンティティの確立などから、子どもに養子であることを伝える「**真実告知***」が進められるようになっています。

　子どもたちは一人の子どもとして育つ面と、養子としてのアイデンティティと向き合いながら育つ面との双方と関わりながら、発達していきます。森は、ブロジンスキーらによる**エリクソン***の心理社会的発達理論を基盤とした、養子として育つ子どもの発達上の課題について紹介しています[5]（図表23-4）。

　養子として育つ子どもが「自分がいてよかった」「生まれてきてよかった」といえるような人生を送ることが重要です。これらの発達段階を踏まえながら、子ども個々の状況に応じた子育てができるよう、情報提供や社会の理解、養親への社会的な支援が必要とされています。

4. 今後の課題

1 特別養子縁組の利用促進を図る

　社会的養護を必要とする子どもが増加するなかで家庭養護の推進が叫ばれ、養子縁組、特に「特別養子縁組」に注目が集まるようになりました。2008（平成20）年の「児童福祉法」改正では、これまで一体的に設定されていた、養育を目的とした「養育里親」と養子縁組を希望する里親である「養子縁組里親」とを制度上、区分しました。

　実親にしてみれば、わが子を里親に委託すると「子どもに会いにいくことが難しくなる」という思いがあり、このことが社会的養護を必要とする子どもたちの里親委託が進まない大きな理由でした。しかし、子どものことを考えると、実親・養親に関係なく「家庭的な養育環境」を提供することが、育ちの保障につながります。このような理由から「子の利益」を第一に、養育里親と養子縁組里親を区別することで、里親委託の阻害要因の解消を図ったのです。

　そのようななか、虐待を受けた子どもや自立に対して特別な配慮が必要な子どもの増加といった子ども家庭福祉が直面する問題に対応できる

▶**出典**
†4　森和子「養子の発達段階別課題」『里親と子ども』第5号、明石書店、2010年、93頁

✳**用語解説**
真実告知
養親が「産んでくれた親がほかにいること。生んでくれた親はさまざまな理由があり（今は）一緒に生活できなくなったこと。私たちはあなたを育てることを心から望んでいること。あなたは私たちにとって大事な存在であること」を子どもに伝え、生い立ちをともに受け止めていくこと。真実告知は一度すればすむというものではなく、日々の生活のなかでていねいに伝え、子どもの想いを受け止めていくことが大切になる。年少児向けのものとしては絵本を通した告知などもある。
→第5章コラム

👤**人物**
E. H. エリクソン
（Erikson, E. H.）
1902～1994年
ドイツに生まれ、のちアメリカに移った発達心理学者、精神分析家。「アイデンティティ」の概念、エリクソンの心理社会的発達理論を提唱したことで知られる。

▶**出典**
†5　†4と同じ、94頁

177

第7章　家庭養護の実践

図表 23-4 養子の心理社会的適応のモデル

年代	エリクソンの心理的課題	養子の適応の課題
Ⅰ 乳児期 （誕生〜1歳半ごろ）	信頼 対 不信感	・新しい家庭への適応 ・安全な愛着の発達（とくに年齢が大きくなった子どもの場合）
Ⅱ 早期幼児期 （1歳半〜3歳ごろ）	自立 対 恥・疑惑	・誕生することと生まれることに関して学ぶ ・最初に得た養子についての情報に適応する ・外見上の違いを認識する（とくに人種、国籍が異なる養子の場合）
Ⅲ 遊戯期 （4歳〜5歳ごろ）	自主性 対 罪悪感	・養子であることの意味などについて理解する ・生みの親から見放された理由と自分のルーツ、出自に関する答えを探す ・家族との外見的な違いに対応する（納得させる）
Ⅳ 学童期 （6歳ごろ〜12歳ごろ）	勤勉性 対 劣等感	・養子へのネガティブな評価に対処する ・養子であることでの仲間の反応に対処する ・養子であることから生じる喪失に対処する
Ⅴ 青年期 （13歳ごろ〜19歳ごろ）	アイデンティティ 対 アイデンティティ拡散	・引き続き養子であることの意味などについて理解する ・自身のアイデンティティの感覚に養子であることを統合する ・家族との外見的な違いに対処する（特に人種、国籍が異なる養子の場合） ・実親への幻想を解決する ・とくに自分自身に関する養子であることから生じる喪失について適応する ・養子であることで生じる喪失について対処する
Ⅵ 成人期 （20歳代、30歳代）	親密性 対 孤立	・親密性の発達、自我の成長に関して、養子ということの意味などをさらに探求する ・ルーツ探しや、探すことへのさらなる熟慮 ・自分は見放されたという生育歴を踏まえて、親になることに向けて適応する ・子ども誕生との関連で、未知の遺伝的な履歴と向き合う ・養子であることで生じる喪失について対処する
Ⅶ 壮年期 （40歳代、50歳代）	世代性 対 停滞性	・成人し養子であることの意味などについてさらに探求する ・自分の未知の過去について心の中で長年つくり上げたしこりとの折り合いをつける ・ルーツ探しへのさらなる熟慮 ・養子であることで生じる喪失について対処する
Ⅷ 老年期 （60歳代〜）	統合性 対 絶望	・人生を振り返って、養子であることの意味などについて最終的に解決を見いだす ・生存している血縁の家族を探すことに関して最終的に考慮する

出典：森和子「養子の発達段階別課題」『里親と子ども』第5号、明石書店、2010年、94頁をもとに作成

体系の再構築を目的とした「新たな子ども家庭福祉のあり方に関する専門委員会」が提言（報告）を公表しました（2016年3月）。

この提言には、社会的養護の充実強化を図り継続的な自立支援システムを確立するための一つの方策として、「特別養子縁組制度の利用促進」が取り上げられています。それまでの特別養子縁組は、予期しない妊娠・出産にともなった新生児や乳児のための制度として認識され運用されていました。しかし、実親から虐待などを受けて、実親のもとでの養育が将来の利益につながらないと判断される子どもにも特別養子縁組の制度を拡大運用することで、子どもに永続的な養育環境を提供できるという認識が広まっています。

2 里親が「親になること」を学ぶ機会を増やす

2016（平成28）年の「児童福祉法」改正では、養子縁組里親に関す

る事項として以下の点があります。これらの改正は、養子縁組里親が養子縁組を目的としている制度であることにかんがみると、特別養子縁組のあり方にも関わってくる内容といえます。

①これまで法定化されていなかった養子縁組里親を法律上規定し、子ども家庭福祉の取り組みであることを明らかにしたこと。

②具体的にはこれまで養育里親のみであった里親研修の受講、名簿への登録、欠格条項について、養子縁組里親にも適用すること。

　養子縁組里親を希望する者の多くが、みずから妊娠・出産することが難しい状況にあることから、「親になること」を学ぶ機会の確保が必要となっています。誰しも最初から親になれるわけではなく、「親になること」は、出産経験の有無に関係なく、子と接することで習得していくものだからです。

　一般的に、出産・育児を控えた親に対して、親になるための心構えや子育てに必要な知識などを伝える「両親学級」や「プレママ講座」などが開かれていますが、養子縁組里親にもそのような機会が提供されるべきでしょう。

　また、国による「ニッポン一億総活躍プラン」（2016年6月）においても、「すべての子供が希望する教育を受けられる環境の整備」として、特別養子縁組制度の利用促進についての記載があり、2018（平成30）年現在「児童虐待対応における司法関与及び特別養子縁組制度の利用促進の在り方に関する検討会」において、検討が進められています。特別養子縁組の運用が進み、子どもの福祉が保障されることが期待されます。

演 習 課 題

①里親と養子縁組の違いについて確認しましょう。

②養子縁組を進めるために必要な支援について、グループで話し合ってみましょう。

③養子縁組で親子となった人たちの声を聞いてみましょう（書籍等を探してみましょう）。

レッスン**24**

里親・養親への支援

このレッスンでは、レッスン22、23の内容を踏まえて、「里親・養親への支援」についてまとめています。これまでの里親家庭や養子縁組家庭での養育は、里親や養親の努力に委ねられているのが現状でした。今後は里親家庭等への支援を充実することで、子どもたちが里親家庭等で暮らし続けることができるよう、そこが永続的解決の場であることが必要です。

1. 里親支援・養親支援の経緯

1 里親支援・養親支援の背景

　里親支援は、今や家庭養護の推進にとって不可欠になっています。わが国では、国連の「児童の権利に関する条約（子どもの権利条約）」の批准、「児童の代替的養護に関する指針」の策定、厚生労働省による「里親委託ガイドライン」の策定といった家庭養護の推進にともなう一連の施策により、社会的養護を要する子どもたちの委託を、里親や養子縁組といった代替的家庭へと向けることとなりました。

　この流れは「児童福祉法」改正にもつながっています。まず、2002（平成14）年の「児童福祉法」改正で、里親は**養育里親、親族里親、短期里親、専門里親の4種**に分類されています。その後、2008（平成20）年の「児童福祉法」改正では、「養育里親」と「養子縁組を前提とした里親」を制度上、区分しました。これは、それまで同じ「養育里親」のなかに「社

参照
里親の種類
→レッスン9、22

図表24-1 里親支援に関する主な事業

2002年	・「里親支援事業」実施 （里親研修事業、里親養育相談事業、一時休息のためのレスパイト事業）
2004年	・里親支援事業に2事業追加 （里親養育援助事業、里親養育相互援助事業）
2006年	・里親委託推進事業実施 （児童相談所に「里親委託推進員」「里親委託推進委員会」を設置）
2008年	・「児童福祉法」改正 （養育里親の研修義務化、里親支援の法定化）（里親支援機関事業実施→「里親支援事業」「里親委託推進事業」の統合）
2016年	・「児童福祉法」改正 （里親の普及啓発から子どもの養育計画策定まで一貫した里親支援を都道府県［児童相談所］の義務として位置づけ） （養子縁組里親の法定化、研修の義務づけ）

出典：厚生労働省「社会的養護の現状について（参考資料）（平成29年12月）」2017年をもとに作成

会的養護として子どもを養育する里親」と「養子縁組を前提とする里親」が混在していたことから、「里親＝養子縁組」との誤解を生み、里親委託が阻害されていた状態を改善し、新たに「養育里親」の普及を図る目的をもつものでした。

里親制度の枠組みの変更にともない、里親支援も法的に担保されるようになりました（図表24-1）。特に2016（平成28）年の「児童福祉法」改正では、子ども家庭福祉の理念として、社会的養護における家庭養護の優先が盛り込まれ、その担い手となる里親、養子縁組の積極的な活用が求められることとなりました。この法改正では、養子縁組家庭に対する支援も都道府県の役割として示されています。

2 里親支援の重要性

家庭養護の推進が喧伝されるものの、里親に委託される子どもたちの多くは、虐待を受けた経験など心に傷を負っていることから、さまざまな形での「育てづらさ」があるのは否めません。また、障害のある子どもが委託されることも多く、「育てづらさ」を抱える子どもの養育を、里親のみに託すのではなく、それを社会で支えるしくみが必要になっています。そのためには、里親は社会的養護の担い手であることや、支援を活用しながらの養育の必要性を、多くの人に知ってもらうことが重要です。

また、里親には研修や相談、里親どうしの相互交流など、里親がその養育において孤立しないようなしくみづくりが必要です。里親研修は、かつては養育里親のみとされていましたが、2016（平成28）年の「児童福祉法」改正により養子縁組里親が法定化されるとともに、研修の受講が義務化されました。養子縁組を前提とした里親であっても、里親を必要とする子どもを理解し、その子育てについて学ぶことは大切だからです。

養育里親だけでなく、養子縁組里親に対しても研修が必要であることは、児童相談所で里親支援を担う職員が日々感じていることです。その理由は、里親を希望する人たちの約半数が実子のいない家庭であり、はじめての子育てとなる人たちの割合が高いからです[1]。今回の「児童福祉法」改正によって、養子縁組里親にも研修の機会が義務づけられたことは、里親として子育てをする人たちにとって、子どもや子育てを理解する貴重な機会が広がったことを意味します。

▶ **出典**
[1] 全国里親委託等推進委員会「里親家庭の全国実態調査報告」『平成27年度調査報告書』2016年、2頁

第7章　家庭養護の実践

◆補足
里親担当職員
児童相談所207か所に335名が配置されている（2014年10月、厚生労働省児童家庭局調べ）。そのうち、専従職員は98名であり、専従率は29.3％に過ぎない。

✳用語解説
里親サロン
里親同士がともに集い、交流や情報交換を行う場。先輩の里親の経験談などを聞く場でもあり、里親養育ならではの悩みや、不安などの共有を目的としている。

里親委託等推進員
児童相談所の里親担当職員を補助し、地域の里親委託及び里親支援を担当する。里親支援機関事業により配置、委託支援、訪問支援、交流支援を役割として担う。全国に162名が配置されているが、うち常勤は22.8％にとどまっている。

参照
里親支援専門相談員（里親支援ソーシャルワーカー）
→レッスン16

✳用語解説
里親支援機関
都道府県市（児童相談所）が実施する里親支援事業を受託するもので、里親会、児童家庭支援センター、乳児院、児童養護施設、NPO等が受託可。

◆補足
「里親委託ガイドライン」
里親委託における基本的な項目を定めたもの。里親委託の基本原則に加えて、保護者への支援や里親種別ごとに委託する際の配慮等が示されている。

2. 児童相談所の役割と里親支援機関事業

　里親支援については、児童相談所と里親支援機関事業が連携しながら、重層的な支援体制を構築しています。ここでは、それぞれの役割について解説します。

1 児童相談所の役割

①里親担当者の配置推進

　2008（平成20）年の「児童福祉法」改正により、里親への支援（相談、必要な情報の提供、助言、研修その他の援助）については、都道府県市（児童相談所）が行うことが規定されました。都道府県市は**里親担当職員**の配置を進めていますが、専任担当者であることが期待されています。

　里親支援の具体的な内容は、厚生労働省による「児童相談所運営指針」と「里親委託ガイドライン」に示されています。

　「児童相談所運営指針」では、里親の研修、訪問・来所・電話等による相談、里親の相互交流（**里親サロン**[*]など）、里親の一時的な休息のための支援などを行うこととされています。また、里親家庭に対しては、「里親が行う養育に関する最低基準」を守り、適切な養育を行うように定期的な訪問によって、子どもの養育に必要な相談などの支援や指導を行うこととしています。

　また、この定期的な訪問支援は、児童相談所の里親担当者や委託児童の担当者に加えて、**里親委託等推進員**[*]や**里親支援専門相談員（里親支援ソーシャルワーカー）**などが分担連携しながら行うこととされています。そのため、これらの関係者は定期的に会議を行い（里親委託等推進委員会）、それぞれの担当するケースについて相互に情報共有をすることとしています。特に委託直後は、手厚い支援を必要とすることから、子どもの状態の把握をはじめ、里親からの具体的な養育相談など、積極的に訪問支援をすることで、里親の孤立を防ぎ、児童相談所等との緊密な関係をつくることとされています。

　また、**里親支援機関**[*]との連携も大切な役割となっています。その際の情報共有については、里親支援機関には守秘義務が課されており、関係者間での秘密保持を前提に情報共有を行い、重層的な支援を可能とする体制を整えています。

　「**里親委託ガイドライン**」では、里親担当者の支援業務等が時系列でまとめられています（図表24-2）。これらの支援内容は必要に応じて、

182

養子縁組が成立した里親にも提供されています。

　鳥取県では、里親どうしの交流・支援を目的とした「メンター制度」を実施しています。研修を受講したベテランの里親が「メンター（信頼できる相談相手）」として里親への相談支援を行っています。傾聴を通した支援を展開することで、里親養育の安定につなげています。

②里親委託等推進員の配置

　里親支援機関事業の実施により、児童相談所には里親支援機関事業をまとめる里親委託等推進員が配置されることとなりました。また、「里親委託等推進委員会」を設け、児童相談所や乳児院などとの連携のなか

◆補足

レスパイトケア

レスパイトケアは里親が一時的に里子の養育から離れることを意味するが、これを利用することで、身体的・精神的な負担の軽減につながり、安定した里親養育につながることとなる。今後、レスパイトケアの受け入れ先が、施設や里親のみでなく、子どもの生活圏での知人（例：里子の友人の母親等）等も対応できるようになることが期待される。

図表24-2 里親支援の具体的内容

1. 委託前の支援	・子どもとの交流や宿泊体験などを通して子どもと里親との関係づくり、子どもを迎える準備支援 ・子どもが生活環境の変化を受け入れられるよう支援
2. 定期的な家庭訪問	・委託後は定期的に訪問を行う ・委託直後2か月は2週間に1回程度、委託後2年までは毎月もしくは2か月に1回程度、以降は年に2回程度を目安 ・里親による養育が不安定な場合等、必要に応じて訪問を実施 ・訪問等を通じて、児童相談所や里親支援機関の担当者と里親が顔なじみとなることが重要 ・訪問は、児童相談所の里親担当職員、里親委託等推進員、施設の里親支援専門相談員等が分担・連携して実施 ・訪問は里親支援が目的であり、里親と子どもの状況を確認、相談支援 ・訪問の際はできる限り、子どもとも面会。子どもの状況を把握するようにする ・自立支援計画に基づいた養育がなされているかどうか状況の報告、養育記録の確認
3. 里親の相互交流	・児童相談所は里親支援機関等と連携し、相互交流を定期的に企画 ・里親の孤立化を防ぐため、参加を促す
4. 里親の研修	・養育里親および専門里親への登録時研修、登録更新時研修 ・養子縁組里親及び親族里親も、必要に応じ、適宜養育里親の研修を活用する ・里親の養育技術の向上のため、随時、研修の機会を提供する
5. 地域の子育て情報の提供	・保健センター等地域の社会資源について適宜情報提供 ・市区町村の関係機関と連携、里親支援の協力を得る ・市役所等の手続きが円滑に進むよう必要に応じて同行 ・里親に対し、子どもが通う学校等を訪問して理解を求め、協力を依頼するよう指導する
6. 里親の一時的な休息のための支援（レスパイトケア）	・レスパイトケアを必要としている場合に積極的に活用 ・子どもに事前に十分説明し、不安にならないよう配慮 ・利用日数は個々のケースに合わせて必要な日数利用可 ・里親には事前に制度説明や手続き方法、受け入れの施設・里親等を紹介しておく
7. 相談	・訪問などをとおして子どもの状態把握、里親の気持ちを十分に聴く ・**相談窓口を複数用意する**。担当者の連絡先がわかるように用紙を作成し、わたすようにする ・担当者が交代した場合には、新たな担当者と連絡先がわかるようにする
8. 障害のある子どもの支援	・障害のある子の受託の場合、より適切な養育のため、障害児福祉サービスの利用が可能。児童相談所において十分検討し、市町村、特別支援学校等との連携をとる
9. 養子縁組の支援	・養子縁組里親には、養子縁組の支援を行う ・6か月の養育期間で問題がなければ、特別養子縁組への手続きを支援する ・必要に応じて、養子縁組成立後の里親への支援を行う
10. ファミリーホームへの支援	・家庭養護の一環であるファミリーホームは里親支援に準じて、交流・研修等ネットワークのなかで必要な支援を行う

出典：厚生労働省「里親委託ガイドライン」2011年をもとに作成

第7章　家庭養護の実践

◆補足

複数の相談窓口
相談先として複数の窓口を設置するのは、複数の意見が聞きたい場合や担当者との相性、児童相談所ではなく民間機関のほうが相談しやすいなどの事情を考慮したものである。

未委託里親
里親として登録後、最初の子どもが委託されるまでの期間（未委託期間）は多くが2年未満となっている。その期間、里親養育が始まったときに直面する課題等への対応を修得し、里親としてのスキルを高めるために里親トレーニング事業が実施されている。対象は、里親登録者のうち、希望する者。事例検討やロールプレイ、講義、委託里親家庭における演習等がある。しかしこの事業に取り組んでいる自治体がごくわずかとなっていることが課題である。

✳用語解説

里親会
里親の当事者組織。全国里親会は公益財団法人であり、私的団体ではない。里親同士の交流をはじめ、養育に関する助言、相互支援等を行っている。前述した里親サロンは、組織や団体が企画する交流の場で、里親会以外が主催するものもある。

マッチング
里親委託が適切と判断された子どもに最も適合すると考えられる委託候補里親の選定及び委託に向けた調整又はその支援等。

で、次のような事業を行うこととなっています。
・地域内での里親委託の目標を設定
・**未委託里親**に対し、子どもの委託に関する意向の把握など、未委託里親の継続的な状況把握
・施設行事などを活用した里親候補者の掘り起こし
・乳児院等で暮らす子どものなかで里親委託を目指すべき子どもを特定
・里親になることへの動機づけ

2 里親支援機関事業

①事業の目的

　里親等への委託推進を目的に、児童相談所、里親等および乳児院等の児童福祉施設が相互理解と共通認識をもち、社会の制度理解を深めるなど、里親等の制度の普及啓発、里親等の資質の向上を図るための研修、里親等に対する相談・援助など、里親等への支援を総合的に実施する事業です。

②事業の実施主体

　里親支援機関事業の実施主体は、都道府県、政令指定都市、児童相談所設置市としています。なお事業の一部は、**里親会**[*]、児童家庭支援センター、乳児院、児童養護施設、NPOなどに委託可能となっています。

③事業の内容

・里親制度等普及促進事業……里親制度、養子縁組の普及や里親委託の推進を目的とする広報活動と里親などへの研修事業です。広報活動では、里親経験者や養親からの講演等を行うことが盛り込まれています。
・里親委託推進等事業……里親と子どもとの**マッチング**[*]（あっせん）など里親家庭への支援を中心とした事業です。具体的には、里親とのマッチングや自立支援計画の作成があります。主たる担当者として里親等委託調整員を設置し、里親委託等推進委員会を運営することもこの事業の一つです。
・里親トレーニング事業……子どもが委託されていない里親（未委託里親）に対し、里親養育で生じる課題等への対応など、里親としての養育技術を高めることによって、里親委託の推進を目的とした事業です。
・里親訪問等支援事業……里親が養育に悩んだとき、孤立を防ぐことを目的に、里親どうしの相談や生活支援、交流の促進など、子どもの養育に関する支援を行う事業です。具体的には、①里親等への訪問支援、②里親等による相互交流があります。
・共働き家庭里親委託促進事業……共働きでの里親に対し、里親支援機

関が相談体制を強化するとともに、官民が連携して里親委託と就業が両立可能と思われる取り組みを試行し、結果を分析・検証したうえで、その成果を全国的に普及して、共働き家庭の里親受託の促進を図ることを目的とする事業です。具体的には、①里親支援機関における平日夜間、土日祝日等の相談体制の整備、②里親養育と就業の両立が可能となる取り組みを実施し、その効果検証の実施、などです。

④事業の実施体制

里親支援機関事業とは、里親制度等に関わる関係機関が里親支援機関としての指定を受けて、里親を支援する多様な事業を行うものです。

里親支援については、複数の窓口があることが望ましいとされており、里親会、**児童家庭支援センター***、児童養護施設・乳児院などがそれぞれの役割を果たすことで、重層的に里親家庭を支えるしくみとして機能することが期待されています（図表24-3）。

また、ファミリーホームに対する支援も里親支援機関の役割として位置づけられているほか、児童家庭支援センターの業務にも里親支援が含まれています。

里親と子どもとのマッチングは、委託後の親子関係にも関わる大事な場面です。滋賀県では、このマッチングをていねいに行うことで、子どもの福祉が守られる家庭養護の環境を保障することにつなげていこうとしています。具体的には、登録里親には「里親委託にかかる受入意向調査票」の提出が求められます。この中には、里親の意向（長期養育が可

＊ 用語解説

児童家庭支援センター
児童福祉施設の一つ。地域における子ども家庭福祉の相談機関の一つである。役割として、①子どもに関する相談のうち、専門的な知識及び技術を必要とするものへの対応、②市町村への技術的助言等、③要保護性がある児童、施設を退所後間もない児童等、継続的な指導措置が必要であると判断された児童やその家庭について、指導措置を受託して指導を行う、④里親及びファミリーホームへの支援、⑤児童相談所、市町村、里親等との連絡調整機能があり、里親支援もその役割の一つとして位置づけられている。

図表24-3 里親支援機関の概念図

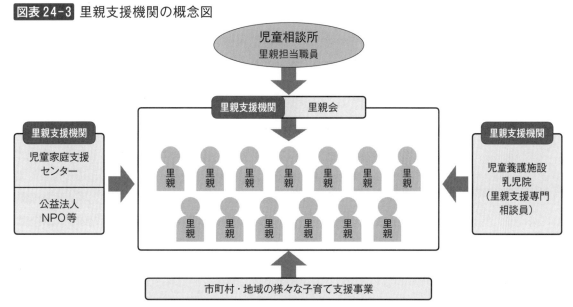

出典：厚生労働省「社会的養護の現状について（参考資料）（平成29年12月）」2017年をもとに作成

第7章　家庭養護の実践

能か等）に加えて、5つの観点からの自己評価を行います（仕事の調整、家族の理解等）。これらの自己評価の項目を設定、分析により里親支援を行うことで、よりよいマッチングにつなげることが可能となっています。

3 里親支援機関事業と児童相談所の役割分担・連携

里親支援機関事業と児童相談所の役割については、図表24-4の通りとなっています。

3．里親支援専門相談員
（里親支援ソーシャルワーカー）

里親支援の充実を図るため、2012（平成24）年度から**里親支援専門相談員（里親支援ソーシャルワーカー）**が設けられました。里親支援専門相談員は、児童養護施設と乳児院に配置され、これらの施設に地域の里親やファミリーホームの支援の拠点機能をもたせて、支援体制の充実を図るとともに、施設と里親との相互関係を堅固なものにすることを目的としています。

里親支援専門相談員の役割は、①所属施設の入所児童の里親委託の推進、②退所児童のアフターケアとしての里親支援、③地域支援としての里親支援、となっています。施設で暮らす子どもたちと里親家庭、地域社会をつなぐ役割を果たしているといえます。

その特徴は、里親と子どもの側に立つ専任の職員という点であり、日常の勤務ローテーションには入りません。里親家庭などに対して定期的に家庭訪問を行ったり、児童相談所の会議に参加したりして情報と課題を共有することとなっています。

施設から里親委託への移行には、里親登録からアフターケアまで、いくつかのプロセスを経て取り組まれています。里親支援専門相談員はそのプロセスの一つひとつにおいて、子どもと里親を優先した取り組みを展開していきます。ある乳児院では、マッチング期間に、子どもと里親の交流プログラムを作成し、関係構築につなげています。子どもの発達の状況や里親家庭にある地域の社会資源等、個別状況を踏まえた内容となっています。交流後は必ず振り返りの機会をもち、里親・子ども両方への支援を行っています。

✦ 補足
里親支援専門相談員の資格要件
里親支援専門相談員の資格要件は、社会福祉士もしくは精神保健福祉士、児童福祉司資格のある人、または施設や里親として5年以上、子どもの養育にたずさわった人であり、里親制度への理解とソーシャルワークの視点がもてる人となっている。

図表24-4 里親支援機関事業と児童相談所の役割

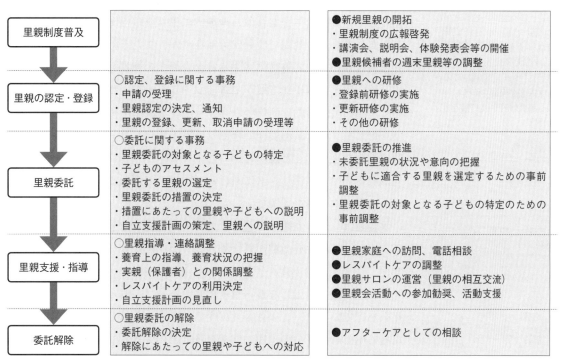

出典:厚生労働省「里親支援の体制の充実方策について(概要)」2012年をもとに作成

4. 今後の課題

　2017(平成29)年8月、「児童福祉法」改正を受ける形で、厚生労働省から「**新しい社会的養育ビジョン**」が公表されました。ここでは、里親支援に関わる項目から、課題としてあげられている内容を確認したいと思います。

　里親支援として、「里親への包括的支援体制(**フォスタリング機関**)の抜本的強化と里親制度改革」があります。子どもに家庭養育の場を保

参照
「新しい社会的養育ビジョン」
→レッスン6

フォスタリング機関
→レッスン16

第7章　家庭養護の実践

障するためには、里親支援が欠かせません。そのあり方について検討する段階となっています。里親への包括的支援体制（フォスタリング機関）とは、里親のリクルート、登録から子どもの委託、措置解除に至るまでの一連の過程および委託後の里親養育を包括的に行う（フォスタリング）ことを指しています。今後、このフォスタリング機関を2020年度までに全都道府県に設置し、質の高い里親養育体制の確立を目指すことが示されています。

　課題として、里親への包括的な支援については、自治体によりすでに差が生じていることが現状です[2]。里親支援事業をすでに外部団体に委託している自治体もあれば、地域内に里親支援機関が存在しないところもあります。短期間で設置が可能なのか、またその地域における児童養護施設等、社会的養護に関する社会資源との連携も課題となっています。担い手となる里親支援ができるソーシャルワーカーの養成も必要です。里親の広報活動、研修等からマッチング、委託後のアフターケアまで一貫したプロセスを展開できるソーシャルワーカーがいなければ、機関の役割を果たすことが難しいでしょう。

　これら、フォスタリングにおけるプロセスで生じる里親支援の課題にいかに対応するかも課題です。

　伊藤らは、里親支援の課題として、①高齢児童を養育する里親に対する支援の充実、②委託期間外（委託前／委託解除後）の支援の充実の必要性、③委託前の里親／子どもに対するアセスメントのあり方の検討、④里親が支援を活用しながら里子の養育を続けられるようなしくみづくりをあげています[3]。里親委託に至るプロセスだけでなく、委託にともなって生じるこれらの課題に向き合うことのできるフォスタリング機関の質の保証をいかに構築するかも大きな課題となっています。

> ▶ 出典
> †2　平成29年度厚生労働省子ども・子育て支援推進調査研究事業課題番号14（研究代表・伊藤嘉余子）「里親家庭における養育実態と支援ニーズに関する調査研究事業」報告書、2018年

> ▶ 出典
> †3　†2と同じ

演 習 課 題

①あなたが暮らす自治体では里親支援機関事業をどのように展開しているでしょうか。また里親会の活動についても調べてみましょう。
②里親支援に大切な視点について、グループで話し合ってみましょう。
③グループで里親への登録を呼びかける広報媒体（ポスター、リーフレット等）を作成してみましょう。

参考文献

レッスン22

安藤藍 『里親であることの葛藤と退所──家族的文脈と福祉的文脈の交錯』 ミネルヴァ書房 2017年

レッスン23

森和子 「養子の発達段階別課題」『里親と子ども』第5号 明石書店 2010年

レッスン24

平成29年度厚生労働省子ども・子育て支援推進調査研究事業課題番号14（研究代表・伊藤嘉余子）「里親家庭における養育実態と支援ニーズに関する調査研究事業」報告書 2018年

平成28年度厚生労働省子ども・子育て支援推進調査研究事業課題番号1（研究代表・伊藤嘉余子）「里親支援にかかる効果的な実践に関する調査研究事業」報告書 2017年

おすすめの1冊

蓮田太二・柏木恭典『名前のない母子をみつめて──日本のこうのとりのゆりかご ドイツの赤ちゃんポスト』北大路書房 2016年

養子縁組、里親を要する状況の一つとして、予想外の妊娠、そして出産がある。この出来事に向き合わざるを得ない状況に置かれた彼女たち、そして生まれてきた子どもたちとじっくりと向き合うための1冊。日本で初めて設置された「こうのとりのゆりかご」とその発祥の地でもあるドイツにおける研究についても紹介。血縁が重視されるわが国のあり方は「子どもが誰に育てられるか」に焦点があてられ、「どう育てられるか」が置き去りとなっている。この母子の姿から見えてくる日本の子育て、子どもを産み育てるという営みの中での課題について考えてほしい。

コラム

「支援につながる」ということ

　子どもの虐待や貧困といった出来事を、社会的問題として目にする機会が増えてきました。「子どもが幸せに育ってほしい」という願いは、すべての人たちに共通する思いであり、将来保育士となる皆さんにとっても、同じ思いでしょう。

　社会的養護は、子どもの福祉が守られていない、守られないおそれがあると判断されるところから、その支援が始まります。その結果、社会的養護には幸せと対峙するイメージがつきまといがちです。「里親家庭で育つ」「児童養護施設で暮らす」といった社会的養護を利用することへも、マイナスイメージをもたれやすくなります。そのようななか、里親家庭や児童養護施設等で育った子どもたちが、みずからの育ちを語ることが増えてきました。社会からの一方的な見方ではなく、育った人たち自身が、そのことをどのように受けとめているのかについて、私たちは真摯に耳を傾ける必要があります。

　ここである女性の声を紹介したいと思います。この女性は、児童養護施設退所後、二人のお子さんを育てておられます。彼女はご自分のお子さんを、親として「自分が育てることは当たり前」という思いで育ててきました。その背景には、自分を育ててくれなかった母親への反発の思いもあったそうです。そんなある日、お子さんから次のように言われたそうです。「親が育てることに何の意味があるの？　ママって幸せだと思う。子育ての相談ができるのがお母さんだけじゃないよね。困ったときにいったい何人、相談できる人がいるの？」。彼女は困ったときには施設の職員などに相談を続けてきたそうです。「ママは両手で数えられるぐらい相談できる人がいる。わたしなんて片手もいかないよ」とお子さんに言われたとのことでした。

　里親家庭で育つ、児童養護施設で暮らすきっかけとなった出来事は、喜ばしいことではないでしょう。親も福祉に守られる状況ではなかったといえます。しかしそこから生じた「支援につながる」ことは、子どもが多くの人から育ててもらう経験につながること、自らを支え助けてくれる人たちとの出会いでもあることを、支援に関わる私たち一人ひとりが認識を確かにする必要性を感じています。

　最後に彼女の言葉をもう一つ紹介します。「児童養護施設で育ったからこそ、たくさんの人に育ててもらった」。社会的養護で営まれる養育や支援がこのような声につながるよう、そして「支援につながる」ことで子育ち・子育ての社会化が広がることを願うばかりです。

第 8 章

社会的養護に求められる専門性と援助技術

本章では、社会的養護に求められる専門性などについて学んでいきます。保育士としての専門性を生かし、社会的養護の実践に携わるにはどのような知識や援助技術が必要でしょうか。専門職としての技術を磨くことで、子どもや家族を取り巻くさまざまな課題に対応することができます。

レッスン25　社会的養護における保育士等の倫理と責任

レッスン26　職員研修・里親研修の現状と課題

レッスン27　施設運営（アドミニストレーション）の課題

レッスン **25**

社会的養護における保育士等の倫理と責任

このレッスンでは、社会的養護、特に家庭の代替的機能を担う社会的養護の実践にたずさわる養育者がもつべき倫理について学びます。社会的養護では、どのような倫理に基づいた実践が求められるでしょうか。また、どのような責任を負うことが求められるでしょうか。ともに学んでいきましょう。

1. 専門職として子どもや家族に向き合うということ

専門職として、子どもやその家族に支援を行うにあたって、私たちは何をみずからの判断基準とすることが求められるのでしょうか。

平山は、ものごとを「知る」ためには、次の5つの手段があるとしています[†1]。

▶ **出典**

†1　平山尚「ソーシャルワークと科学的方法」『ソーシャルワーカーのための社会福祉調査法』ミネルヴァ書房、2003年、1-19頁

> ①伝統：同じ文化圏に居住している人が、その文化圏と社会において「伝統」的に正しいと考えていること
> ②権威：特定の文化や社会のなかで、「権威」ある地位にいる人たちから「正しい」と知らされるもの
> ③経験：みずからの経験をとおして得られるもの
> ④直観：直観的に感じたことをものごとの本質として理解しようとするもの
> ⑤科学的手法：観察をもとに仮説を立て、それを検証して理解するもの

私たちは、日常生活の場面で、特に①～④の手段によって、意識する・しないにかかわらず、自分を取り巻くさまざまなものごとを理解しています。対人援助の場面においても、保育士としての経験や直観によって、ニーズに対応する支援を実現できる場合も少なくないでしょう。

しかし、経験則などにのみ頼って行われる支援は、ときとしてそれを受ける子どもによい結果をもたらさないことも忘れてはいけません。社会的養護の実践においては、専門職としての価値と倫理を理解し、それらを指針として行う必要があります。

一般的に専門職の価値や原則は、「倫理綱領」として明文化されてい

ます。倫理綱領は、それぞれの専門職が最も大切にしている価値を実現するための具体的な行動指針や規範といえるでしょう。またそれは、それぞれの専門職の価値と規範における共通理解を図るものであると同時に、サービスの利用者をはじめ他領域の専門職、一般市民などに対して、「自分たちの専門性」を明確に提示・宣言する非常に大切なものです。

ここでは社会的養護にたずさわる専門職の倫理について、確認していきましょう。

2. ソーシャルワーク実践における倫理

社会福祉士は保育士に先立ち、1987（昭和62）年に制定された「社会福祉士及び介護福祉士法」に規定される社会福祉業務にたずさわる人の国家資格です。

社会福祉士は同法第2条において、「専門的知識及び技術をもって、身体上若しくは精神上の障害があること又は環境上の理由により日常生活を営むのに支障がある者の福祉に関する相談に応じ、助言、指導、福祉サービスを提供する者又は医師その他の保健医療サービスを提供する者その他の関係者との連絡及び調整その他の援助を行うことを業とする者」とされています。

まず、社会福祉専門職が行うソーシャルワークとはどのように規定されているものか学んでいきましょう。

1 ソーシャルワークの構成要素

ソーシャルワークとは、社会福祉の専門職が福祉サービスの利用者（以下、サービス利用者）に対して直接的・間接的に支援を行うことをいいます。サービス利用者は個人に限らず、家族などの小集団や地域住民などの場合もあります。

1958年、全米ソーシャルワーカー協会（NASW）は、ソーシャルワークの枠組みとして、以下のような5つの構成要素を提示しました。

■ソーシャルワークの5つの構成要素
①目的：人間の福利（ウェルビーイング）の増進。
②価値：ソーシャルワーク実践の根拠となり、動機づけるもの。
　すべての人間は平等であり、尊厳を有していることを尊重する。

第8章 社会的養護に求められる専門性と援助技術

③知識：価値で示された方向へと変化を促すために、状況や介入について認識するためのもの。さまざまな分野の知識を活用する、また実践知もここで重視される。

④方法・技能：価値に基づき、知識を活用して実践するためのもの。

⑤権限の委任：ソーシャルワークに対して、社会からその存在について承認を得ていくこと。

2 ソーシャルワークの定義と社会福祉士の倫理

　国際ソーシャルワーカー連盟（IFSW）と国際ソーシャルワーク学校連盟（IASSW）では、2000年7月に、**ソーシャルワークの定義**[*]を採択しています。

　ソーシャルワーク実践に関わる国家資格の専門職である社会福祉士、精神保健福祉士などの専門職団体によって構成される「社会福祉専門職団体協議会」は、このソーシャルワークの定義に則って、2005年に「ソーシャルワーカーの倫理綱領」を制定し、その前文で次のように述べています。

> 　われわれソーシャルワーカーは、すべての人が人間としての尊厳を有し、価値ある存在であり、平等であることを深く認識する。われわれは平和を擁護し、人権と社会正義の原理に則り、サービス利用者本位の質の高い福祉サービスの開発と提供に努めることによって、社会福祉の推進とサービス利用者の自己実現をめざす専門職であることを言明する。
>
> 　われわれは、社会の進展に伴う社会変動が、ともすれば環境破壊及び人間疎外をもたらすことに着目する時、この専門職がこれからの福祉社会にとって不可欠な制度であることを自覚するとともに、専門職ソーシャルワーカーの職責についての一般社会及び市民の理解を深め、その啓発に努める。

　さらに、IFSWのソーシャルワークの定義（2000年7月）を、ソーシャルワーク実践に適用され得るものとして認識し、その実践の拠り所とすると明言したうえで、前文を以下のように結んでいます。

> 　われわれは、ソーシャルワークの知識、技術の専門性と倫理

✳ 用語解説

ソーシャルワークの定義
IFSW日本国調整団体が2001年1月26日決定した定訳では、「ソーシャルワーク専門職は、人間の福利（ウェルビーング）の増進を目指して、社会の変革を進め、人間関係における問題解決を図り、人びとのエンパワーメントと解放を促していく。ソーシャルワークは、人間の行動と社会システムに関する理論を利用して、人びとがその環境と相互に影響し合う接点に介入する。人権と社会正義の原理は、ソーシャルワークの拠り所とする基盤である」となっており、これは旧定義とよばれている。

レッスン25　社会的養護における保育士等の倫理と責任

性の維持、向上が専門職の職責であるだけでなく、サービス利用者は勿論、社会全体の利益に密接に関連していることを認識し、本綱領を制定してこれを遵守することを誓約する者により、専門職団体を組織する。

この倫理綱領にうたわれている価値と原則は以下のとおりです。

　Ⅰ．人間の尊厳
　　　ソーシャルワーカーは、すべての人間を、出自、人種、性別、年齢、身体的精神的状況、宗教的文化的背景、社会的地位、経済状況等の違いにかかわらず、かけがえのない存在として尊重する。
　Ⅱ．社会正義
　　　ソーシャルワーカーは、差別、貧困、抑圧、排除、暴力、環境破壊などの無い、自由、平等、共生に基づく社会正義の実現をめざす。
　Ⅲ．貢献
　　　ソーシャルワーカーは、人間の尊厳の尊重と社会正義の実現に貢献する。
　Ⅳ．誠実
　　　ソーシャルワーカーは、本倫理綱領に対して常に誠実である。
　Ⅴ．専門的力量
　　　ソーシャルワーカーは、専門的力量を発揮し、その専門性を高める。

　現在のところ、わが国の「ソーシャルワーカーの倫理綱領」には反映されていませんが、2014年7月には、国際ソーシャルワーカー連盟（IFSW）と国際ソーシャルワーク学校連盟（IASSW）は、**ソーシャルワークのグローバル定義**[*]を採択しています。

　社会的養護の実践においても、目的は子どもの福利（ウェルビーイング）の増進にあります。子どもの最善の利益を目指して、ここに掲げられているようなソーシャルワークを展開するために、価値と原則にうたわれている項目は常に念頭においておく必要があります。

　保育士を目指すみなさんは、「これは社会福祉士の話であって、保育士に求められることではないのではないか」と思うかもしれません。し

✴ 用語解説

ソーシャルワークのグローバル定義

「ソーシャルワークは、社会変革と社会開発、社会的結束、および人々のエンパワメントと解放を促進する、実践に基づいた専門職であり学問である。社会正義、人権、集団的責任、および多様性尊重の諸原理は、ソーシャルワークの中核をなす。ソーシャルワークの理論、社会科学、人文学および地域・民族固有の知を基盤として、ソーシャルワークは、生活課題に取り組みウェルビーイングを高めるよう、人々やさまざまな構造に働きかける」。

195

かし、支援を必要とする子どもや家族（保護者）にとって大切なのは、みなさんの資格が社会福祉士か保育士かということではありません。「子どもや家族を支援するプロ」として、必要とする人たちに寄り添い、支援できるかどうかにあります。

ですから、保育士との近接資格である社会福祉士が専門職として何を目指しているのかを理解することは、子どもと保護者が必要とする支援をよりよいものとするために大切なことなのです。

3. 保育士の倫理

1 全国保育士会倫理綱領

全国保育士会では、2003（平成15）年に「全国保育士会倫理綱領」を採択しました。まず倫理綱領前文で、保育士としての倫理責任を次のように明文化しています。

> すべての子どもは、豊かな愛情のなかで心身ともに健やかに育てられ、自ら伸びていく無限の可能性を持っています。
> 私たちは、子どもが現在（いま）を幸せに生活し、未来（あす）を生きる力を育てる保育の仕事に誇りと責任をもって、自らの人間性と専門性の向上に努め、一人ひとりの子どもを心から尊重し、次のことを行います。
> 私たちは、子どもの育ちを支えます。
> 私たちは、保護者の子育てを支えます。
> 私たちは、子どもと子育てにやさしい社会をつくります。

2 保育士の責任

続いて、「全国保育士会倫理綱領」の本文は、次の8つの項目で構成されています。

> （子どもの最善の利益の尊重）
> 1. 私たちは、一人ひとりの子どもの最善の利益を第一に考え、保育を通してその福祉を積極的に増進するよう努めます。
> （子どもの発達保障）
> 2. 私たちは、養護と教育が一体となった保育を通して、一人

ひとりの子どもが心身ともに健康、安全で情緒の安定した生活ができる環境を用意し、生きる喜びと力を育むことを基本として、その健やかな育ちを支えます。

（保護者との協力）

3．私たちは、子どもと保護者のおかれた状況や意向を受けとめ、保護者とより良い協力関係を築きながら、子どもの育ちや子育てを支えます。

（プライバシーの保護）

4．私たちは、一人ひとりのプライバシーを保護するため、保育を通して知り得た個人の情報や秘密を守ります。

（チームワークと自己評価）

5．私たちは、職場におけるチームワークや、関係する他の専門機関との連携を大切にします。

また、自らの行う保育について、常に子どもの視点に立って自己評価を行い、保育の質の向上を図ります。

（利用者の代弁）

6．私たちは、日々の保育や子育て支援の活動を通して子どものニーズを受けとめ、子どもの立場に立ってそれを代弁します。

また、子育てをしているすべての保護者のニーズを受けとめ、それを代弁していくことも重要な役割と考え、行動します。

（地域の子育て支援）

7．私たちは、地域の人々や関係機関とともに子育てを支援し、そのネットワークにより、地域で子どもを育てる環境づくりに努めます。

（専門職としての責務）

8．私たちは、研修や自己研鑽を通して、常に自らの人間性と専門性の向上に努め、専門職としての責務を果たします。

　保育士は「児童福祉法」に規定される国家資格です。保育士に限らず、国家資格を目指す人は、ともすれば手段であるはずの国家資格の取得が目的だと思ってしまいがちです。しかし、子どもや家族を取り巻く社会情勢は時代の変化とともに変わっていきます。むしろ、国家資格の保育士としての倫理を基盤にもち、常に知識や技術の向上に努めることが、保育士の専門性そのものであり、保育士の存在意義でもあります。

　そして何よりも、そうしたみなさんの努力が、目の前の子どもや保護者を支え、育つ子どもにも育てる保護者にも優しい社会の実現につな

第8章　社会的養護に求められる専門性と援助技術

がっていくのです。

3　社会的養護における保育士の倫理と責任

　社会的養護を必要とする子どもや保護者の背景には、さまざまな課題が横たわっています。貧困や社会的排除など、さまざまな要因によって家族を維持する力が低下した家庭においては、ときに児童虐待など子どもの不安をかき立て、豊かな発達を阻害する状況が起こっています。

　社会的養護を必要とする子どもたちは、それまでの養育環境のなかでの被虐待体験のつらさを、ある子どもは大人との関係の築きにくさといった形で、またある子どもはパニックという形で表現することが少なくありません。保護者においても、貧困や社会的排除などのなかでの子育てのつらさを、ある人は子どもへの身体的虐待という形で、またある人はネグレクトという形で表現しているのかもしれません。

　みなさんは、保育士である前に一人の人間です。みなさん一人ひとりにも、それぞれ個人的な経験や価値観があるでしょう。山下[2]は、著書のなかで、「ソーシャルワーカーとしての職業的価値観とそうした個人の価値観とをどのようにバランスをとればいいのか」という問いに、「一番のぞましいのは、個人的な価値観とソーシャルワーカーとしての価値観に距離がないこと」とし、「人間尊重」が大切だと答えています。ほかの人を尊重するという思いが大切だというのです。

　みなさんには想像もつかない人生を歩んだ子どもや保護者を前にすると、「いったいどうすればよりよい支援ができるのか」というとまどいが頭をよぎるかもしれません。それには、ペアレントトレーニングやライフストーリーワークなどの方法論を身につけることも、とても大切なことといえます。しかし、あなたたち自身が何を基盤において、どういう枠組みで子どもや保護者に向き合うのかを、常に頭においておくことは、それらと同様に非常に重要なことです。

　ここで紹介してきた倫理や規範については、難しく、わかりにくく感じるかもしれません。けれどもこのような倫理や規範は、日ごろから自分のなかで吟味したり、仲間や同僚と議論し合うことで、具体的な支援のなかに生かされてくるでしょう。倫理綱領をしっかり理解し、また、まわりの社会福祉の専門職の倫理についても理解することで、揺らぐことのない「子どもの最善の利益」の保障に向けた支援が実現できるのです。

▶**出典**

†2　山下英三郎　『相談援助——自らを問い・可能性を感じとる』学苑社、2006年、23頁

レッスン25　社会的養護における保育士等の倫理と責任

演 習 課 題

①児童福祉施設における不適切な関わりの事例について、新聞などで調
　べ、ソーシャルワーカーの倫理綱領や保育士の倫理綱領をもとに、ど
　のような支援が行われることが望ましかったのか、議論してみましょ
　う。

②プライバシーの保護について、どのように規定されているでしょう。
　「児童福祉法」第18条の22の条文を確認し、「保育所保育指針」や社
　会的養護の各施設における運営指針ではどのように規定されている
　かを調べてみましょう。

③ ツイッターやインスタグラムなど、さまざまなSNSの利用が広がっ
　ています。こうした現代社会において、子どもや保護者に関わる専門
　職として、守秘義務をどのように守っていくことが求められるでしょ
　うか、グループで議論してみましょう。

レッスン**26**

職員研修・里親研修の現状と課題

子どもや家族を取り巻くさまざまな課題に対応していくためには、専門職として
知識や技術を高めることが必要です。このレッスンでは、社会的養護を目的とす
る施設の職員研修や里親研修について、理解を深めましょう。

1. 社会的養護にたずさわる 専門職の資質向上の必要性

　近年、子どもの権利擁護、自立支援、児童虐待の防止、家族関係調整
など、子どもと家族を支援するための課題は多岐にわたっており、社会
的養護の対象も多様化しています。このような状況に対応していくため
に、社会的養護に従事する専門職の資質向上の必要性が高まっています。
　特に、児童福祉施設への入所理由として増え続けている児童虐待ケー
スにおいては、被虐待体験をもつ子ども自身や保護者への支援が大きな
課題となっており、専門性の担保および向上が求められています。

2. 児童福祉施設における職員研修

1 施設サービスの質的向上に向けた取り組み

　児童福祉施設では、サービスの質的向上を目的として、施設全体の支
援の改善と、個々の職員の資質向上に努めています。
　前者には、自己評価や第三者評価、苦情解決に向けた取り組み、ケア
基準の作成などがあげられます。
　後者には、このレッスンで取り上げる職員研修やスーパービジョン
（supervision = supervisor〔**基幹的職員**[*]〕による指導）があげられます。
職員研修については、第三者評価の評価項目にも「職員一人ひとりの育
成に向けた目標管理等が、適切に行われている」「職員の教育・研修に
関する基本方針や計画が策定され、教育・研修が実施されている」など
があり、チェックされています。
　児童福祉施設においては、「児童福祉施設最低基準」が「児童福祉施
設の設備及び運営に関する基準」へと改定されるなかで、職員配置基準

✳ 用語解説

基幹的職員
施設に入所している子ども
およびその家庭への支援の
質を確保するため、職員に
よる自立支援計画等の作成
および進行管理、職員の指
導等を行うための職員。実
務経験がおおむね10年以
上などの資格要件がある。

が見直されましたが、このことから新規採用職員の確保や人材確保・定着に向けた取り組みの強化の必要性がうかがえます。

　また一方で、入所児童には虐待やネグレクトがある子どもたちが増えていて、その家族は家庭のなかに複雑かつ多様な問題を抱えていることが少なくなく、専門的な知識と技術に基づいた支援の必要性があります。

　このように、児童福祉施設に求められる支援の内容は、高度かつ多機能化しており、職員の研修体制の構築は大きな課題となっています。

2　研修の実施方法

　職員研修には、児童福祉施設内で行われる園内研修と、園の外で行われる園外研修があります。

　園外研修については、**第三者評価**に「職員一人ひとりの教育・研修の機会が確保されている」ことを問う項目があります。そのため、児童福祉施設の多くは積極的に職員を派遣しているようにみえますが、一人ひとりの職員の知識や技術を見極め、それぞれの専門職としての一層の成長に必要な研修を計画的に受講させている施設は多いとはいえません。

　また、園内研修についても、多様化した支援に必要な知識、技術、価値観を、計画的かつ積極的に教育する体制が整備されている施設は多数派とはいえず、取り組むべき課題となっています。

| 参照 |

第三者評価
→レッスン12

3　全国児童養護施設協議会の人材育成のための指針

①児童養護施設の職員に求められる専門性

　2017（平成29）年3月、**全国児童養護施設協議会**[*]は「改訂 児童養護施設の研修体系－人材育成のための指針－」をまとめました。これは2015（平成27）年に出されたものの改訂版です。

　まずこのなかで、児童養護施設の職員に求められる専門性について次のように整理しています。

児童養護施設職員に求められる専門性
- ■社会的養護における自らの専門性と役割を理解し、これらの向上を図り続ける姿勢と、そのために必要な資質・価値観（倫理）・知識・技術
- ■子どもの権利擁護を基盤とし、傷ついた子どもに対し、安心・安全を保障できる養育環境を構築するために必要な価値観（倫理）・知識・技術
- ■社会的養護に関連する法制度の理解

✺ 用語解説

全国児童養護施設協議会

1947（昭和22）年の「児童福祉法」成立を受け、社会的養護を必要とする児童をめぐる諸問題への研究活動とその向上を目指すことを目的とし、1950（昭和25）年、「全国養護施設協議会」として創設された。その後、「児童福祉法」改正に伴い現在の名称に変更されたが、引き続き、社会的養護を必要とする児童のための支援の質の向上に向けての取り組みがなされている。

第8章　社会的養護に求められる専門性と援助技術

✳用語解説
FSW
Family Social Workerの略。家庭支援専門相談員のことを指す。家庭支援専門相談員は、乳児院では1999年、児童養護施設などでは2004年から配置が進められてきた専門職である。施設の入所前から退所に至る総合的な家庭調整を担う専門職として位置づけられた。

■子どもと家族を支援するために必要な価値観（倫理）・知識・技術
■組織の一員として必要な価値観（倫理）・知識・技術
■多職種協働チームにおける自らの専門領域（福祉、心理、FSW*等）の位置づけとチームアプローチの展開
■関係機関（里親も含む）や地域社会と連携、協働をはかることのできる職員として必要な社会性・価値観（倫理）・知識・技術

②人材育成のレベル

同指針では、職員としての経験年数や業務実績等により、人材育成のレベルを次のように分けています。

レベル1：入職前職員（採用が決まっている者）
レベル2：新任職員（入職1～3年目の者）
レベル3：中堅職員（入職4～6年目の者）
レベル4：上級職員（入職7年目以上の者）
レベル5：基幹的職員（上級職員で基幹的職員研修修了者）
レベル6：施設長（施設長となる資格を有する者）

そのうえで指針では、各レベルで期待される職員の役割や技術を明示し、施設は各レベルの職員それぞれがそれを実践できるよう個別の育成プランを検討し、研修計画を立てることを求めています。そして各職員には、育成プランに即した研修の受講と実践を重ねながら、専門的知見や技術を習得し、期待される役割を担うことが求められています。

具体的な流れとしては、それぞれの職員から基幹的職員に至るまでのレベルアップを支援するものとなっています（図表26-1）。

③人材育成の領域

指針では人材育成の領域を8つに分類し、図表26-2に示している各レベルに応じて、身につけていくべき内容を整理しています。

たとえば、入職前職員については、人材育成の基本として「日本の児童福祉の概況と社会的養護の概況を知る」「児童養護施設の現状と課題について理解する」「人材育成の重要性を知る」「スーパーバイズを受けることの意義を理解する」といった項目があげられています。

レッスン26　職員研修・里親研修の現状と課題

図表26-1 指針に基づく人材育成の流れ

レベル1　入職前職員
児童養護施設での採用が決まっている者

→ 児童養護施設職員として求められる基本的な姿勢や知識等を学ぶために、入職前研修を受けなければならない。

レベル2　新任職員（初級）
入職から3年目までの職員

→ 初任者として期待される役割を担うために、研修計画に基づいた必要な研修を受けなければならない。

レベル3　中堅職員（中級）
新人職員として3年間の業務を行い、その間必要な研修を受けた職員あるいはそれと同等な業務経験と研修履歴があり、施設長が中堅職員として認めた職員

→ 中堅職員として期待される役割を担うために、研修計画に基づいた必要な研修を受けなければならない。

レベル4　上級職員（上級）
中堅職員として業務を行う中で、必要な研修を受けた職員あるいはそれと同等な業務経験と研修履歴があり、施設長が上級職員として認めた職員

→ 上級職員として期待される役割を担うために、研修計画に基づいた必要な研修を受けなければならない。

各自治体による基幹的職員認定研修の受講

レベル5　基幹的職員（スーパーバイザー）
上級職員として業務を行う中で、必要な研修を受け、施設長が基幹的職員として推薦し、基幹的職員認定研修を修了した職員

→ 基幹的職員として期待される役割を担うために、必要な研修を受け続けなければならない。

出典：「改訂 児童養護施設の研修体系——人材育成のための指針」2017年をもとに作成

4　代替養育の専門性を高めるために

　ここでは児童養護施設を例にくわしくみてきましたが、児童養護施設に限らず、児童福祉施設での事業の実践は、ともすれば目の前の業務に追われがちになります。児童福祉施設は、研修を通じて職員の専門性を高めることの必要性を理解しながらも、実際には研修の機会をなかなか保証できないのが現状です。

　しかし、こうした指針をもとに、入職後も計画的に学び続けられれば、職員の専門職としての力量を高め、目の前の**子どもの最善の利益**につながっていくことは間違いありません。

　また、厚生労働省が2017（平成29）年8月に発表した「**新しい社会**

● 補足

子どもの最善の利益
国際人権条約の一つである「児童の権利に関する条約」（1989年）第3条において基本原則として掲げられている概念。子どもに関わるすべての措置をとるにあたっては公的、私的いずれの機関によって行われるものであっても子どもの最善の利益が考慮されなければならないとされている。
→レッスン13

203

第8章　社会的養護に求められる専門性と援助技術

図表26-2 人材育成の8領域

①**人材育成の基本**
　児童養護施設の職員としてその専門性を追求する姿勢、価値観、手立て等の獲得。

②**資質と倫理**
　児童養護施設の職員として求められる人格的資質を高めていく姿勢、倫理、価値観、手立て等の獲得。

③**子どもの権利擁護**
　子どもの最善の利益の保証を基盤として、子どもの権利擁護を推進する姿勢、価値観、手立て等の獲得。

④**知識**
　子どもと家族の支援を行うために必要な法制度の知識、心身の発達、臨床的知識、その他児童養護施設の実践に必要かつ有益な知識や知見の獲得。

⑤**子どもの支援技術**
　子どもの心身の回復と健全な育ちを支援するために必要な姿勢、視点、手立ての獲得。

⑥**チームアプローチと機関協働**
　職員チームの一員として、チームアプローチを行ううえで必要な姿勢、倫理、価値観、手立て等の獲得。および他機関との連携や協働をはかるうえで必要な姿勢、倫理、価値観、手立て等の獲得。

⑦**家族支援**
　家族支援および親子関係の修復を支援するために必要な姿勢、視点、手立ての獲得。

⑧**里親・ファミリーホーム支援**
　里親・ファミリーホームへの支援や協働をはかるために必要な姿勢、視点、手立ての獲得。

出典：「改訂 児童養護施設の研修体系——人材育成のための指針」2017年をもとに作成

参照
新しい社会的養育ビジョン
→レッスン6

的養育ビジョン」においては、研修の課題として「代替養育の意味を含め、ソーシャルワークの文脈の中で子どもたちの抱える生活課題や発達の積み残しを明確化（アセスメント）し、解決するための専門性」を高めるために、その体系化が必要とされています。

　各児童福祉施設において、こうした指針やビジョンに基づいた研修の体系化が大きな課題となっているのです。

3.　里親研修

　里親の資質向上に向けた取り組みとしては、里親研修事業があげられます。里親研修は、2008（平成20）年の「児童福祉法」改正において

養育里親希望者に義務付づけられました（第6条の4）。その実施主体は都道府県で、養育里親研修と専門里親研修に分けられます。

1 養育里親研修

養育里親研修は、基礎研修（講義1日＋実習1日程度）と、認定前研修（講義2日＋実習2日程度）、更新研修（1日）の3つがあります。

基礎研修では、里親制度および児童の養育についての基本的な知識や技術等を習得することで、里親の資質の向上を図っています。基礎研修と認定前研修は、里親登録の認定までに受ける必要があります。更新研修は、5年ごとの里親登録更新時に受講するものです。

2 専門里親研修

専門里親研修は、被虐待児など、特に家庭での親密な養育が必要な子どもを受け入れる専門里親として必要な基礎的な知識や技術の習得など、専門里親の養成を行うとともに、その資質の向上を図っています。

専門里親研修は、専門里親としての新規認定時に実施する**認定研修**（おおむね3か月以上、8教科の通信教育、4教科のスクーリング、7日間の実習）と、登録更新時に実施する継続研修（おおむね2日間）に分けられます。

3 里親支援専門相談員との連携

里親研修は、このように幅広い知識を得るためにカリキュラムが組まれていますが、講義の時間には限りがあり、実際に子どもたちと関わるようになってから生じる問題には、十分に対応しきれるものではありません。そこで、必要となってくるのが、児童養護施設や乳児院などに配置されている**里親支援専門相談員**との連携です。

里親は見学実習や養育実習、里親啓発活動への参加など、さまざまなきっかけで里親支援専門相談員と関係をつくることができます。

里親支援専門相談員は、里親に対して、子どもの養育についての理解が深まるよう支援するだけでなく、里親との信頼関係を築き、委託後も継続的に里親を支えていくことが期待されます。

また、里親支援専門相談員は日々の信頼関係のもと、里親子のニーズを把握し、ときには個別的な支援で、ときには児童相談所と連携して研修を通じて、ニーズを充足していくことができます。

里親が研修での学びを毎日の生活に生かし、学びと子育てを連続したものにしていくためにも、里親支援専門相談員による支援が今後ますま

参照
養育里親研修
→レッスン22

参照
認定研修
→レッスン22

参照
里親支援専門相談員
→レッスン24

第8章　社会的養護に求められる専門性と援助技術

す重要となってきます。そのための支援体制の構築が、施設としての課題だといえるでしょう。

演 習 課 題

①児童養護施設第三者評価基準の評価項目を読み、児童養護施設での人材育成は具体的にどのような手続きで行うことが求められているのか、確認してみましょう。そのうえで、職員研修はどのように実施することが望ましいか、評価項目の内容について調べ、理解しましょう。

②みなさんの実習先では、どのような園内研修が実施されていましたか。1年間の研修計画を取材し、どのような取り組みがされるのか、それぞれの実習先の研修計画をグループで比較し合いましょう。

③みなさんの先輩は、日頃の業務を通して、どのような知識や技術を高めたいと考えているでしょうか。児童養護施設や乳児院などに勤務する先輩を招き、話を聞きましょう。

レッスン**27**

施設運営（アドミニストレーション）の課題

このレッスンでは、社会的養護における施設運営（アドミニストレーション）について学びます。施設運営の理念を理解したうえで、運営の実際について理解を深めましょう。

1. 施設運営の基本理念

施設運営の基本は、運営団体である法人の考え方を内外に明示し、利用者をはじめ地域社会に法人の目的を伝えるとともに、法人が地域に果たすべき社会的使命を明らかにすることです。

そのためには、団体の構成員が法人の社会的使命を共有しておくことが必要であり、具体的な行動規範を形成するために運営の基本理念を明確にしておくことが重要になってきます。

児童福祉施設の基本理念の基盤とすべきものには、「日本国憲法」「児童福祉法」「**児童憲章**」「**児童の権利に関する条約**」の各倫理規定などがあげられます。

特に、「日本国憲法」第25条に規定される**生存権の保障**[*]をはじめ、「児童福祉法」や「児童の権利に関する条約」に規定される子どもの人権、子どもの最善の利益など、利用者中心主義や地域福祉が理念に生かされていることが求められます。児童福祉施設の運営は、これらの基本理念を具現化することにほかなりません。

したがって、施設の基本理念や基本方針は明文化し、パンフレットや広報誌、法人のホームページなどで公開して、誰でも知ることができるものであることが求められます。また、職員一人ひとりもその内容をしっかり把握し、理念に基づいたサービスの提供を行うことが求められます。

参照

「児童憲章」
→レッスン5

「児童の権利に関する条約（子どもの権利条約）」
→レッスン2、11

✳ 用語解説

生存権の保障
人間が人間らしく生きる権利のこと。「人間が生きること」は生命権といえるが、生存権は、一定の社会関係のなかで、健康で文化的な生活を営むことを内容とする権利をいう。また、国家にはそのような生活を国民に保障する義務が発生する。「日本国憲法」では第25条を中心にしてこの権利を保障している。

2. 法人組織

1 理事とは

「社会福祉法」第45条の16では、社会福祉法人の理事の職務および権限について「理事は、法令及び定款を遵守し、社会福祉法人のため忠実にその職務を行わなければならない」と規定されています。

なかでも理事長と業務執行理事（代表権はありません）は、「社会福祉法」第24条で「社会福祉法人は、社会福祉事業の主たる担い手としてふさわしい事業を確実、効果的かつ適正に行うため、自主的にその経営基盤の強化を図るとともに、その提供する福祉サービスの質の向上及び事業経営の透明性の確保を図らなければならない」と規定されている業務を執行します。

2 理事会とは

理事会とは、社会福祉法人の業務執行を決定する機関となります。理事会の目的として、以下の3つがあげられます。

---

①法人の目的に沿った適正な運営管理を行い、法人事業を発展させ、社会的役割を果たす。
②法人経営の継続性を考えた運営を図り、事業継続者の育成、職員の養成を行う。
③施設運営において施設長を任免し、施設長を中心とする施設運営を支援し、利用者のサービス向上を図る。

---

3 評議員会とは

社会福祉法人は、社会福祉法人の機関として評議員、評議員会、理事、理事会および監事を必ず置かなくてはなりません（「社会福祉法」第36条）。また、定款の定めによって、会計監査人を置くことができる（「社会福祉法」第36条第2項）とされていますが、規模の大きな特定社会福祉法人の場合は、会計監査人を置かなければなりません（「社会福祉法」第37条）。

評議員会は、法人運営の重要事項の議決機関として位置づけられており、定款の変更、理事・監事・会計監査人の選任及び解任、理事・監事の報酬の決定などを議決します（図表27-1）。

レッスン27　施設運営（アドミニストレーション）の課題

図表27-1 社会福祉法人の各機関の役割

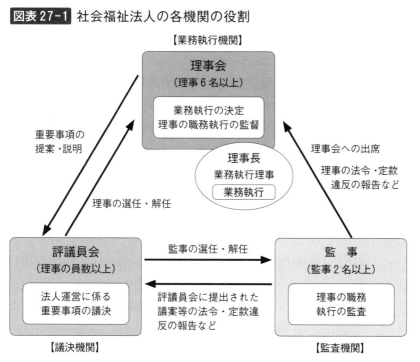

出典：厚生労働省「社会福祉制度改革の施行に向けた全国担当者説明会資料」2016年をもとに作成

図表27-2 児童福祉施設の組織図の例

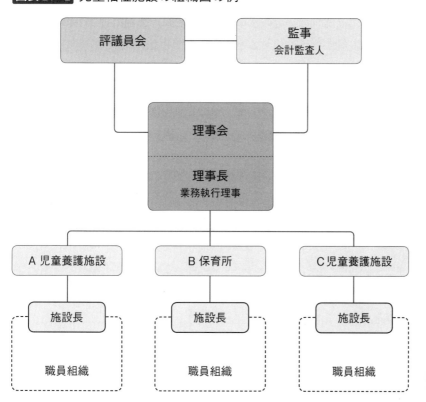

3. 施設の運営管理

施設の運営管理とは、理事会から任命された施設長を中心に、職員組織が今日のさまざまな児童福祉ニーズに対応すべく、施設固有の専門性により実践していくことといえます（図表27-2）。

このため、職員の専門性向上のための支援、効果的な勤務体制、職員処遇、人事管理、快適な居住空間の保障、そしてこれらを支える財務管理の適切な運営が求められます。

施設の運営管理としては、①人事・労務管理、②事務管理、③施設・設備管理、④防火・防災管理、⑤福祉サービス提供の運営管理などがあげられます（図表27-3）。

4. 施設運営の最低基準

1 児童福祉の最低基準の歴史的経緯

1919年、アメリカでは第2回全米児童福祉会議（児童福祉白亞館会議）において、「児童福祉の最低基準」が示されました。これは児童福祉施設のサービス提供の一定の水準を保つために、処遇内容、手続きなどが明示され、国が指導監視するというものでした。

この視点は、わが国の「児童福祉法」にも援用され、1947（昭和22）年の「児童福祉法」第45条の最低基準法制化の規定（厚生大臣は、中央児童福祉委員会の意見を聞き、児童福祉施設の設備及び運営について、最低基準を定めなければならない）により、1948（昭和23）年に「児

図表 27-3 施設の運営管理の内訳

人事・労務管理	人事、就業規則策定、福利厚生、人材育成など
事務管理	事業運営のための諸規定の作成、職務分掌、各種帳簿の整備、文書管理、監査など
施設・設備管理	設備の維持や管理、環境衛生など
防火・防災管理	防火管理、地震防災対策、防火・防災のための施設・設備の維持・管理、119番自動通報制度、消防・防犯訓練など
福祉サービス提供の運営管理	サービス提供の基本理念・基本方針の明示、個別支援計画の作成・実施、各種記録の作成、職員会議等各種会議の運営・記録、個人情報の保護、利用者の権利擁護の遵守、各種研修参加・記録、苦情解決制度の運営、福祉サービス第三者評価の受評など

童福祉施設最低基準」が制定されました。「児童福祉施設最低基準」の目的は、第2条に次のように規定されています。

> 児童福祉施設に入所している者が、明るくて、衛生的な環境において、素養があり、かつ、適切な訓練を受けた職員（児童福祉施設の長を含む。以下同じ。）の指導により、心身ともに健やかにして、社会に適応するように育成されることを保障するものとする。

これに基づいて、施設運営における守るべき最低基準が示され、行政機関は、この基準に基づいて各施設の運営管理が進歩向上するように指導監督を行ってきました。

もちろん施設の運営においては、最低基準を保障すればよいということではなく、一般社会の生活向上に準じてサービスの向上を保障することを意味しています。この最低基準は、社会状況の変化、子どものよりよい育ちの環境の保障に向けての見直しの必要性が指摘され、2011（平成23）年に「児童福祉施設の設備及び運営に関する基準」と名称が変更されるとともに、内容の変更が行われました。

2 「児童福祉施設の設備及び運営に関する基準」

2011（平成23）年、「地域の自主性及び自立性を高めるための改革の推進を図るための関係法律の整備に関する法律」に基づき、「児童福祉施設最低基準」も改正され、2012（平成24）年4月から「児童福祉施設の設備及び運営に関する基準」と名称が変更されました。

同時に、最低基準については条例委任とされ、それぞれの地方自治体が条例として「児童福祉施設の設備及び運営に関する基準（最低基準）」を定めることになりました。

しかし、すべての基準についてそれぞれの地方自治体が独自の条例を制定するのではなく、第1条により「従うべき基準」と「参酌すべき基準」が示され、国の基準を参考に地方自治体が条例を制定することになっています。大まかな分類は、以下のとおりです。

> ①従うべき基準：職員配置基準、居室の面積基準、人権侵害防止等の厚生労働省令で定められているもの
> ②参酌すべき基準：その他の設備や運営に関するもの

第8章　社会的養護に求められる専門性と援助技術

3 「児童福祉施設の設備及び運営に関する基準」の改正内容

　2011（平成23）年の改正では、職員配置や居室の面積基準等の見直しが行われました（図表27-4）。

　職員配置基準については、直接養育にたずさわる職員の配置基準が見直されました。前回の見直しは1976（昭和51）年でしたから、実に36年ぶりの見直しとなりました。2012（平成24）年に再度引き上げが行われ、2013（平成25）年4月から施行されています。ここでは、乳児院と児童養護施設の新旧配置基準を紹介します（図表27-5）。

　このほか、施設長の資格要件の明確化及び研修の義務化が2011（平

図表27-4　「児童福祉施設の設備及び運営に関する基準」の主な改正点

1．設置基準に関するもの
・居室面積の下限の引き上げ（乳児院：1人1.65㎡以上→2.47㎡以上、児童養護施設：1人3.3㎡以上→4.95㎡以上） ・居室定員の上限の引き下げ（児童養護施設：15人以下→4人以下） ・児童養護施設、乳児院、児童自立支援施設、母子生活支援施設での相談室設置の義務化

2．その他運営理念等に関するもの
・児童養護施設の「養護」全体についての規定を設ける。 ・入浴について、「入浴又は清拭を1週間に2回以上」とする規定を「入所している者の希望等を勘案し、清潔を維持することができるよう適切に」と改正。 ・小規模グループケアなど、少数の児童を対象に家庭的な環境の下で調理するときは、あらかじめ作成した献立に従う旨の規定によらずに行うことができるようにする。

出典：厚生労働省「児童福祉施設最低基準等の一部を改正する省令の概要」2011年をもとに作成

図表27-5　乳児院・児童養護施設の職員配置基準の変化

施設名	旧・職員配置基準	新・職員配置基準	義務化された加算職員
乳児院	看護師・保育士 乳児1.7人に1人以上 看護師の一部は保育士または児童指導員で可 乳児10人に看護師2人以上 10人増すごとに1人以上配置	看護師・保育士・児童指導員 0～1歳児：1.6人に1人以上 2歳児：2人に1人以上 3歳児～幼児：4人に1人以上 ＊乳幼児10人に看護師2人以上 　10人増すごとに1人以上配置 ＊定員10名以上20名以下の小規模施設には保育士1名加配	・家庭支援専門相談員 ・個別対応職員 ・心理療法担当職員
児童養護施設	保育士・児童指導員 3歳未満児：2人に1人以上 3歳～幼児：4人に1人以上 小学生以上：6人に1人以上	看護師・保育士・児童指導員 0～1歳児：1.6人につき1人以上 2歳児：2人につき1人以上 3歳児～小学校就学前：4人につき1人以上 小学生以上：5.5人につき1人以上 ＊乳児がいる場合は乳児1.6人につき看護師1人 ＊定員45名以下の小規模施設には、児童指導員または保育士1名配置	・家庭支援専門相談員 ・個別対応職員 ・心理療法担当職員

成23）年9月より、児童福祉施設**第三者評価受審**の義務化が2012年4月より規定されています（のち、2014［平成26］年に改正）。

居室面積や相談室の設置などについては、新設、増築、全面改築の際に適用されるため、すぐに改善されるわけではありません。また、配置基準の見直しにより、職員の確保、専門性の担保などが課題となっています。

参照
第三者評価受審
→レッスン12

演 習 課 題

①あなたが実習に行く児童福祉施設のホームページやパンフレットなどを見て、法人の理念や基本方針としてどのようなものがあげられているか調べてみましょう。

②あなたが実習に行く児童福祉施設の所在地について、自治体のホームページなどを活用して地域特性を調べてみましょう。そのうえで、実習施設は地域のなかでどのような役割を担っているのか考えてみましょう。

③グループに分かれ、実習や施設見学で訪れた児童養護施設の見取り図を持ち寄り、比較してみましょう。実際にそこで生活することを想定して、よい点や改善点を議論したうえで、理想の居住環境について話し合ってみましょう。

参考文献………………………………………………………………
レッスン25
社会福祉士養成講座編集委員会 『相談援助の理論と方法Ⅰ』 中央法規出版 2009年
山下英三郎 『相談援助──自らを問い・可能性を感じとる』 学苑社 2006年

おすすめの1冊

山下英三郎 『相談援助──自らを問い・可能性を感じとる』 学苑社 2006年
　今でこそ「スクールソーシャルワーカー」は社会福祉や保育を学ぶ人にとっては「聞いたことのある職業」になりつつあるが、日本ではまだ広がり始めたばかりの専門職である。山下英三郎さんは、1986年、埼玉県の所沢市でスクールソーシャルワーカーとして活動し始めた、いわば、スクールソーシャルワーカーのパイオニア（先駆者・開拓者）である。この本は、そんな山下さんが長年のソーシャルワーカーとしての実践のなかで大切にしてきた対人援助の姿勢を、わかりやすく解説したものである。対人援助の場面で、一人の人間としての価値観と、専門職としての価値がぶつかることは珍しいことではない。そんなとき、どのように向き合っていけばよいか、わかりやすい語り口で示してくれる一冊。

第8章 社会的養護に求められる専門性と援助技術

■里親支援専門相談員による専門性を生かした支援

参照レッスン　レッスン24　里親・養親への支援
　　　　　　　　レッスン26　職員研修・里親研修の現状と課題

里親夫婦の概要：岸こういちさん（40代後半）、かずみさん（40代前半）
　　　　　　　　　みさきちゃん（小学校3年・9歳）、ようすけくん（小学校1年・6歳）
　　　　　　　　　こうきくん（児童養護施設からの措置変更で委託・4歳）
児童養護施設はぐくみ園：里親支援専門相談員　ナガハシさん
児童養護施設ひまわり園：家庭支援専門相談員　ヤマダさん、保育士　カトウさん
事例の背景：岸さんは、会社員のこういちさんと妻のかずみさん、みさきちゃん、ようすけくんの4人家族です。市内のショッピングモールで、児童相談所や児童養護施設職員、里親会が実施していた里親啓発イベントに足を止めたことがきっかけで、養育里親に興味をもつようになりました。こういちさんもかずみさんも、兄弟の多い家庭で育ったこともあり、2人の子どもが小学校にあがったら、何か子どもに関わることで社会に貢献したいと思っていたところでした。児童相談所に夫婦で相談に出向き、研修を経て養育里親として認定を受けました。

里親支援専門相談員との関わりのきっかけ

　児童相談所は、岸さんがようすけくんより年齢の低い子どもの受託を希望しているため、児童養護施設ひまわり園で暮らしている4歳のこうきくんの委託を決めました。こうきくんは実母の精神疾患のため、生後3か月で乳児院に入所し、2歳になったときにひまわり園に措置変更となりました。措置変更前に、はじめて岸さんとこうきくんが面会するときに、児童養護施設はぐくみ園の里親支援専門相談員のナガハシさんが岸さんに紹介されました。ナガハシさんは岸さんに自己紹介をし、里親として子どもを迎えることへの不安や、委託後の悩みなど、何でもオープンに話してほしいこと、一緒に解決していきたいことを告げました。

▼

委託に向けての準備

　面会時のこうきくんは、保育士のカトウさんの後ろに隠れて恥ずかしそうにしていました。しかし、しばらくするとこういちさんの膝に座ったり、かずみさんに電車のおもちゃを渡したり、人懐っこい面を見せ始めました。
　その後、3回の面会と、1泊2日の外泊を経て、こうきくんには家庭支援専門相談員のヤマダさんとカトウ保育士から、「お母さんの病気が落ち着くまで、岸さんのお家で待つこと」「お母さんは岸さんのおうちにこうきくんが行ってもわからなくなったりしないこと、連絡も取れること」「ひまわり園にもいつでも遊びに来てもいいし、これからも相談に乗ること」「これからははぐくみ園のナガハシさんも相談に乗ってくれること」などが伝えられました。
　ナガハシさんからは、岸さんに、「環境が変化することで、こうきくんは赤ちゃんがえりや試し行動を示すかもしれないこと」「子どもが一人増えることで、生活スタイルや家事の割り振りなど、工夫が必要なことが出てくると思うこと」「実質、主たる養育者となるかずみさんにはストレスがかかると思われるので、そのストレスの解消が必要なこと」などが話されました。
　岸さんからも、こうきくんはかわいらしく、一緒に生活するのは楽しみだが、実子との関係もあり、不安も感じていること、しかし、家族で乗り切っていきたいと思っていることなどが語られました。ナガハシさんは、子育てには周囲からの協力が必要なときもあるので、いつでも気軽に相談してほしいと伝え、岸さんもほっとした表情を見せました。

▼

章末事例

委託後の様子

　こうきくんが、カトウ保育士をはじめ、ひまわり園のみんなに見送られて岸さんの家に委託されて2週間、ナガハシさんのところに岸さんから電話が入りました。かずみさんは次のようなことを話しました。

・みさきちゃんはこうきくんを受け入れている感じではあるが、ようすけくんはこうきくんにやきもちをやいている感じである。

・こうきくんもようすけくんのものを勝手に触ったり、けんかが絶えない。

・こういちさんが注意すると、暴れながら泣きじゃくり、なかなか気持ちの切り替えができない。

・こうきくんは、かずみさんと片時も離れられず、幼稚園にも行き渋り、家ではトイレにもついていきたがるため、かずみさんも気の休まるときがない。

　かずみさんの話や思いを傾聴しつつ話を整理して返すなかで、以下の2つのニーズが感じ取れました。

・かずみさんがとても疲れていて、休息を必要としていること

・こうきくんへの対応に、岸さん夫妻は困っていること

　ナガハシさんはかずみさんの思いを受け止めつつ、次のような提案をしました。

・はぐくみ園で2週間に一回実施している里親サロンに来てみてほしいこと

・レスパイトもあるので、無理はしないようにしてほしいこと

　かずみさんは、こうきくんが幼稚園に通い始めて楽しそうにしているのでできるだけ環境は変えたくないこともあるし、週末は自分の両親が来てくれているので、レスパイトは今のところ考えていないが、里親サロンには行きたいと思うとのことで、翌週の里親サロンに参加することになりました。

里親サロンでの様子

　里親サロンには、15年以上里親として活動して20人以上の受託経験があるヒノさん、養子縁組里親として2歳の女の子を受託してまもなく特別養子縁組の審判だというカマタさんなど、6組の里親が参加していました。カマタさんは、やはり受託当初は同じように子どもの試し行動に悩んだことを話してくれました。ヒノさんも実子との関係には悩んだことや、里子同士の関係に悩んだことを話してくれました。かずみさんは、「自分がうまくやれていないのは自分の適性がないからだと思っていたが少し楽になりました」と言ってほっとした表情を見せました。

　ナガハシさんは、里親支援専門相談員になるときに、ペアレントトレーニングの研修に参加し、資格をもっています。ペアレントトレーニング講座を年に2回開催しているので参加してみないかということを提案してみました。かずみさんは「夫婦で参加してみます」と言って帰っていきました。

その後の様子

　岸さん夫妻は、はぐくみ園で開催されるペアレントトレーニング講座の受講を終えました。こういちさんは、「わかりやすいコミュニケーションが足りていなかったです。頑張ってみます」と感想を述べました。里親サロンで、こうきくんとようすけくんのけんかも減り、仲良く遊ぶ姿も見られるようになったとのことです。ひまわり園の夏祭りに家族で参加し、園のお友だちや職員と久しぶりに会い、大きくなったねと言われてうれしそうでした。

　ナガハシさんは、ペアレントトレーニングの資格が生かされてうれしいと伝えたうえで、岸さん夫妻の関わりの変化を評価しつつ、「また何かあったらいつでも声をかけてくださいね」と伝えました。

215

第9章

社会的養護の課題と展望

本章では、社会的養護の課題と展望について学んでいきます。今後、社会的養護において重要な役割が期待される里親と養子縁組の課題や、児童福祉施設に求められる地域支援について理解していきましょう。

レッスン28　パーマネンシープランニング

レッスン29　子どもの親・家族への支援

レッスン30　地域支援機能の拡充と社会的養護

レッスン**28**

パーマネンシープランニング

このレッスンでは、パーマネンシープランニングから社会的養護のあり方を考え
ます。パーマネンシープランニングの概要と、それが生まれた社会的背景を学ぶ
とともに、養子縁組・里親に関する日本の特徴と課題を整理します。

1. パーマネンシープランニングとは

1 パーマネンシープランニングが生まれた背景

参照
パーマネンシー
→レッスン6

　パーマネンシープランニングは、1980年にアメリカが定めた「養子
縁組援助及び児童福祉法（Adoption Assistance and Child Welfare
Act）」ではじめて登場した考え方です。この法律は子どもの虐待と、
その結果として求められる社会的養護で保護される子どもの処遇方針に
ついて定めたもので、子どもの成長には「パーマネンシー（永続的）な
関係性」が不可欠であるという考え方が貫かれています。
　日本の「児童虐待の防止等に関する法律（児童虐待防止法）」制定（2000
［平成12］年）の26年前、同国では「児童虐待防止および処遇法（Child
Abuse Prevention and Treatment Act）」を成立させ、児童虐待から
子どもを保護する施策を推し進めました。この法律は子どもの命を救う
ことを最優先にしたものでしたので、たくさんの子どもが親元から離れ
ることになりました。
　結果として、多くの命が救われたのは事実ですが、保護された子ども
たちの受け皿となる里親や施設の体制が十分に整う前に、保護の数が急
増したため、保護された子どもたちが里親や施設の間を転々とせざるを
えない状況を生んでしまったのです。また、子どもの救命を急ぐあまり、
子どもを尚早に家庭から引き離すことになり、子どもを引き離された保
護者もますます生活がすさみ、家庭崩壊を余儀なくされる事例も増えて
しまいました[1]。

▶出典
†1　芝野松次郎編著『子
ども虐待ケース・マネジメ
ント・マニュアル』有斐閣、
2001年

2 家庭の機能回復を目指して

　これらに対する反省により生まれたのが、「養子縁組援助及び児童福
祉法」です。この法律では、家庭を重んじ、家庭が機能回復できるよう

に最大の努力がされなければならないとしています。これが家庭維持のための正当な努力の原則です。

つまりは、まずは子どもの家庭からの分離・保護を食い止めること、また虐待によって家庭に子どもをとどまらせることが不適切なときでも、できるだけ短期の分離にとどめ、家族の再統合を進めることが優先されることになったのです。

しかし、すべての家庭が在宅でのケアで十分だったり、短期での保護で再統合が可能ということではありません。長期的な分離が必要なケースもあります。そんなときに選択されるのが、「パーマネンシープランニング」です。ここでは、親に代わって長期にわたって子どもたちの成長を見守ってくれる存在を提供することを目的に、「養子縁組」が次善の策としてとられ、それができないときに、長期養育の里親、そして施設と順番が定められています。

3 最少拘束的処遇の原則のもとに

パーマネンシープランニングの考え方には「最少拘束的処遇（least restrictive alternative）の原則」が働いていて、子どもにとって最も束縛が少なく自由の多い環境が最優先されます。この考えによれば、家庭が最も束縛が少なく、施設は最も束縛が多いとされます。そのため、施設が最も優先度の低いところに位置づけられることになります。

このパーマネンシープランニングは「児童の権利に関する条約（子どもの権利条約）」の「代替的養育」の考え方にも大きな影響を与えており、「子どもの権利条約」でも同じ考え方が示されています。また、現在日本で進められている新しい社会的養護の再編の動きも、子どものパーマネンシーを保障するための法整備だといえます。

アメリカはこのように子どもの権利擁護について、先駆的に法整備を行ってきましたが、同国は「子どもの権利条約」の批准国とはなっていません。それは、すでに子どもの権利擁護を行う体制ができており、条約に加盟する必要がないという考え方からです。

2. パーマネンシープランニングからみた 日本の養子縁組

1 誰のための養子縁組か

パーマネンシープランニングという考え方から、日本の社会的養護の現状をみてみると、いくつか特徴的なことがわかります。

第9章　社会的養護の課題と展望

　一番大きな特徴は、施設中心の施策がとられてきたことですが、一方で、「パーマネンシープランニングにおける子どものパーマネンシーを保障するための養子縁組」という考え方が、日本で受け入れられているのかという問題があります。それは、日本における養子縁組は、もともと子がなくて家を絶やすことを避けるための、すなわち「家を守るため」を目的として発達したものだからです。

　井垣は「養子縁組制度の近代化は『家のため』から子に自分の老後をみてもらいたいという『親のため』、最後にその子ども自身の幸福のためという『子のため』へ発展経過することにある」といい、「わが国においては、まだ『親のため』という段階にとどまり、また諸外国のように、近代的児童福祉の一環となりえていない」と指摘しています[2]。

　核家族化がさらに進んだ現代において、老後をみてもらいたいという期待を子どもに託すことは、実子であっても難しいことを考えると、老後のためにとはさすがにいえなくなっています。しかし、日本における養子縁組は依然として、「子のため」にという考えより、子どもが欲しいという「親のため」という段階にとどまっているといえます。

2　社会全体で子育てに責任をもつ

　「子どもの権利条約」などが示す子どものパーマネンシーを実現するためには、里親より養子縁組が求められるのは確かなことであり、日本の現状は、その対応が遅れているといえるでしょう。

　そのため、政府もこの課題に取り組むべく、「改正児童福祉法」の検討規定等の1番目に「特別養子縁組制度の利用促進の在り方について検討を加え」ることを明記しました。子どものパーマネンシーの保証をどのように進めるかは大きな課題となっています。

　レッスン6で紹介した「新しい社会的養育ビジョン」においては、育ちの保障としてのパーマネンシー、そして養子縁組を推進すべく**リーガルパーマネンシー***保障を視野に入れて、代替的養育の優先を次のように整理しています。

①家庭復帰に向けた努力を最大限に行う

②親族・知人による養育（親族里親、親族・知人による養育里親、里親制度に基づかない親族・知人による養育、親族・知人による養子縁組）

③非親族等による特別養子縁組

④非親族等による普通養子縁組

⑤長期里親・ファミリーホーム

⑥施設養護

▶出典

†2　井垣章二『児童福祉——現代社会と児童問題』ミネルヴァ書房、1996年

✴用語解説

リーガルパーマネンシー
親子関係を法律的に安定したものにすべく法律等を整備すること。

「新しい社会的養育ビジョン」は法的に拘束力をもつものではありません。あくまで一つの提言ですが、パーマネンシーに向けた代替的養育の優先性が海外のように示されたことは大きな意義があるといえます。

養子縁組一つとっても、日本における社会的養護には課題があります。しかし、養子縁組・養育里親の増加は、「子のため」に児童福祉を行うという思想を地域社会に広げるものといえます。施設に押しつけていた社会的養護を地域住民が行うという新しい社会の始まりです。養子を含む里親が増えるということは、家庭で生活できなかった子どもが私たちの地域社会で生活し、育っていくことになるからです。

知らないところで、誰かが子どもを育てるのではなく、地域で子どもを育てる。社会全体が子育てに責任をもち、子どもたちを支えていく。そういった優しく、充実した社会の始まりをつくるきっかけになるのではないかと思われます。

演 習 課 題

①日本における養子縁組は、子がないことで家を絶やすことを避けることを目的に発達したものだといわれていますが、このような例を知っていますか。案外身近にあるものです。家族、親戚や知人において、このような例がないか調べてみましょう。

②井垣章二は、養子縁組の近代化は「家のため」から「親のため」そして「子のため」へと発展することにあるといいましたが、みなさんはこのことをどのように考えますか。話し合ってみましょう。

③里親制度が広まることは地域で子どもを育てることになり、それは優しく、充実した社会の始まりになると提言しましたが、みなさんはどのように考えますか。少し考えたあとに話し合ってください。

レッスン**29**
....
子どもの親・家族への支援
....

このレッスンでは、パーマネンシープランニングを定めた「養子縁組援助および児童福祉法」で最も重要とされている家族維持のための正当な努力から、社会的養護の課題を学びます。

---

1. 日本における家族支援の実際

　レッスン28ではパーマネンシープランニングを紹介するとともに、パーネンシー保障のための養子縁組について、日本の現状と課題を整理しました。1980（昭和55）年に成立したアメリカの「養子縁組援助および児童福祉法（Adoption Assistance and Child Welfare Act）」では、家庭を重んじ、家庭が機能回復できるように**最大限の努力**がなされなければならないとしています。レッスン28でも述べましたが、これは、尚早な子どもの家庭からの分離が子どもと親の両方に大きなトラウマとなり、その両方にダメージを与えかねないからです。

　では、わが国において、家族支援はどのようになされているでしょうか。

1　満員状態の児童養護施設

　2000（平成12）年に日本で施行された「児童虐待の防止等に関する法律（児童虐待防止法）」は、パーマネンシープランニングの考え方が取り入れられる前のアメリカの「児童虐待防止および処遇法（Child Abuse Prevention and Treatment Act）」と同様に、児童虐待から保護することに力点が置かれた法律になっていたため、家庭から子どもを引き離すケースの急増を招きました。

　わが国の児童養護施設の収容人数は、1990（平成2）年から少子化を反映するように減少していきましたが、2000年の児童虐待防止法施行後は、収容人数が増加し、多くの児童養護施設が満員になってしまうほどでした。この満杯の施設の状況は、「子どもの最善の利益」への配慮を基本理念とするはずの児童虐待防止法の観点からすると、望ましい状況ではありません。

◆ 補足

最大限の努力
「養子縁組援助および児童福祉法」を日本に初期の段階で紹介した芝野松次郎（2001）は、英語のreasonable effortsを「最大限の努力」と訳している。しかし芝野自身、このreasonableの解釈については、ソーシャルワーカーの裁量の幅が広く、問題だと指摘する。reasonableを「とりあえず」の努力と解釈するワーカーもいると警鐘する。

レッスン29　子どもの親・家族への支援

2　子どもを守るための新しい施策の視点

こういった状況を改善するために、児童虐待防止法は2004（平成16）年と2007（平成19）年に、そして「児童福祉法」は2004年と2005（平成17）年に改正され、以下のような視点から新たな施策が進められるようになりました。

①発生予防から虐待を受けた子どもの自立に至るまでの切れ目のない支援

②親子の再統合に向けた支援、その他子どものみならず親を含めた家庭への支援

③虐待の発生予防・早期発見からその後の見守りやケア、親子の再統合の支援に至る関係機関の連携による支援

これら3つの視点は、児童虐待防止の施策が重大な権利侵害から子どもを守り、子どもが心身ともに健全に成長し、ひいては社会的に自立するに至るまでを支援する（厚生労働省「子ども虐待対応の手引き」（平成21年3月31日改正版）より）ことの重要性を前提に、児童虐待防止施策が子どもの安全を最重要課題として、分離と保護を優先的に行う施策から家族再統合の支援の充実へとシフトしてきたことを示しています。

3　要保護児童対策地域協議会の設置メリット

これらのことを実現するため、2004（平成16）年の改正「児童福祉法」によって、要保護児童の適切な保護を図るため、地方自治体に関係機関が連携し、要保護児童およびその保護者に関する情報の交換や支援内容の協議を行う「要保護児童対策地域協議会」が置かれることになりました。この協議会が設置される利点として、以下の7つがあげられています。

①要保護児童等を早期に発見することができる。

②要保護児童等に対し、迅速に支援を開始することができる。

③各関係機関等が連携を取り合うことで情報の共有化が図られる。

④情報の共有化を通じて、それぞれの関係機関等の間で、それぞれの役割分担について共通の理解を得ることができる。

⑤関係機関等の役割分担を通じて、それぞれの機関が責任をもって関わることのできる体制づくりができる。

⑥情報の共有化を通じて、関係機関等が同一の認識の下に、役割を分担しながら支援を行うため、支援を受ける家庭にとってより良い支援が受けられやすくなる。

⑦関係機関等が分担し合って個別の事例に関わることで、それぞれの機

223

第9章　社会的養護の課題と展望

関の限界や大変さを分かち合うことができる。

2018（平成30）年現在、要保護児童対策地域協議会は市町村に置かれることが多く、地域に密着した連携を構築し、主に要保護児童や保護者への情報交換、そして支援のあり方を協議する場となっています。

2.　具体的なプログラム

1　家族再統合を目指したペアレントトレーニング

わが国においても、児童虐待の家族再統合を目指したプログラムは、徐々に広まっています。なかでも、「ペアレントトレーニング」の有効性が多くの自治体で報告されています。

ペアレントトレーニングには、さまざまな種類のものがありますが、その多くは**行動療法**[*]を基礎としてつくられており、ここでの目標は親が効果的なしつけの技術を身につけることです。子育てのなかで悩む問題に、どのように対処していけばよいのか、どのように子どもとの関係を深めていけばよいのかを経験的に学び、考えていくことができるようになっています。

そのため、多くのペアレントトレーニングでは、学んだことを知識として理解させるだけでなく、しつけの技術を練習し、体得させます。「頭でわかっていても……」という訴えは、子育てをするほとんどの親の共通事項だからです。特に、虐待を招いてしまっている場合は、理屈ではありません。子どもの具体的な問題行動に対して、どのように対処すればよいのかを練習することで、実際の生活場面に生かせるようになることが目的となります。

2　児童虐待を予防する「こんにちは赤ちゃん事業」

家族再統合を目指すプログラムと同時に、児童虐待を予防するプログラムも各自治体で行われています。その一つとして、すべての家庭を対象にした「乳児家庭全戸訪問事業」があります。

乳児家庭全戸訪問事業は「こんにちは赤ちゃん事業」ともよばれ、生後4か月までの乳児のいるすべての家庭を保健師、助産師、看護師などが訪問し、保護者からさまざまな不安や悩みを聞き、子育て支援に関する情報提供等を行うとともに、親子の心身の状況や養育環境などの把握や助言を行い、支援が必要な家庭への適切なサービス提供につなげようとするものです。

※ 用語解説

行動療法
学習理論（行動理論）を基礎としている心理療法の一つ。心的なものを扱うというより、行動に焦点が当てられているのが特徴である。行動を「何らかの要因により条件づけられたもの」としてとらえ、行動を生み出す刺激、行動、そしてその行動によって得られる結果の3つの要因のつながりに注目し、行動を変容させることを目標に治療していく。

レッスン29　子どもの親・家族への支援

このように乳児のいる家庭と地域社会をつなぐ最初の機会をつくることにより、乳児家庭の孤立化を防ぎ、乳児の健全な育成環境を確保しようとしています。児童虐待は一度発生してしまうと、その対応は非常に難しくなりますから、このような予防的プログラムがさらに広まっていくことが望まれます。

3.　子どもの実の親とともに子育てを

1　親権とどう向き合うか

上記では、家族の再統合、そして児童虐待予防を目的とした子どもの親および家族への支援を紹介しました。

ここでは、社会的養護において施設や里親宅で暮らす子どもの親に対する支援を考えます。日本において養子や里親が広まりにくい理由としてあげられるのが、「親権の強さ」とされています。

アメリカにおいては、親が子どもを養育できなくなった場合、1年間（「養子縁組援助及び児童福祉法」施行当初は2年間だった）かけて親としての条件を満たすように努力した場合、裁判所の許可を得てわが子を引き取ることができるということが定められていて、もし親が努力しなかったときには、裁判所は親の親権を停止し、養子縁組することができると定められています。**パーマネンシープランニング**が徹底されているのです。

一方、わが国では、親権の停止などは非常に難しいのが現状です。また、親の意向が子の権利よりも尊重される傾向にあるので、親が里親を望まなければ、里親委託は難しくなります。実際の問題としても、里親委託を阻害する一番の理由は、親から子どもの里親委託の同意が得られないことです。このような状況から、養子縁組への同意も数が少ないのが現状です。そのため、わが国の社会的養護施設等で暮らす子どもたちの多くには親がおり、面会・外出・外泊といった親子の交流もあります。

2　親の存在の大切さを意識した処遇を

社会的養護施設等のなかで暮らさなければならない状況にあっても、子どもにとって実の親は特別な存在であり、安定した交流の機会は子どもの生活の安定と成長につながります。そのため、施設の職員や里親には、子どもの親の存在を前提に子どもを養育するという意識が求められます。

参照
パーマネンシープランニング
→レッスン28

225

第9章　社会的養護の課題と展望

　もちろん、「子どもの最善の利益」のためには親権を制限できる法律の整備も必要です。しかし、わが国では、社会的養護施設等で暮らしていても、実親との縁が続くというメリットもあります。どんな親であっても、子どもにとっては唯一の親です。子どもにとっての親の存在の大切さを意識した処遇が求められるゆえんです。

演 習 課 題

①具体的なプログラムとして、「ペアレントトレーニング」や「こんにちは赤ちゃん事業」を紹介しましたが、みなさんの地域ではどのような子育て支援のプログラムがあるでしょうか。各自治体のホームページを確認するなどして、調べてみましょう。

②児童虐待防止法の施行後、多くの児童養護施設が満員になってしまいました。なぜこういうことが起こったのでしょうか。みんなで話し合ってみましょう。

③「親権」はみなさんにとってなじみのある言葉だと思いますが、実際に「親権」とはどのような権利を指すのでしょうか。インターネット等を使って調べてみましょう。

レッスン**30**
....

地域支援機能の拡充と社会的養護

このレッスンでは、児童福祉施設に求められる地域支援機能の重要性を「児童家庭支援センター」から考えるとともに、新しい社会的養護の再編にともなう社会的養護の拠点施設としての役割を学びます。

1. 地域支援機能拡充の一環としての 児童家庭支援センター

1 児童家庭支援センターが生まれた背景

　福祉施設の社会化は、その種別を問わず近代の社会福祉施設全体が抱える命題です。施設の社会化とは、施設を社会に向けて開くことであり、地域住民と交流したり、施設の機能を使って地域に社会貢献したりすることをいいます。現在、施設の社会貢献活動は社会福祉施設にとって重要なものであり、責務にもなっています。

　これらの社会化にこたえるため、社会的養護においては児童養護施設を中心として、地域支援の機能を拡充してきました。その代表が1997（平成9）年の「児童福祉法」の改正にともない、児童福祉施設に附置される形で制度化された「**児童家庭支援センター**」です。

> **参照**
> 児童家庭支援センター
> →レッスン24

2 児童家庭支援センターの役割

　児童家庭支援センターとは、児童虐待や不登校、近年では発達障害児等に対するケアなど、専門的援助が必要な子ども家庭に対して、早期に支援を展開して児童相談機能を補完することを目的とし、市町村の子ども家庭支援機関をバックアップする児童福祉の専門機関です。

　複雑化する子どもの家庭問題について、ソーシャルワーカーや心理療法士などの高い専門性と、地域の福祉資源とを組み合わせて有効に機能させる役割を担います。

3 児童家庭支援センターの業務

　児童家庭支援センターの業務内容は、「児童家庭支援センター設置運営要綱」（厚生労働省児童家庭局長通知）によると、①地域・家庭から

第9章　社会的養護の課題と展望

の相談に応ずる事業、②市町村の求めに応ずる事業、③都道府県または児童相談所からの委託による指導、④里親等への支援、⑤関係機関等との連携調整、となっています。

　具体的な業務内容としては、多くの児童家庭支援センターが365日24時間、相談を受け付けており、休日や夜間といったほかの相談機関の休業日にも相談に応じています。時間的な制約を少なくし、相談者の生活状況や希望に応じる体制をとっていることが多いのが特徴です。

　また、相談方法としては電話、来所、訪問、メール、手紙などがあり、相談者が選択して相談することができます。電話相談などの個別の面接のほかに、「子育て講座」や「子育てひろば」といった気軽に相談できる場、安心できる場の提供を行っています。

4　児童家庭支援センターの将来像

　全国児童家庭支援センター協議会によると、児童家庭支援センターは、地域密着型の専門的支援の展開から、地域における子ども家庭のニーズを発掘して、困難事例を児童相談所に確実につなぐ役割を果たしながら、児童虐待等のケースに対して早期対応と予防のための活動を続けていくことを事業の柱に掲げています。

　また、その実現のために、子育て支援サービス等地域密着型の支援を通じて、地域の子ども家庭に対して直接的な支援を行い、なおかつその特化した専門性を生かしながら、地域における連携支援のコーディネートや助言などを通じて、要保護児童対策地域協議会などの市町村行政のバックアップを図ることを児童家庭支援センターの将来像としています。

　児童家庭支援センターはすべての児童養護施設に附置されているわけではありませんが、将来的にはすべての施設に置くことを目標としており、地域の子育て支援の拠点になることが望まれます。

2.　新しい社会的養護を支える役割

1　地域を含めた3つの居場所で子どもを守る

　上記では地域への支援機関として、児童福祉施設に附置される形で制度化された児童家庭支援センターを紹介しました。この子育て支援の拠点としての児童家庭支援センターは、これからの社会的養護の再編において、重要な役割を果たさなければなりません。

　それは、レッスン2で述べた「社会的養護で保護される子どものうち、

おおむね3分の1を里親およびファミリーホーム、おおむね3分の1を本体施設（児童養護施設、乳児院）から離れた地域の分園としてのグループホーム、おおむね3分1を本体施設で養護する」といった方針の実現には、それを支援するしくみが必要であり、その支援方法には地域福祉の発想が不可欠になるからです。

里親やファミリーホーム、そして地域の分園が置かれるのは施設から出た地域のなかです。施設を中心とした養護を行っている限りでは、その施設のなかで自己完結型のサービスをしていればよかったのですが、地域のなかで養護を行うとなるとそうはいきません。

里親もファミリーホームも、そして地域の分園も地域のなかで孤立する可能性は大いにありますし、閉塞的になってしまう危険性をはらみます。また、児童虐待を起こす家族の多くが地域から孤立しています。そのためにも、里親、ファミリーホーム、そして地域の分園を、地域のなかで孤立させずにどのように支援するのかが問われます。

2 ▶ サポート体制の連携・強化を目指して

里親やファミリーホームの支援に関しては、2012（平成24）年から各自治体において里親支援専門機関の設置、児童養護施設や乳児院への里親支援専門相談員の配置、児童家庭支援センターとの連携など、里親に対しての相談支援の体制の強化が始まりましたが、どれも十分な状態であるといえません。まさに、これからの課題です。

これらの課題を解決するため、2017（平成29）年8月に出された「**新しい社会的養育ビジョン**」では「社会的養護の課題と将来像」より高い里親委託率の達成を目標にするとともに、里親への包括的支援体制（**フォスタリング機関**）の強化を行う里親制度改革をうたっています。

ここでは、里親のリクルート、研修、支援などを一貫して行うフォスタリング機関による質の高い里親養育体制を早急に確立し、2020年度までにはすべての都道府県で実施する体制を整え、里親支援を抜本的に強化すると明記されています。フォスタリング機関事業の実施のため、2017（平成29）年から国によるプロジェクトチームも発足しており、ガイドラインの作成作業が始まりました。このように国主導の形でプロジェクトがスタートしていますが、まだその全様が明らかになったわけではありません。

家庭養護は、子どもの権利保障を担保するグローバルスタンダードとして推進すべきものですが、十分なサポート体制をつくり上げなければ、里親委託が解除されるなどの事態も頻繁に起こることが予想され、制度

参照
新しい社会的養育ビジョン
→レッスン6

フォスタリング機関
→レッスン16

第9章　社会的養護の課題と展望

自体の維持が難しくなるかもしれません。

　児童家庭支援センターは、その大半が児童養護施設に附置されていますが、これまで多くの児童養護施設は被虐待児のケアをしたり、里親委託をサポートしたりしてきた実績があります。これまでに蓄積してきたノウハウを生かし地域の拠点施設として、地域に分散する新しい社会的養護施設等を支えるという地域福祉の考えをより強化していく必要性があります。

演 習 課 題

①このレッスンでは児童家庭支援センターを紹介しました。みなさんの学校や居住しているところに児童家庭支援センターはありますか。もしあれば、どのような活動をしているのかを調べてみましょう。

②里親への支援はまだ始まったばかりといえますが、みなさんの地域ではどのような里親支援プログラムがあるでしょうか。インターネットなどで調べたあと、みんなで話し合ってみましょう。

③地域福祉の発想や考えの重要性を強調しましたが、結局のところ、地域福祉とは何なのでしょうか。地域福祉の定義や実践について、インターネットなどを使って調べてみましょう。

参考文献

レッスン28-30
井垣章二　『児童福祉──現代社会と児童問題』　ミネルヴァ書房　1996年
厚生労働省　「新しい社会的養育ビジョン」　2017年
厚生労働省　「児童家庭センター設置運営要綱」　2017年
芝野松次郎編著　『子ども虐待ケース・マネージメント・マニュアル』　有斐閣　2001年

おすすめの1冊

伊藤嘉余子編著　『社会的養護の子どもと措置変更──養育の質とパーマネンシー保障から考える』　明石書店　2017年
　日本の社会的養護における措置変更の現状と課題を調査・分析することから、子どもにとってのパーマネンシー保障を考察する意欲作。措置変更を通して、子どもの最善の利益とは何か、職員として何に配慮すべきなのかといった社会的養護における根本問題についての研究の成果をまとめている。

コラム

子どもの養育者であり続けるためのコツ

　筆者が児童養護施設の職員を始めたばかりのとき、児童養護施設の職員が集まるある研究会で、25年以上児童養護施設で勤務されている女性の保育士に、「どうしたら、そんなに長く勤められるのですか？」と聞きました。すると、その職員さんは「忘れることです」と言い、ゲラゲラと笑われました。とても面白いことを言う人とそのときは思うだけでしたが、「忘れること」の意味をよくよく考えると、この言葉の深さに気づきました。それは、「忘れること」とは「許すこと」だからです。何か嫌なことが起こった後、それが根深く心に残ってしまうことがあります。なぜ心に根深く残ってしまうのでしょうか。それは、許すことができないからです。「あの人だけは許さない」こんな気持ちになることは、普通に人生を歩んでいると起こってしまいます。

　そうなのです。施設での子どもとの生活において、子どもはいろいろなことを起こします。そして、子どもの言動に職員は深く傷つくことがあります。子どもは職員を傷つけようとしたわけではないかもしれませんが、ときにはその心の傷は消えることがなく、退職にまで至ってしまうことがあります。

　人を許すことはとても難しいことです。しかし、許さなければ、関係の修復はありません。そして、子どもを受け入れるとは、許すということなのです。子どもからの何気ない言動で腹を立ててしまうとき、今でも「忘れることです」と言われた職員さんの笑顔を思い出し、「そうだ、忘れよう」と自分に言い聞かせることがあります。そのおかげか、筆者も施設職員からファミリーホームの養育者へと立場は変化しましたが、子どもたちと18年間過ごすことができています。

さくいん

●かな

あ

愛知方式・・・・・・・・・・・・・・・・・ 175
愛着（アタッチメント）・・・・・・・ 117
愛着関係・・・・・・・・・・・・・・・・・ 162
赤沢鍾美・・・・・・・・・・・・・・・・・ 26
新しい社会的養育ビジョン
・・・・・・・・・・ 12, 35, 45, 66, 75, 97
——の実現に向けた工程・・ 120
あっせん・・・・・・・・・・・・・・・・・ 175
アルメイダ，ルイス・デ・・・・・・・ 23

い

池上感化院・・・・・・・・・・・・・・・・・ 25
池上雪枝・・・・・・・・・・・・・・・・・ 25
石井十次・・・・・・・・・・・・・・・・・ 25
石井亮一・・・・・・・・・・・・・・・・・ 26
糸賀一雄・・・・・・・・・・・・・・・・・ 31
岩上マキ・・・・・・・・・・・・・・・・・ 24
インスティテューション・・・・・・・ 94

う

浦上養育院・・・・・・・・・・・・・・・・・ 25

え

永続的解決　→パーマネンシー保障
エリクソン，E. H.・・・・・・・・・・・ 177

お

岡山孤児院・・・・・・・・・・・・・・・・・ 25

か

解離・・・・・・・・・・・・・・・・・・・・・ 6
学習支援・・・・・・・・・・・・・・・・・ 151
柏倉松蔵・・・・・・・・・・・・・・・・・ 27
家庭支援専門相談員・・・・・・ 33, 55
家庭的養護・・・・・・・・・・・・・・ 11, 61
家庭と同様の環境における養育の
推進・・・・・・・・・・・・・・・・・・・ 74
家庭養護・・・・・・・・・・・・・ 11, 162
カファーラ・・・・・・・・・・・・・・・・・ 70
感化事業・・・・・・・・・・・・・・・・・ 25
感化法・・・・・・・・・・・・・・・・・・・ 26
関係性の回復・・・・・・・・・・・・・・・ 124
間接的援助・・・・・・・・・・・・・・・・・ 58

き

基幹的職員・・・・・・・・・・・・・・・・・ 200
基礎研修・・・・・・・・・・・・・・・・・ 164
北山十八間戸・・・・・・・・・・・・・・・ 23
基本的信頼感・・・・・・・・・・・・・・・ 166
虐待・・・・・・・・・・・・・・・・・・・・・ 3
救護法・・・・・・・・・・・・・・・・・・・ 28

給付型奨学金・・・・・・・・・・・・・ 128
境界線知能・・・・・・・・・・・・・・・・・ 4
京都盲唖院・・・・・・・・・・・・・・・・・ 26

く

クリュッペルハイム柏学園・・・・・・ 27

こ

行動療法・・・・・・・・・・・・・・・・・ 224
広汎性発達障害・・・・・・・・・・・・・ 131
孤女学院・・・・・・・・・・・・・・・・・ 26
子ども家庭総合支援拠点・・・・・・ 66
子どもの権利委員会による社会的養
護に関する勧告・・・・・・・・・ 9, 73
子どもの権利条約　→児童の権利
に関する条約
子どもの最善の利益・・・・・ 92, 203
子どもの人権・・・・・・・・・・・・・・・ 17
個別援助・・・・・・・・・・・・・・・・・ 57
個別対応職員・・・・・・・・・・・・・・・ 55
コミュニティ・ケア・・・・・・・・・・・ 94
コロニー・・・・・・・・・・・・・・・・・ 95
こんにちは赤ちゃん事業・・・・・・ 224

さ

最大限の努力・・・・・・・・・・・・・・・ 222
里親・・・・・・・・・・・・・・・ 62, 163
——に対する支援・・・・・・・・ 170
——の種類・・・・・・・・・・・・・ 163
里親委託ガイドライン・・・ 166, 182
里親委託推進の意義・・・・・・・・・ 65
里親委託等推進員・・・・・・・・・・・ 182
里親委託率・・・・・・・・・・・・・・・・・ 37
里親会・・・・・・・・・・・・・・・・・・・ 184
里親研修・・・・・・・・・・・・・・・・・ 205
里親サロン・・・・・・・・・・・・・・・・・ 182
里親支援・・・・・・・・・・・・・・・・・ 180
里親支援機関・・・・・・・・・・・・・・・ 182
里親支援専門相談員（里親支援ソー
シャルワーカー）
・・・・・・・ 56, 63, 115, 182, 186
里親制度・・・・・・・・・・・・・・・・・ 30
里親担当職員・・・・・・・・・・・・・・・ 182
里親等委託率・・・・・・・・・・・・・・・ 163
里親登録・・・・・・・・・・・・・・・・・ 165
里親トレーニング事業・・・・・・・ 171
里親登録の流れ・・・・・・・・・・・・・ 164

し

四箇院・・・・・・・・・・・・・・・・・・・ 22
自己肯定感・・・・・・・・・・・・・・・・・ 166

施設運営ハンドブック・・・・・・・・・ 38
施設内虐待・・・・・・・・・・・・・・・・・ 7
施設内分校・・・・・・・・・・・・・・・・・ 133
施設のボーダーレス化・・・・・・・ 37
施設養護・・・・・・・・・・・・・・・・・ 52
——の機能・・・・・・・・・・・・・ 53
指定都市・・・・・・・・・・・・・・・・・ 47
児童家庭支援センター・・・ 185, 227
児童虐待・・・・・・・・・・・・・・・ 3, 37
——の防止等に関する法律（児
童虐待防止法）・・・・・・・ 4, 28
児童憲章・・・・・・・・・・・・・・ 30, 207
児童自立支援施設・・・・・・・・・・・ 137
私立の——・・・・・・・・・・・・・ 138
児童自立支援専門員・・・・・・・・・ 138
児童心理治療施設・・・・・・ 17, 130
児童心理治療施設運営指針
・・・・・・・・・・・・・・・ 130, 134
児童生活支援員・・・・・・・・・・・・・ 138
児童相談所・・・・・・・・・・・・・・・・・ 182
児童相談所設置市・・・・・・・・・・・ 47
児童の権利に関する条約
・・・・・・・・・・・・ 8, 60, 70, 92
児童の代替的養護に関する指針
（国連ガイドライン）・・・ 61, 70, 162
児童福祉施設の設備及び運営に関
する基準・・・・・・・・・・・・・・・ 211
児童福祉法・・・・・・・・・・・・・・・・・ 29
児童養護施設・・・・・・・・・・・・ 6, 122
社会的養護・・・・・・・・・・・・・ 2, 44
——の課題と将来像・・ 8, 73, 96
——の関係図・・・・・・・・・・・ 44
——の基本的方向・・・・・・・・ 8
社会的養護施設運営指針及び里
親及びファミリーホーム養育指針
・・・・・・・・・・・・・・・・・・・ 16
社会福祉士・・・・・・・・・・・・・・・・・ 193
社会福祉法人の理事・・・・・・・・ 208
集団援助・・・・・・・・・・・・・・・・・ 58
集団児童養護論・・・・・・・・・・・・・ 10
恤救規則・・・・・・・・・・・・・・・・・ 24
出生数と合計特殊出生率の推移
・・・・・・・・・・・・・・・・・・・ 15
小規模化・・・・・・・・・・・・・・ 6, 127
小規模グループケア・・・・・・・・ 115
小規模住居型児童養育事業（ファミ
リーホーム）・・・・・・ 63, 163, 167

小舎夫婦制・・・・・・・・・・・・・・・ 138
情緒障害・・・・・・・・・・・・・・・・・ 130
情緒障害児短期治療施設・・・・・ 32
少年教護法・・・・・・・・・・・・・・・ 28
白川学園・・・・・・・・・・・・・・・・ 26
私立静修学校・・・・・・・・・・・・・ 26
真実告知・・・・・・・・・・・・・・・・ 177
心理療法・・・・・・・・・・・・・・・・ 58
心理療法担当職員・・・・・・・ 56, 126

す

巣鴨家庭学校・・・・・・・・・・・・・ 26
健やか親子21・・・・・・・・・・・ 131

せ

生存権の保障・・・・・・・・・・・・・ 207
全国児童養護施設協議会・・・・ 201
全国保育士会倫理綱領・・・・・ 196
全米ソーシャルワーカー協会
　（NASW）・・・・・・・・・・・・ 193
専門里親研修・・・・・・・・・・・・ 205

そ

総合環境療法・・・・・・・・・・・・・ 132
ソーシャルワーカーの倫理綱領・ 194
ソーシャルワーク ・・・・・・・・・ 193
　――の5つの構成要素 ・・・・ 193
　――のグローバル定義 ・・・・・ 195
　――の定義・・・・・・・・・・・・・ 194
措置延長・・・・・・・・・・・・・ 39, 124

た

第三者評価・・・・・・・・・・・ 38, 201
第二種社会福祉事業・・・・・・・ 168
高木憲次・・・・・・・・・・・・・・・・ 27
高瀬真卿・・・・・・・・・・・・・・・・ 25
滝乃川学園・・・・・・・・・・・・・・ 26
多動性行動障害・・・・・・・・・・・ 4
担当養育制・・・・・・・・・・・・・・ 118

ち

地域の分園・・・・・・・・・・・・・・ 16
ちいさこべのすがる・・・・・・・・・ 22

と

東京市養育院・・・・・・・・・・・・・ 26
東京私立感化院・・・・・・・・・・・ 25
東京楽善会東京訓盲院・・・・・・ 26
特別児童扶養手当等の支給に関す
　る法律・・・・・・・・・・・・・・・ 31
特別養子縁組・・・・・・・・・ 64, 172
特別養子縁組成立数の推移・・ 173
留岡幸助・・・・・・・・・・・・・・・・ 25

な

南都六宗・・・・・・・・・・・・・・・・ 23

に

日本ファミリーホーム協議会倫理綱領
　・・・・・・・・・・・・・・・・・・・ 170
乳児院・・・・・・・・・・・・・・・・ 114
乳児院運営指針・・・・・・・・・・ 118
乳児家庭全戸訪問事業・・・・・ 224
乳幼児期・・・・・・・・・・・・・・・ 114
認定前研修・・・・・・・・・・・ 62, 164

の

ノーマライゼーション ・・・・・・・ 94
野口幽香・・・・・・・・・・・・・・・・ 26

は

パーマネンシー（永続性）・・・・・ 33
パーマネンシープランニング
　・・・・・・・・・・・・・・・ 218, 225
パーマネンシー保障 ・・・・・ 36, 120
発達障害・・・・・・・・・・・・・・・・ 5
バンク・ミケルセン，N. E. ・・・・ 94

ひ

被虐待児童の特徴・・・・・・・・・・ 4
日田養育館・・・・・・・・・・・・・・ 24
悲田院・・・・・・・・・・・・・・・・ 22
評議員会・・・・・・・・・・・・・・・ 208

ふ

ファミリーソーシャルワーク ・・・・ 58
フォスタリング機関 ・・・ 120, 170, 188
婦人相談所・・・・・・・・・・・・・・ 145
二葉幼稚園・・・・・・・・・・・・・・ 26
普通養子縁組・・・・・・・・・・ 64, 172
不能自存・・・・・・・・・・・・・・・・ 22
フラッシュバック ・・・・・・・・・・・ 6

へ

ペアレントトレーニング ・・・・・・ 224

ほ

ボウルビィ，J. ・・・・・・・・・・・・ 31
母子生活支援施設・・・・・・・・・ 144
母子生活支援施設運営指針・・ 148
ホスピタリズム論争 ・・・・・・・・・ 9
母性的養育の剥奪・・・・・・・ 10, 31

ま

マッチング ・・・・・・・・・・・・・・・ 184

み

未委託里親・・・・・・・・・・・・・・ 184

む

無告の窮民・・・・・・・・・・・・・・ 24

め

面前DV ・・・・・・・・・・・・・・・・ 144

よ

養育里親研修・・・・・・・・・・・・ 205
養子縁組・・・・・・・・・・・・・ 16, 64
養子縁組あっせん事業者 ・・・・ 175
養子の心理社会的適応のモデル
　・・・・・・・・・・・・・・・・・・・ 178
要保護児童・・・・・・・・・・・・・・ 36
要保護児童対策地域協議会・・ 223
横浜慈仁堂・・・・・・・・・・・・・・ 24

ら

ラクロット・・・・・・・・・・・・・・・・ 24
ララ ・・・・・・・・・・・・・・・・・・・ 29

り

リーガルパーマネンシー・・・・・・ 220
理事会・・・・・・・・・・・・・・・・ 208

れ

レジデンシャルワーク ・・・・・・・ 56
レスパイトケア ・・・・・・・・・・・・ 183

わ

脇田良吉・・・・・・・・・・・・・・・・ 26

●欧文

A

ADHD（注意欠陥・多動性障害）
　・・・・・・・・・・・・・・・・・・・ 131

C

CSP（コモンセンス・ペアレンティング）
　・・・・・・・・・・・・・・・・・・・ 39

F

FSW（家庭支援専門相談員）
　・・・・・・・・・・・・・・・・・・・ 202

W

withの精神 ・・・・・・・・・・・・・・ 140

監修者

倉石哲也（くらいし てつや）　武庫川女子大学 教授

伊藤嘉余子（いとう かよこ）　大阪府立大学 教授

執筆者紹介（執筆順、＊は編著者）

伊藤嘉余子＊（いとう かよこ）
担当：はじめに、第2章、第4章レッスン11、第5章
大阪府立大学 教授
主著：『社会的養護の子どもと措置変更──養育の質とパーマネンシー保障から考える』（編著）明石書店　2017年
　　　『児童福祉──子ども家庭福祉と保育者』（編著）樹村房　2009年

野口啓示（のぐち けいじ）
担当：第1章、第9章
福山市立大学 准教授
主著：『むずかしい子を育てるペアレント・トレーニング──親子に笑顔が戻る10の方法』明石書店　2009年
　　　『被虐待児の家族支援──家族再統合実践モデルと実践マニュアルの開発』福村出版　2008年

石田賀奈子（いしだ かなこ）
担当：第3章、第8章
立命館大学 准教授
主著：『よくわかる子ども家庭福祉（第9版）』（共著）ミネルヴァ書房　2014年
　　　『児童家庭福祉の理論と制度』（共著）勁草書房　2011年

福田公教＊（ふくだ きみのり）
担当：第4章レッスン10・レッスン12・コラム
関西大学 准教授
主著：『児童家庭福祉（第5版）』（編著）ミネルヴァ書房　2017年
　　　『ワイド版 社会福祉小六法2017［平成29年版］資料付』（共監修）ミネルヴァ書房　2017年

小池由佳（こいけ ゆか）
担当：第6章、第7章
新潟県立大学 教授
主著：『社会的養護（第4版）』（編著）ミネルヴァ書房　2016年
　　　『児童家庭福祉（新版）』（共著）北大路書房　2014年

編集協力：株式会社桂樹社グループ
装画：後藤美月
本文デザイン：中田聡美

MINERVA はじめて学ぶ子どもの福祉 ⑤

社会的養護

2018 年 11 月 30 日　初版第 1 刷発行　　　　　　　　〈検印省略〉

定価はカバーに
表示しています

監 修 者	石	嘉	余	也子
	倉	嘉	余	子
	伊	藤		哲
編 著 者	伊	藤	嘉	余子
	福	田	公	教
発 行 者	杉	田	啓	三
印 刷 者	坂	本	喜	杏

発行所　株式会社　ミネルヴァ書房

607-8494　京都市山科区日ノ岡堤谷町 1
電話代表 (075) 581 - 5191
振替口座 01020 - 0 - 8076

ⓒ伊藤・福田ほか, 2018　　冨山房インターナショナル

ISBN978-4-623-07930-8

Printed in Japan

倉石哲也/伊藤嘉余子 監修
MINERVAはじめて学ぶ子どもの福祉
全12巻／B5判／美装カバー

① 子ども家庭福祉　　　　伊藤嘉余子/澁谷昌史 編著　本体2200円

② 社会福祉　　　　　　　倉石哲也/小崎恭弘 編著　本体2200円

③ 相談援助　　　　　　　倉石哲也/大竹 智 編著　本体2200円

④ 子ども家庭支援　　　　倉石哲也/大竹 智 編著

⑤ 社会的養護　　　　　　伊藤嘉余子/福田公教 編著　本体2200円

⑥ 社会的養護内容　　　　伊藤嘉余子/小池由佳 編著　本体2200円

⑦ 保育の心理学　　　　　伊藤 篤 編著　本体2200円

⑧ 子どもの保健　　　　　鎌田佳奈美 編著　本体2200円

⑨ 子どもの食と栄養　　　岡井紀代香/吉井美奈子 編著　本体2200円

⑩ 家庭支援論　　　　　　伊藤嘉余子/野口啓示 編著　本体2200円

⑪ 保育ソーシャルワーク　倉石哲也/鶴 宏史 編著

⑫ 里親ソーシャルワーク　伊藤嘉余子/福田公教 編著

（定価のないものは続刊）
―――――― ミネルヴァ書房 ――――――
http://www.minervashobo.co.jp/